영원한 언약 . 영원한 복음

언약과 선교

차례

도입

신구약 성경에 언약사상이 일관되고 뚜렷하게 나타난다. 성경에 나타난 언약은 하나님의 인간과의 관계를 나타낸 것으로 언약을 통해서 하나님과 인간의 관계성뿐만 아니라 인류를 향한 하나님의 뜻을 가장 잘 이해할 수 있다. 하나님의 언약은 구조적인 면에서나 주제의 면에서 하나이다. 언약의 통일성은 창조부터 세상 끝날까지 인간과 하나님과의 관계를 특징적으로 나타낸다. 언약은 시대에 따라 다양하게 나타나지만, 유기적 통일성과 일관성을 유지하고 있으며 또한 점진성을 나타내고 있는 것이다.

신구약 성경은 '언약하시는 하나님' 및 '언약을 성취하시는 하나님'을 증거하고 있으며 이로써 우리는 성경을 통해서 '행동하시는 하나님'을 만나게 된다. 따라서 우리는 성경의 언약사상을 통해서 성경을 구속사적 관점에서 이해해야 한다는 사실을 알게 되며 이는 불가분 우리를 '언약의 그리스도' 중심의 종말론적 구속사로 안내한다. 그리고 그리스도 중심의 종말론적 구속사는 역동적인 역사운동으로 나타나며 역사운동의 중심에는 삼위일체 하나님의 선교운동이 있다.

하나님의 실존 자체는 언약적이다. 그리고 우리 인간은 창조되고 난

다음 언약을 맺은 것이 아니라 언약적 피조물로 창조되었다.[1] 하나님께서는 인간과 상호교통(communicative)으로 시작하신 것이다. 이러한 사실은 언약적 존재론(covenantal ontology), 예전적(liturgical)으로도 설명될 수 있다. 따라서 예배가 중요하며 윤리적 지평이 중요하다. 그리고 선교가 매우 중요하다. 언약사상에서 선교적 함의는 결코 배제되거나 무시될 수 없다.

우리는 스토아 철학자들처럼 깊이 자연 안에 내포된 원인의 연속들과 밀접하게 관련되어 있고 영원히 연결된 것으로부터 필연성을 창안하려고 하지 않는다. 우리는 하나님을 그분의 지혜에 따라 가장 먼 한계로부터 하나님께서 하시려고 하는 명령과 더불어 그분의 힘으로 지금 그분이 명하신 것을 수행하는 모든 것의 통치자와 주관자로 삼는다.[2] 개혁주의자는 하나님의 명령의 목적을 허가(permission)의 대용(substitution)으로 인정하지 않는다. 기독론 및 삼위하나님의 구속사역 중심의 신학은 필연적으로 하나님 존재 자체보다 하나님의 사역에, 즉 그분의 본질보다 그분의 행동에 더 관심이 집중되어 있는 것이다.[3] 그것은 삼위일체 하나님의 언약과 집행으로 나타나며 동시에 삼위일체 하나님의 선교로 나타난다.[4] 삼위 하나님의 언약과 선교는 결코 분리해서 생각할 수 없는 것이다.

그럼에도 불구하고 성경에 나타난 언약사상에 대한 연구에 있어서 선교적 관점의 시도는 놀라울 정도로 간과됐다. 그 이유는 언약사상을 취

---

1 마이클 호튼, 『언약신학』, 백금산 옮김, (부흥과개혁사, 2009), 18.
2 John Calvin, *Institutes of the Christian Religion*, I. xvi. 8. trans. Battles, (Westminster Press, 1967).
3 마이클 호튼, 『언약과 종말론: 하나님의 드라마』, 김길성 옮김, (크리스챤출판사, 2003), 123.
4 필자가 여기서 말하는 '하나님의 선교'는 WCC 일부 신학자들이 주장하는바 "예수"와 "교회"가 부정되는 선교로서의 포괄적인 의미, 하나님의 선교(Missio Dei)를 말하는 것이 아니라 그리스도 중심의 종말론적 구속사의 집행으로서 삼위일체 하나님의 선교를 의미한다. 본론 제1장 선교정의 참조.

급하는 그리스도인들이 언약을 지키는 자(covenant keeper)를 강조했지 하나님의 언약을 이탈한 자, 즉 언약을 깨는 자들(covenant breakers)에 대해 눈을 돌리지 못했기 때문이다. 하나님께서 주관하시는 역사에 대한 기독론적 관점은 그리스도 중심의 종말론적 구속사로 이해할 수 있다. 그리고 종말론적 사역에는 보내심을 받는 파송과 보내심을 받은 목적을 이루는 사역으로서 선교가 그 중심에 있다.

하나님의 나라의 완성을 위해 전진하는 종말론적 구속사에서 성령님의 종말론적 사역을 방해하는 도전은 끊임없이 계속됐다. 그리고 현대선교는 오히려 자유주의와 종교다원주의 사상에 의해 극심한 도전에 직면했으며, 선교에 있어서 기독론은 사실상 해체 위기에 있다. 종교다원주의는 루돌프 불트만(Rudolf Bultmann)의 영향으로 시작되었다. 불트만은 '예수님을 어떤 분으로 이해하고 설명하는가?'에 있어서 역사적 예수(Jesus of History)와 개인적으로 믿고 따르는 믿음의 그리스도(the Christ of Faith)는 차이가 있다고 분리시킴으로서 기독론을 심각히 훼손하였다.[5] 그는 신약성경의 메시지가 신화의 틀 속에 끼워져 있다고 주장하며 성경을 비신화화해야 한다고 했다.[6] 또한 불트만은 다른 사람의 삶을 변화시키려고 하는 기독교 신앙은 현대에 받아들일 수 없는 것이라고 주장하며 현대사회에서 전도와 선교는 어불성설이라고 비판하였다.[7]

또한 미국 유니온신학교, 가톨릭신학자 폴 니터(Paul Nitter)교수는 '부

---

5 김재성, 『교회를 허무는 두 대적』, (킹덤북스, 2013), 393; Rudolf Bultmann, *Kerygma and Myth: A Theological Debate,* Ed., Hans Werner Bartsch, trans, Reginald H. Fuller, (London: SPCK, 1953), 117. 참조 Rudolf Bultmann, *Theology of the New Testament,* 2 Vols. Translated by Kendrick Grobel, (London: SCM, 1970).
6 조지 래드, 『개혁주의 종말론 강의: 마지막에 될 일들』, 이승구 옮김, (이레서원, 2000), 196.
7 Bultmann, *op. cit.,* 5.

처가 없이는 나는 크리스챤이 될 수 없다'고 주장하였다.[8] 유니테리언주의 자 제임스 던(James Dunn)은 '예수님의 이야기는 만들어지고 있다'고 주장 하며 동정녀 탄생의 역사성을 부인하였다.[9] 주후 70년-150년 사이에 로마 제국의 심각한 박해 속에 흩어진 유대인들 사이에 퍼져있는 메시아에 대 한 간절한 기대에 부응하여 만들어진 예수 이야기라는 것이다. 이는 언약 의 그리스도를 정면으로 부정하는 것이다. 2012년 미국 시사주간지 『타 임즈』 부활절 특집 커버스토리에서 기독교인들을 향해서 공개적으로 "교 회를 떠나라"고 촉구하는 세계교회협의회(WCC)의 한 간부의 글을 주제 로 실었다. 이것은 "교회 밖에서는 구원이 없다"(extra ecclesiam nula salus) 라는 고전적 교회관이 사실상 "교회 안에는 구원이 없다"는 WCC의 대표 적인 선교신학자 호켄다이크의 신학사상으로 대체되는 작금의 현대 선교 학의 추이를 반영한 것이다.[10]

종교다원주의뿐만 아니라 좌경화된 일부 WCC 신학자들의 오류 는 텍스트(text)보다 콘텍스트(context)를 중요시했기 때문이다. 신학함에 있 어서 유의사항은 신학이 콘텍스트와 문화의 영향에서 벗어나야 하며 또 한 개인적 체험에서 벗어나야 한다는 것이다. 사역은 콘텍스트(context)를 고 려해야 하지만, 신학은 텍스트(text)에 충실해야 한다. 종교다원주의와 사 회복음은 영원한 복음, 객관적 말씀 중심의 신학과 신앙에서 이탈한 것이 다. 말씀은 변할 수 없지만, 신학은 변할 수 있다. 그러나 신학적 상황화

---

8 Paul Knitter, *Without Buddha I Could not be a Christian*, One World Book, 2009.
9 김재성, 앞의 책, 395-396; James D. G. Dunn, Chistology in the Making: A New Testament Inquiry into the Origins of the Doctrine of the Incarnation, (Grand Rapids: Eerdmans, 1980), xvii.
10 Thomas Wieser ed., "Report on the Salvation Study," *International Review of Mission*, vol. 62(170-179), 176.

(theological contextualization)는 그 한계를 설정하지 않으면 신학은 결국 삼위일체 하나님의 언약을 부정하며 그리스도 중심의 종말론적 구속사를 이탈한다.

칼빈과 개혁주의 신학자들은 성경의 통일성, 계시의 점진성과 역사성을 강조하면서 언약개념을 발전시켰다.[11] 언약사상은 계시의 다양성, 통일성, 연속성, 최종성에 근거한다. 히브리서 1:1-3에는 이러한 계시의 속성이 잘 반영되어 있다: "옛적에 선지자들을 통하여 여러 부분과 여러 모양으로 우리 조상들에게 말씀하신 하나님이 이 모든 날 마지막에는 아들을 통하여 우리에게 말씀하셨으니 이 아들을 만유의 상속자로 세우시고 또 그로 말미암아 모든 세계를 지으셨느니라. 이는 하나님의 영광의 광채시요 그 본체의 형상이시라 그의 능력의 말씀으로 만물을 붙드시며 죄를 정결하게 하는 일을 하시고 높은 곳에 계신 지극히 크신 이의 우편에 앉으셨느니라." 1절의 "여러 모양, 여러 부분"은 계시의 다양성을 말하고 있으며, 2절은 계시의 통일성과 계시의 연속성을 암시한다. 3절은 계시의 최종성을 선포하고 있다. 그리고 이 계시의 중심에는 아들, 곧 예수 그리스도가 계신다. 예수님은 언약의 그리스도이시며 근본 하나님의 본체이시고 영광의 하나님이시다(히 1:3). 언약의 그리스도는 계시의 속성에도 반영되는 것이다.

따라서 언약의 그리스도와 계시의 속성에 비추어 볼 때 종교다원주의는 심각한 오류이다. 예수께서 참 하나님이시고 참 사람인 이유는 하나님과 사람 사이에 중보자가 되시기 위함이다. 구약신학에서 하나님이 모

---

11 John Murray, "Covenant Theology," *The Encyclopedia of Christianity*, Ed. P. E. Huges, Vol III, (Marshallton, Delaware, U.S.A., 1972), 199-216.

세를 시내산에 부르시어 중보자로 사용하셨던 사실을 상기해야 한다. 성경에 소개되는 예수님은 언약의 그리스도이다. 성경 전체를 그리스도 관점에서 보아야 한다. 침례교목사 찰스 스펄전(1834-1892)은 '모든 성경 구절에서 그리스도를 선포하라'고 했다. 아담에 대한 언급에서도 그리스도를 이야기해야 한다.

로마서의 '첫째 아담'과 '둘째 아담'은 언약의 그리스도와 관련하여 계시의 통일성과 연속성을 말해주고 있다.[12] 이러한 접근이 성경신학이다. 조직신학은 성경신학에 기반해야 하고 성경신학은 기독론, 즉 조직신학에서 조명해야 한다. 복음의 관점은 기독론적이어야 한다. 또한 구속역사적 관점에서 성경을 보아야 한다. 게할더스 보스(Geerhardus Vos)는 성경은 교리서가 아니라 극적인 요소가 가득 차 있는 역사책이며 특별계시의 역사(history of special revealation)라고 했다.[13] 헤르만 리델보스(Hermann Ridderbos)는 기독교에 대한 사도 바울의 관점을 말하면서 "교리가 중심이 아니라 구속역사 그 자체의 사실이 중심이다. 그것은 '구원의 서정'(ordo salutis)이 아니라 '구속의 역사'(historia salutis)이다. 이것이 사도 바울의 중심이다"고 했다.[14] 따라서 성경 이해와 적용에 있어서 종말론적 구속사의 관점을 강화해야 한다. 그리고 복음의 적용은 선교학적 관점을 견지해야 한다. 그러나 선교학적 관점은 기독론에서 출발해야 하며 기독론에서 결

---

12 Mark W. Karlberg, *Covenant Theology in Reformed Perspective*, (Wipf and Stock Publishers: West Broadway, 2000), 145-146.
13 게할더스 보스, 『성경신학』, 원광연 옮김, (크리스챤다이제스트, 2005), 30
14 Herman Ridderbos, Paul: An Outline of His Theology, Trans. J. R. de Witt, (Grand Rapids: Eerdmans, 1975), 21. 야곱 로덴스타인(Jacobus van Lodensteyn, 1620-1677)은 그리스도인의 경건한 삶의 실천을 강조하면서 "교리 안에는 성령이 없다. 죽은 것은 문자에 의해서 살아날 수 없다(고후 3:6). 그 결과 우리 중에 많은 이들이 교황주의자들보다 훨씬 더 죽었다"고 개탄했다: 에르네스트 슈투플러, 『경건주의 초기역사』, 송인설·이훈영 옮김, (솔로몬, 1993), 244-246.

론지어져야 한다. 조직신학의 관점을 벗어난 선교는 다원주의나 신비주의로 흘러가게 된다.

발터 아이히로트(Walther Eichrodt)는 항상 변화하는 역사적 조건들에도 불구하고 항구적인 기본적 경향과 성격을 보여주는 자족적인(self-contained) 실체로서의 언약사상을 통해서 성경을 이해해야 한다고 했다.[15] 존 헤셀링크(John Hesselink)는 개혁주의 신학은 언약신학이라고 했다. 개혁주의 조직신학과 성경신학의 중심에는 언약사상이 있다는 것이다.[16] 성경은 하나님과 피조물 간의 언약관계(covenantal relationship)를 말하고 있기 때문이다. 아담과 하와를 창조하실 때 사람과의 관계는 언약관계로 시작하신 것을 볼 수 있다. 구원역사의 전개에서 성경적인 믿음은 언약적 관계 속에서 시작한 것을 알 수 있다. 하나님께서는 아담에게 말씀하시고 위임하시고 설명하시고 언약하셨다. 피조물과 창조주의 관계성을 말씀하신 것이다.

계몽주의 이전(pre-Enlightment) 믿음의 선조들은 실재하는 하나님을 숙고하는 것을 엄히 금하고, 그리스도 안에서 죄인과 언약하신 하나님을 숙고하도록 훈계하고 가르쳤다. 칼빈이 『기독교강요』서두에서 창조자와 피조물 사이를 변증법적으로 논증한 것처럼, 하나님의 전지하심은 항상 인격적인 지식이며 관계 안의 지식(knowledge-in-relationship)이다. 언약을 넘어서서 역사와 종말론, 개인과 공동체, 하나님의 대리인과 인간의 대리인을 통합하는 것은 불가능하다. 모든 실체의 창조자는 인격적이기 때문에 하나님이 자발적으로 만든 모든 실체는 관계성 안에 존재한다.[17]

---

15 발터 아이히로트, 『구약성서신학』, I권, 박문재 옮김, (크리스챤다이제스트, 1994), 17.
16 Mark Karlberg, op. cit., 338.
17 마이클 호튼, 앞의 책, 24.

따라서 하나님과 인간과의 관계는 언약신학의 관점에서 설명되어야 한다. 하나님과 인간의 관계는 자연적, 필수적, 본질적 관계가 아니고, 임시적이고 부차적(contingent)이며 또한 언약적(covenantal)이다. 언약적 관계는 곧 하나님은 주시고 인간은 받는 관계이며 하나님은 명령하시고 인간은 순종하는 관계이다.[18] 언약신학은 교리가 아니다. 따라서 하나님과 인간 사이에 존재론적(ontological) 차이를 이해하는 것에서 출발해야한다. 칼빈은 하나님과 인간의 존재론적 차이를 현저히 구별하면서 하나님은 창조주이시고 인간은 피조물이라는 성경 말씀의 기본개념에서 신학을 정립하였다.[19] 그러할 때 우리는 존재론적 및 언약적 관계의 중요성을 인식할 수 있다. 하나님을 아는 지식과 인간에 대한 지식은 서로 떼려야 뗄 수 없이 상호 연결되어 있다. 이는 조직신학 서론이 취급하는 핵심 개념이다. 하나님과 인간의 연관성, 창조주 하나님과 피조물의 연관성을 설정하여 밀접하게 그리고 미묘하게 연관시켜 놓음으로써 우리에게 하나의 통합적인 세계관을 제시한 것이다.[20] 이런 의미에서 언약신학은 조직신학의 기반인 것이다.

한편 원시 기독교인들은 구원이란 엄밀하게 시간 과정의 용어 안에서 인식했다. 앞으로 올 극치(consummation)란 진정한 미래인 것이다. 그러나 헬라인들에게 있어서 구속이란 시간으로부터 자유로운 존재를 의미하

18 J. G. Vos, *Studies in the Covenant of Grace*, (Pittsburgh: Crown & Covenant Publications, 1998), 3.
19 김재성, 『칼빈과 개혁신학의 기초』, (합동신학대학원출판부, 1997), 163-165.
20 김재성, 『나의 심장을 드리나이다』, (킹덤북스, 2012), 213.

며 무시간적인 피안으로 들어가는 것이었다.[21] 원시 기독교는 영원을 단지 끝없는 시간선으로 이해한 데 반하여 플라톤은 영원을 시간과는 질적으로 다른 무시간으로 이해했던 것이다.[22] 성경은 시간 속에서 구속사의 발전을 계시하고 있다. 그러나 헬라인들은 역사(시간)와 물질의 영역은 감옥이라고 생각했다. 이것은 헬라의 이원론적 영지주의 또는 데카르트 및 칸트의 윤리적 이원론의 사고로서 옳지 않다. 원리적으로 대조는 있으나 그것은 실제 존재하는 구조들의 산물이 아니다.[23]

현대신학은 역사학으로부터 주기성(周期性 periodicity)의 원리를 제거하는 경향이 있다. 그러나 하나님께서는 계시를 펼쳐가시면서 이 원리를 채용해 오셨다. 성경은 자기 자신의 조직체(유기체)에 대해 의식하고 있다. 우리는 항상 그렇게 의식하지 못하지만, 성경은 자기 자신의 해부를 느끼고 있는 것이다. 여기서 계속해서 언약들을 맺는 원리가 새로운 시기의 시발을 표시해주는 것으로서 큰 역할을 담당해왔다.[24] 성경은 하나님의 특별한 계시이며, 계시의 말씀은 언약을 통해 역사적 주기성과 유기체적 통일성을 견지해온 것이다. 언약의 성경신학적 이해는 종종 그 관계가 조직신학들, 즉 교회론(언약의 정황), 신론(언약의 창시자), 인간론(언약의 파트너), 기독론(언약의 중재자), 구원론(언약 은총들), 종말론(언약의 완성)을 함께 결합한다.[25] 그리고 성경신학적 이해는 언약의 집행으로서 삼위일체 하나님

21 조지 래드, 앞의 책, 188-189. 참조, Oscar Cullmann, *Christ and Time: The Primitive Christian Concept of Time and History*, trans. Floyd V. Filson, (Philadelphia: Westminster, 1950), 51-52.
22 조지 래드, 앞의 책, 189. 참조 Oscar Cullmann, op. cit., 61.
23 Geerhardus Vos, *The Pauline Eschatology*, (Grand Rapids: Baker, 1979), 33-34.
24 게할더스 보스, 『성경신학』, 원광연 옮김, (크리스챤다이제스트, 2005), 29.
25 마이클 홀턴, 앞의 책, 25.

의 선교로 행동하게 한다.

칼빈은 역사와 물질의 영역은 '하나님의 영광을 선포하는 극장'이라고 했다. 하나님의 영광은 선포되어야 한다. 그리고 선포의 중심에는 선교가 있다. 오순절 이후 하나님의 구속의 드라마는 극장의 극중에서의 극으로 전개된다.[26] 극적인 사건들은 세계 역사 가운데서 펼쳐지는 반면 성경적 드라마는 그것에 참여하지 않은 연극의 외부에 있는 사람들에게는 전혀 중요하지 않은 방식으로 펼쳐진다. 또한, 그들의 메시지는 어리석은 것으로 간주된다. 이것은 극중에서의 극이 전체 자연의 창조와 그 역사를 행동과 플롯 안으로 몰아넣는 모든 것을 포위하는 하나님의 드라마로 끝을 맺는 낯선 역설이다.[27] 충성되고 거룩한 주님의 언약교회는 하나님의 드라마에서 성령의 종말론적 사역, 즉 종말론적 구속사의 중심 사역으로서 선교에 적극적으로 참여한다.

따라서 종말론적 구속사 안에서 행동하고 있는 우리는 언약사상에 나타난 선교적 함의를 고찰함으로써 언약사상에 대한 선교적 이해를 새롭게 할 필요가 있다. 그렇게 함으로써 선교함에 있어서 기독론적 관점을 이탈하지 않고 언약의 통일성과 연속성 및 점진성을 따라 전개되는 종말론적 구속사의 중심에 있는 그리스도의 언약 공동체인 교회의 선교적 사명을 새롭게 고취할 수 있을 것이다.

이 책에서는 언약사상에 나타난 선교적 함의를 추적할 것이다. 이를

---

26 에드워드는 창조가 하나의 무대라면 그 무대의 목적은 구속의 드라마를 보여주기 위한 데 있으며 구속의 드라마의 결과는 하나님의 자기영광이라고 했다. 조나단 에드워드, 『조나단 에드워드 전집 제3권: 구속사』, 존 스미스 편집, 김귀탁 옮김, (부흥과개혁사, 2007), 52-53.
27 마이클 호튼, 앞의 책, 20-21.

위해서 먼저 성경에 나타난 언약의 정의 및 언약의 구조 등을 개혁주의 신학자들의 이론을 통해 살펴보고, 개혁주의 언약사상의 역사적 발달 과정에 나타난 주요 논점들에 대해 검토해 볼 것이다. 또한 이것을 바탕으로 성경의 언약사상에 나타난 선교적 함의들을 고찰함으로써 언약신학에 대한 다소 새로운 조명을 시도할 것이다. 또한, 언약사상과 선교의 내적 상관관계를 분석하여 성경에 나타난 언약사상에서 선교적 함의가 명백함을 논증함으로써 언약사상에 대한 새로운 이해를 촉구하고 기독론 및 종말론적 구속사 중심의 삼위일체 하나님의 선교를 새롭게 조망할 것이다.

Chapter I

언약과 선교의 정의

언약사상에 나타난 선교적 함의를 고찰함에 있어서 먼저 언약의 정의와 선교의 정의에 대해 살펴볼 것이다. 언약사상사에서 성경에 나타난 언약이란 무엇인가에 대한 신학적 견해는 꾸준히 제기되어 왔으나 적어도 언약의 정의에 대해서는 최근에 팔머 로버슨(Palmer Robertson) 등 개혁주의 신학자들에 의해서 큰 이견없이 거의 정리되어 가고 있다. 반면 선교란 무엇인가 하는 선교 정의 논쟁은 1950년대에 시작되어 갈수록 격렬해지고 있다. 그 이유는 선교 정의 논쟁이 전통적 선교 인식과 선교 정의에 대해 문제를 제기하며 반동운동으로 선교 재정의를 시도하며 시작되었기 때문이다. 따라서 본 장에서 선교 정의는 개혁주의 신학적 관점에서 비판적으로 고찰할 것이다.

1. 언약의 정의

개혁주의 언약사상 발달사에서 언약이란 무엇인가에 대해서 처음부터 끊임없이 여러 의견이 표출되어 왔다. 본 장에서는 최근 개혁주의 신학자들의 연구와 신학적 토론을 통해서 정리된 언약의 의미를 간략히 살펴보고 언약사상의 성격을 전체 포괄적으로 이해할 수 있는 언약의 구조에 대해서 주요 신학자들의 신학적 견해를 정리함으로써 성경에 나타난 언약사상을 체계적으로 이해하도록 한다.

1) 언약의 의미

성경에 나타난 언약에 대하여 개혁주의 신학에서 가장 폭넓게 수용되어온 두 가지 견해가 있다. 이 견해들은 다 1960년대에 나온 것으로 하나는 언약은 맹세에 근거한 결합(a union based upon an oath)이라는 견해이며,[28] 또 하나는 언약은 조건하에 맺어진 관계성(relationship under sanctions)이라는 견해이다.[29] 그러나 이 두 이론은 약간의 논쟁의 여지가 있다.

언약사상은 신구약 성경에 다 나타나는데, 구약에서는 사회-정치적 측면들을 포함한다. 개인, 집단 그리고 국가 사이에 효과적인 협정(treaty)이나 계약(contract)으로서 행동을 규제하는 주요한 수단이었다.[30] 따라서 언약 개념을 고찰해보면 고대 히타이트 문명에 나타난 '협상' 또는 '계약' 관계와 구약성경에 나온 언약 관계 사이에 놀라운 유사성이 발견된다. 이것을 근거로 언약 개념을 유대인들이 히타이트 문명에서 가져왔을 것이라는 주장이 있다.[31] 또한, 이집트 문명의 약대상들 사이에도 보편적인 상업적 계약 관계가 있었던 것은 사실이다. 그러나 이러한 경향은 성경해석자들이 그 시대 문화와 문학작품 속에서 해답을 찾으려고 하는 데서 기인한다. 이는 성령께서 성경말씀에 나타낸 계시를 통해서 해답을 찾으려고 하지 않는 것이다.

이러한 신학 풍조는 계몽주의의 영향을 받은 것이다. 이러한 입장의 신학자들은 계약(treaties)과 언약(covenants)의 유사성을 강조하며 조건적

---

28 Dennis J. McCarthy, *Treaty and Covenant: A study in Form in the Ancient Oriental Documents and in the Old Testament,* (Rome, 1963).
29 Meredith G. Kline, *By Oath Consigned: A Reinterpretation of the Covenant Signs of Circumcision and Baptism,* (Grand Rapids: Eerdmans, 1968).
30 Leon Morris, *The Atonement: Its Meaning and Significance,* (I.V.P. U.S.A, 1983), 14-42.
31 George. E. Mendenhall, *Law and Covenant in Israel and the Ancient Near East,* (The Presbyterian Board of Colportage of Western Pennsylvania, Pittsburg, 1995); Meredith G. Kline, Treaty of the Great King, (Grand Rapids: Eerdmans, 1961).

관계(conditional relationship)를 강조한다. 언약에 고대 중동문명에서 만연했던 계약적 성격이 있는 것은 사실이지만 중동지방의 계약 이전에 언약이 있었다는 사실에 주목해야 한다. 하나님 스스로 언약을 이스라엘 밖에서는 나타내지 않으셨다. 구약성경 밖에서는 하나님과 사람이 맺은 언약 관계에 대한 뚜렷한 증거를 찾을 수 없다.[32] 이방 세계에는 성경에 나타나는 하나님과 인간과의 언약에 해당할만한, 이에 필적하는 것이 없다.[33]

언약은 정치적 타협의 동맹이나 상업적 거래 관계의 협약(treaty)이 아니다. 언약은 존재론적 및 윤리적 관계이며 구속의 역사적 관점에서 하나님의 선물이다. 계약은 주체와 상대 간에 상호 합의와 동의하에 이루어진다. 그러나 하나님과 사람들 사이에 맺는 언약은 계약과는 성격이 다르다. 하나님과 우리 사이에는 관계적이면서 상호소통의 성격이 있다. 따라서 언약을 논할 때 언약적인 존재론이 설명되어야 한다. 하나님과 나의 관계는 언약적인 관계에서 시작되었다. 하나님과의 관계에서만 나의 존재를 규정하고 설명할 수 있다. 이렇게 하나님과 우리의 관계는 하나님은 창조주이며 우리는 피조물이라는 구속적 관계로 넘어간다. 인간의 존재에 대한 성경적인 존재론은 하나님은 창조주이시고 나는 피조물인 것이다.[34] 또한, 하나님은 선하시며 우리에 대하여 윤리적으로 대립적이다. 따라서 언약신학은 교리나 철학적 추상성으로 설명하려고 하면 안 된다.

---

32 Ronald E. Clements, *Abraham and David: Genesis 15 and its Meaning for Israelite Tradition*, (Naperville, Ill., 1967), 83.

33 David Noel Freedman, "Divine commitment and Human Obligation," *Interpretation* 18, 1964, 420; 팔머 로버슨, 『계약신학과 그리스도』, 김의원 옮김, (개혁주의신학사, 2000), 20. (Palmer O. Robertson, *The Christ of the Covenants,* (Baker Book House, 1980).

34 김재성, 『칼빈과 개혁신학의 기초』, 1997, 165; Richard C. Gamble, "Calvin as Theologian and Exegete: Is There Anything New?" *Calvin Theological Journal* 23, 1988, 192.

성경에 나타난 많은 증거는 언약들이 만들어지는 과정에서 서약(oath)의 중요성을 뒷받침하고 있다. 서약이 계약의 본질에 속한다.[35] 한편, 서약이 언약관계에서 자주 나타나지만 언약관계의 성립에 있어서 서약의 형식적인 예식이 반드시 필요한가 하는 점은 명확하지 않다. 성경은 언약에 관계하는 서약을 계속 언급하고 있지만, 노아의 언약이나 다윗의 언약에서는 이 언약들이 성립될 때 서약을 했다는 뚜렷한 언급이 없다(창 9장, 삼하 7장, 사 54:9, 시 89:34).[36] 조지 멘덴홀(George A. Mendenhall)은 '형식적 서약'(the formal oath)을 언급하면서, "우리는 여기에 다른 요소가 포함되었다는 것을 안다. 왜냐하면, 조약의 확인은 단지 문서 조각에 의해 이룩될 수 없기 때문이다"고 주장했다.[37]

성경은 언약이 일반적으로 서약(oath)을 포함한다는 사실만을 암시하지 않는다. 오히려 언약은 서약이라고까지 주장한다. 언약 관계의 결속은 공식적으로 서약을 세우는 과정을 포함하기에 강하게 사람들을 묶어 놓는다. '서약'은 '언약'에서 이루어지는 관계를 충분히 포함시키기 때문에 이 말들은 서로 바꾸어 사용될 수 있다(시 89:3, 34 이하; 시 105:8-10). 정식으로 서약을 세우는 과정은 일어날 수도 있고 그렇지 않을 수도 있다. 그러나 중요한 것은 성경의 언약관계는 필수적으로 엄숙한 책임을 수반한다.

언약에 있어서 서약은 다양한 형태로 이루어진다. 첫째는 구두서약(창 21:23, 24, 26, 31; 출 6:8, 19:8, 24:3, 7; 신 7:8, 12; 신 29:13, 겔 16:8)이다. 성경에서

---

35 G. M. Tucker, "Covenant Forms and Contract Forms," *Vetus Testamentum*, 15, 1965, 487-503.

36 Peter Golding, Covenant Theology: *The Key of Theology in Reformed Thought and Tradition*, (Christian Focus Publications: Scotland, 2004), 75.

37 Peter Golding, op. cit., 76. 참조 George A. Mendenhall, "Covenant Forms in Israelite Tradition," *The Biblical Archaeologist* 17, 1954, 60.

하나님의 모든 언약이 성립되는 근본 구성요소는 세워진 약정 성격의 구두 선언이다. 하나님께서는 언약을 세우기 위해 말씀하신다. 하나님은 자신이 피조물과 결속하였고 또 창조물과 자신이 연관되었다는 사실을 표명하기 위하여 은혜 가운데 말씀하신다.[38] 다음으로 구두 서약에 상징적인 요소가 첨가되었는데 그 예로는 선물을 증여하는 것(창 21:28-32), 음식을 먹는 일(창 26:28-30, 31:54, 출 24:11), 기념비를 세우는 일(창 31:44, 수 24:27), 피를 뿌리는 일(출 24:8), 제물을 바치는 일(시 50:5), 막대기 아래로 지나게 하는 일(겔 20:37), 동물을 갈라 쪼개는 일(창 15:10, 18) 등이 있다. 성경의 몇 구절에서 언약에 대한 서약의 총괄적인 관계는 분명한 대응관계로 나타난다(신 29:12, 왕하 11:4; 대상 16:16; 시 105:9, 89:3,4; 겔 17:19). 이 경우에 있어서 서약과 언약은 서로 바뀌어서 사용된다. 서약(oath)과 언약(covenant) 사이의 이런 긴밀한 관계는 언약이 본질적으로 약정(bond)이라는 점을 강조하는 것이다. 언약에 의해서 사람들은 다른 사람과 깊이 결속(commitment)되는 것이다. 무지개 상징이나 할례의 표적, 안식일의 표시 등 이런 언약의 표적들은 언약의 '구속적인' 특성을 강조한다. 상호결속은 언약적 약정에 의해서 효과적으로 보장될 수 있다. 언약의 표적은 하나님과 백성 간의 '영원한 약정'을 상징하는 것이다.[39] 마이클 호튼은 언약은 '맹세와 연합' 관계이며 비록 반드시 동등할 필요는 없지만 상호 헌신을 포함한다고 했다. 성경에 나타난 언약들에는 일방적으로 명령과 약속을 부여하는 것도 있고 쌍방 간에 부여하는 것도 있다. 맹세와 연합의 구조적 개념 내에서

---

38 팔머 로버슨(Palmer Robertson), 『계약신학과 그리스도』, 김의원 역, (개혁주의신학사, 2000), 14.
39 팔머 로버슨, 앞의 책, 15-16.

우리는 성경 안에 있는 다양한 내용의 언약을 보게 된다.[40]

한편, 언약이라는 단어인 히브리어 베리트는 구약에서 280번 등장한다. 이 단어는 창세기 6:17-18에서 처음 사용되었다: "그러나 너와는 내가 내 언약을 세우리니"(창 6:18). 하나님이 주도적 및 주권적으로 언약을 세우시고 신적인 언약은 언약의 수납자에게 일방적으로 주어진다.[41] 언약은 하나님과 인간 사이의 약정이다. 한 가지 예외는 하나님이 들의 짐승들과 언약을 세우는 사례이다(창 9:10, 12, 17; 호 2:18; 렘 33:20, 25). 이 구절에서 언약의 상대방이 비인격체임에도 불구하고 그들 사이에 성립되는 것은 역시 '약정'이다.[42] 언약(covenant)은 약정(bond)이나 관계(relationship)의 개념이다. 그러나 구약성경에서 언약이라는 말의 어원을 좀 더 폭넓게 조사해보면 그 단어의 의미를 확정 짓기는 더욱 힘들어진다.[43] 언약의 어원학적 증거가 불확실하다는 점은 일반적으로 인정되고 있다. 웨인펠드(Weinfeld)는 '속박하다, 묶다'의 뜻인 아카디아어 어근 baru와 '속박, 구속'의 뜻인 명사형 biritu가 가장 적절하다고 본다.[44]

언약을 정의할 때, 팔머 로버슨(Palmer Robertson)은 "언약이란 주권적으로 사역되는 피로 맺은 약정(bond in blood)"이라고 정의했다. 하나님은 인간과 언약관계를 수립하실 때 주권적으로 삶과 죽음의 약정(bond)을 세우신다. 언약은 피로 맺은 약정 또는 주권적으로 이루어지는 삶과 죽음의 약정이

---

40   마이클 호튼, 『언약신학』, 백금산 옮김, (부흥과 개혁사, 2009), 18-19.
41   윌리엄 J. 덤브렐, 『언약신학과 종말론』, 장세훈 옮김, (CLC, 2000), 41.
42   팔머 로버슨, 앞의 책, 14, 각주 5.
43   팔머 로버슨, 앞의 책, 13.
44   팔머 로버슨, 앞의 책, 13, 각주 3. 참고, Moshe Weinfeld, *Theologisches Wörterbuch zum Alten Testament*, (Stuttgart, 1973), 783.

다.[45] 이는 하나님과 인간과의 결속(commitment)의 궁극성을 표현한다.

구약에서는 '언약을 체결한다'라는 것은 '언약을 자른다'이다. 이는 구약 전체에 나타난다. 율법서, 예언서, 시가서에서 반복적으로 나타난다.[46] 세월이 흐름에 따라 이 이미지가 흐려지는 것 같다. 아브라함의 언약의 수립(inauguration)을 처음으로 언급한 기록에 '언약을 자른다'는 의미가 처음으로 소개된다(창 15장). 느브갓네살의 이스라엘 통치 시기에 시드기야에 대한 예레미야의 예언적 경고에 '언약을 자르는' 신학을 암시하고 있다(렘 34장). 특히 주목할 만한 것은 '자른다'는 동사 자체가 '언약을 자른다'는 의미를 나타낸다는 것이다(삼상 11:1,2; 20:16, 22:8; 왕상 8:9, 대하 7:18, 시 105:9, 학개 2:5). 이런 사용법은 '절단'의 개념의 중요성을 말하는 것이다.[47] 언약이 이루어질 때 행하는 제의 예식에서 동물이 절단된다. 가장 명백한 예로는 창세기 15장 아브라함 언약이 이루어질 때이다. 아브라함이 먼저 동물들을 쪼개어 그 조각들을 마주 대하여 놓을 때 하나님께서 쪼갠 동물 사이를 상징적으로 지나가시는 것이다. 그리하여 언약이 '이루어지고', '절단'되는 것이다.

언약 수립의 시점에서 동물 절단의 의미는 무엇인가? 동물 절단은 언약 체결 시에 '죽기까지 서원함'을 상징으로 보여주는 것이다. 잘려진 동물은 서약한 사실을 범할 때 언약자 자신에게 임할 저주를 나타낸다. 이러한 해석은 예언자 예레미야의 말에서 근거를 찾을 수 있다. 언약에 대한 이스라엘의 불충성을 보고 그는 '암소 사이를 지나간' 그들의 예식을 기억

---

45 팔머 로버슨, 앞의 책, 12.
46 팔머 로버슨, 앞의 책, 16.
47 팔머 로버슨, 앞의 책, 17-18.

하게 한다(렘 34:18). 불충성으로 그들은 자기 자신에게 언약의 저주를 불러들이는 것이다. 그러므로 그들은 몸이 동강 날 것과 그들의 시체는 "공중의 새와 들짐승의 밥이 될 것"(렘 34:20)을 예견케 되는 것이다. '언약을 자른다'는 성경적 구절은 언약을 수립하는 문맥에서 이해되어야 한다. 언약관계를 수립하는데 표현되는 술어의 전체적인 개념은 삶과 죽음에의 서원(pledge)이다.[48] 언약이란 '피로 세운 약정' 또는 '삶과 죽음의 약정'인 것이다. 피의 약정이라는 말은 "피흘림이 없이는 사함이 없다"(히 9:22)는 성경의 강조점과도 잘 부합한다. 피는 생명을 상징한다(레 17:11). 피흘림은 생명에 있어서 심판을 나타낸다.[49]

한편, 구약의 언약은 세 가지 기본 형태를 띠고 있다: (a) 인간에 의한 인간과의 언약(창 21:27, 32; 삼하 3:12-13), (b) 하나님에 의한 인간과의 언약(창 15:18(아브라함), 출 24:8, 신 5:2(모세), 대하 21:7, 시 89:3(다윗), 렘 31:31,33; 겔 37:26), (c) 인간에 의해 주도되는 하나님과의 언약이다. 이 언약관계는 언약갱신(covenant renewal)의 문맥에서 이해되어야 한다. 그것은 인간이 하나님과의 언약을 주도하는 관계가 미리 존재한다는 것을 근거로 한다(왕하 11:17, 23:3; 대하 29:10).

언약관계는 영속적으로 충성스러운 후손들에게 전달되는 완전한 선물이다. 따라서 성경에 언약의 다양한 특징들이 나타나지만 언약을 율법-언약(law-covenant), 약속-언약(promise-covenant)의 관계로 보려는 것 또한 옳지 않다. 행위언약과 은혜언약은 율법과 복음의 양대 메시지를 주지만 이 둘은 결코 서로 다른 언약이 아니며 예수 그리스도로 말미암아 구원을

---

48 Peter Golding, *op. cit.*, 95.
49 팔머 로버슨, 앞의 책, 19.

얻게 하기 위한 것이다.[50]

따라서 언약은 하나님의 구속사적 관점에서 보아야 한다. 유대인들은 신명기적 관점에서 율법과 지혜를 가지고만 말하려고 했다. 이런 신명기학파의 관점은 옳지 않다. 언약은 창세기적 관점 및 구속사적 관점에서 보아야 한다. 창세기 및 구속사적 관점에서 볼 때 성경에 나타난 언약은 하나님의 주권하에 주시는 하나님의 선물이다. 언약은 창세기 3:15 '여자의 후손'에 대한 언약에서 선포되었고, 이후 노아, 아브라함, 모세, 다윗 등을 거쳐 그리스도의 십자가를 통한 언약의 완성 및 새언약에 따른 성령님의 선교사역으로 이어진다.

2) 언약신학의 구조

언약신학이란 두 개 혹은 세 개의 언약들의 기초 위에서 성경을 해석하는 하나의 신학적 체계이다. 두 개의 언약이란 행위언약과 은혜언약을 말하며, 세 개의 언약이란 행위언약, 구속언약, 은혜언약을 말한다.[51] 그러나 행위언약 대신 창조언약을 말하기도 한다.[52] 언약신학은 하나님께서 처

---

50 Richard D. Phillips, *The God of the Covenants, Pittsburgh Regional Conference on Reformed Theology*, Reformed Presbyterian Theological Seminary, (Pittsburgh, 2008), 9.
51 〈웨스트민스터 신앙고백서〉에서 처음으로 언약을 구속언약, 행위언약, 은혜언약 등 세 개의 언약으로 정리하였다.
52 마이클 호튼, 『언약신학』, 백금산 옮김, (부흥과개혁사, 2009), 112.

음에 아담에게 행위언약을 체결하여[53] 그 행위대로 순종하면 영생을 주시고, 불순종하면 사망을 주신다고 약속하셨음을 가르친다. 결국 아담은 실패했고, 그 결과로 인류에게 사망이 들어왔다. 그러나 하나님은 은혜언약을 인류에게 주사 인간의 딜레마를 해결해 주셨다. 그래서 죄와 사망의 문제는 극복되었다. 그리스도가 하나님의 은혜언약의 궁극적 중보자이다.

언약신학의 성경적 근거는 구약에서 율법과 복음이란 대주제를 상징적으로 말해오다가 신약에 와서 완전히 표면화되었다(갈 3:13-18). 갈라디아서 본문에는 두 개의 언약 혹은 생각하기에 따라서 세 개의 언약이 중첩적으로 나타난다. 따라서 언약신학의 구조는 행위언약, 구속언약, 은혜언약으로 다음과 같이 요약될 수 있다.

(1) 구속언약

성경에 나타난 대부분의 하나님의 언약은 하나님께서 피조물과 맺으신 역사적 언약들이다. 그러나 구속의 언약 (foederus salutis, Covenant of Redemption)은 삼위일체 중 성부, 성자, 성령 사이에 맺은 영원한 언약이

---

53 언약사상이 성경에 나타난 것은 아담과의 행위언약이 아니라 선지자들의 활동의 결과로 처음 나타났다고 주장하는 학자들도 있다. 대표적인 학자는 *Die Bundersvorstellung im AT*(1896)를 쓴 Kraetzschmar이다. 그는 초기 이스라엘 종교는 자연종교였다고 주장한다. B. Stadems는 그의 저서(*Biblische Theologie des AT*, 234)에서 언약사상이 예레미야를 통해서 처음 나타났다고 주장한다: 발터 아이히로트, 『구약성서신학』(I), 박문재 옮김, (크리스챤다이제스트, 1994), 35.

다.[54] 창세 전부터 성부와 성자 사이에 구원 구속을 위해 성부가 계획하시고 성자가 성취하기 위한 구속의 언약이 있었다. 성부는 성자 안에서 성령을 통해서 한 백성을 선택하신다. 이 언약에서 성자의 의무는 죗값에 해당하는 심판을 맛보고, 하나님의 백성이 구원받기 위해 충족시켜야 할 조건을 대신해서 이행하신다. 성부의 의무는 성자의 공로를, 특히 그의 고난과 죽음 그리고 의로움을, 하나님의 백성들의 고난과 죽음 그리고 의로움으로 인정하여 성령을 통해서 그들에게 믿음을 주심으로 구원하신다. 성부 하나님께서 하나님의 백성을 성자와 연합시켜 성자를 그 연합체의 머리로 삼겠다는 계획 또한 포함되어 있다.[55]

마이클 호튼은 삼위일체 하나님의 구속언약에 대하여 다음과 같이 설명한다: "우리의 구원은 무엇보다 먼저 삼위 하나님의 협동에서 생겨난다. 말하자면 성부, 성자, 성령 사이에 체험되는 주고받음의 기쁨이 흘러넘쳐서 창조주와 피조물의 관계까지 들어간다. 구속언약에서 성부와 성

---

54 마이클 호튼, 앞의 책, 111. 개혁주의신학자 마이클 호튼은 영원 전에 삼위일체 하나님 사이에 구속언약이 있다는 사실은 하나님께서 이미 인류의 타락을 고려하고 있으셨다고 기술하고 있다: 마이클 호튼, 앞의 책 112. 김재성 교수는 사탄은 거짓말쟁이요 거짓의 아비(요 8:44)임을 강조하면서, "우주에 지속적인 영적 전쟁이 시작되었다. 성경에는 어찌하여 뱀이 인류의 조상을 유혹하게 되었는지에 대해서 자세히 설명하고 있지 않다. 욥기서 1장에 나오는 것처럼, 사탄이 하나님의 주권 아래 일부 허락을 받아서 사람들을 미혹했다"고 했다: 김재성, 『기독교구원론의 구조와 핵심진리: 구원의 길』, (킹덤북스, 2014) 23.
55 싱클레어 퍼거슨(Sinclair Ferguson)은 성령론을 다루면서 그리스도와의 연합을 중시했다: 싱클레이 퍼거슨, 『성령』, 김재성 옮김, (IVP, 1999). 리차드 개핀(Richard Gaffin)도 '구원의 서정'(ordo salutis: 선택, 소명, 중생, 칭의, 성화, 영화)만을 강조하는 전통에 대하여 연합을 강조하면서 개혁했다. 그는 구원론의 심장이 칭의나 양자됨 혹은 성령의 내주하심이나 성화같은 구원의 서정의 한 측면으로 환원될 수 있는 것이 아니라 우리를 대신하여 죽으시고 부활하신 '그리스도와의 인격적인 연합'에 있다고 주장했다: 리차드 개핀, 『구원이란 무엇인가: 바울과 구원의 서정』, 유태화 옮김, 크리스찬출판사, 2007. 안토니 후크마는 존 머레이가 구원의 서정을 극단적으로 시비한다고 비판하면서 그 대신 그리스도와의 연합을 강조하였다. 이에 대하여 김홍만 교수는 이러한 후크마의 입장은 중생과 믿음을 분리시켰으며, 구원의 서정을 반대하다보니 비록 중생을 언급했으나 유효한 부르심의 부분을 놓치고 말았다고 평가했다: 김홍만, "하이델베르크 교리문답과 웨스트민스터 소요리문답의 비교: 회심과 성화 용어를 중심으로,"『한국개혁신학』, (한국개혁신학회, 2013), 31-32.

령의 성자에 대한 사랑은 성자에게 자신들의 살아있는 머리로 가질 한 백성을 선물로 주시는 데서 증명된다. 동시에 성자의 성부와 성령에 대한 사랑은 그러한 사람들을 구속하는 데 있어 가장 큰 개인적 대가를 지불하겠다는 성자의 맹세에서 증명된다."[56] 구속의 언약은 창세 전에 체결되었으며 예수 그리스도가 오심으로 완수되었다.

요한복음 17장은 구속언약이 언약들 이전에 존재한 언약(covenant before covenants)임을 나타낸다: "아버지께서 내게 하라고 주신 일을 내가 이루어 아버지를 이 세상에서 영화롭게 하였사오니 아버지여 창세 전에 내가 아버지와 함께 가졌던 영화로써 지금도 아버지와 함께 나를 영화롭게 하옵소서"(요 17:4-5). "아버지여 내게 주신 자도 나 있는 곳에 나와 함께 있어 아버지께서 창세 전부터 나를 사랑하시므로 내게 주신 나의 영광을 그들로 보게 하시기를 원하옵나이다"(요 17:24). 요한복음 17장을 통해서 창세 전에 성부와 성자 사이에 '영원한 언약'으로서 구속언약이 있었음을 알 수 있다.[57]

계시록 13:8에는 "창세로부터 죽임을 당한 어린 양의 생명책에 이름이 기록되지 못하고 이 땅에 사는 자들은 다 그 짐승에게 경배하리라"고 기록되어 있다. 여기서 "창세로부터 죽임을 당한 어린 양"(the Lamb that was slain from the creation of the world)이라는 표현에서 어린 양은 창세 전

---

56 마이클 호튼, 앞의 책, 113. 마이클 호튼은 "성부 하나님이 성자와 성령의 사역과 관계없이 구원과 유기를 주권적으로 결정한다는 유니테리안 구원론으로 향하는 극단적 칼빈주의적 성향을 반박할 수 있는 것은 이러한 삼위일체적 언약이다"라고 주장하며 삼위일체적 구원론의 필요성을 역설했다. 게할더스 보스도 "영광스러운 삼위 하나님 사이의 자유로운 관계"를 주장한다: Geerhardus Vos, "The Doctrine of the Covenant in Reformed Theology," *Redemptive History and Biblical Interpretation: The Shorter Writings of Geerhardus Vos*, ed. Richard B. Gaffin Jr. Phillipsburg: Presbyterian and Reformed, trans. S. Voorwinde and Willem VanGemeren, 1980, 245.
57 Richard D. Phillips, op. cit., 10.

부터 작정되었다는 것을 강하게 암시한다. 베드로전서 1:19-20에도 동일하게 기록되어 있다: "오직 흠 없고 점 없는 어린 양 같은 그리스도의 보배로운 피로 된 것이니라 그는 창세 전부터 미리 알린 바 되신 이(He was chosen before the creation of the world)나 이 말세에 너희를 위하여 나타내신 바 되었으니". 예수 그리스도는 창세 전부터 미리 알린 바 되신 분이시다. 이와 같이 성경 말씀에 창세 전에 성부와 성자 사이에 언약이 있었음을 알 수 있다. 예수 그리스도 어린 양의 피에 대하여 마가복음 14:24에는 '언약의 피', 그리고 히브리서 13:20에는 '영원한 언약의 피'라고 기록하고 있다. 구속언약은 평화의 언약(pactum salutis)이며, 창세 전에 성부와 성자 사이에 맺은 영원한 언약(eternal covenant)이다.

구속언약이란 영원과거에서 아버지 하나님과 아들 하나님 사이에 맺어진 인류구속을 위한 언약인 것이다. 하나님께서는 아들을 중보자로 임명하시고, 둘째 아담인 그의 생명을 세상을 구원하기 위해 바치도록 하셨다. 이러한 사명을 받은 아들 하나님은 아버지 하나님의 모든 율법에 순종하여 완성함으로써 아버지께서 자기에게 주신 사역을 다 이루시고 모든 의를 다 완성하셨던 것이다.

성경은 삼위일체[58] 하나님의 구원섭리에 대해서 그 영원성을 강조하고 있다(엡 1:3-14, 엡 3:11, 살후 2:13, 딤후 1:9, 약 2:5, 벧전 1:2). 그리스도 자신도 자기가 세상에 온 것은 아버지로부터 임무를 부여받고 파송된 것이라고 했다. 이것은 하나님과 아들 사이에 영원과거에서부터 인류를 구속하기 위한 언약이 있었음을 의미한다. 인류구속은 임기응변식 계획이 아니라 영원과거에서부터 작정된 일이다(요 5:30, 43, 요 6:38-40, 요 17:4-12). 그리스도는 사망의 우두머리인 첫 아담을 폐하시고 생명의 우두머리인 제2의 아담으로서 출현하신 것이다(롬 5:12-21, 고전 15:22). 이러한 관점은 〈웨스트민스터 신앙고백서〉에 잘 나타나 있다. 첫째 아담은 하나님과 맺은 언약을 파기하였고 이로 인해 인류의 언약적 대표(federal representative)로서 인류의 역사에 영향을 미쳤다. 그러나 둘째 아담 그리스도의 대리적 희생 속죄가 이루어졌다. 그러나 이러한 그리스도의 속죄의 효력은 오직 선택받은 자들에게만 주어진다.

하나님은 영원계획 속에서 선택(election)과 예정(predestination)을 통해 구속하시기를 작정하셨다.[59] 이를 위하여 아들은 속죄의 죽음과 생명의

---

58 삼위일체 교리에는 '경륜적 삼위일체론'과 '존재론적 삼위일체론'이 있으며, 전자는 하나님의 이 세상에 대한 경륜(oikonomia, economy) 가운데서 드러나는 하나님의 삼위일체성을 말하며 사람과 그 세계와의 관계에서 하나님의 존재를 이해한다. 후자는 이 세상에 대한 경륜 이전에 계시는 하나님의 존재 자체의 삼위일체성을 이해하는 것으로 사람에 대한 하나님의 관계와 관계없이 하나님 자신을 이해하는 것이다. 이 입장은 삼위일체를 하나님 존재의 내재적 존재적 구조를 묘사하는 것으로 보는 것이다. 따라서 경륜적 삼위일체는 존재론적(ontological) 삼위일체의 인식 근거이고, 존재론적 삼위일체는 경륜적 삼위일체의 존재근거이다: 이승구, 『개혁신학 탐구』, (하나, 1999), 53-54. 한편, 소시니안주의자들과 알미니안주의자들의 문제점을 극복하기 위하여 존 오웬과 윗시우스는 삼위일체의 존재론적 종속주의에 빠지지 말고, 경륜적인 관계성에 주목하라고 역설하였다: 김재성, "하이델베르크 요리문답과 웨스트민스터 신앙고백서의 언약 사상," 『한국개혁신학』, (한국개혁신학회, 2013). 76.

59 팔머 로버슨(Palmer Robertson)은 하나님의 영원한 작정이 영원한 작정으로 공식화되는 것에 대해서는 동의하지 않는다: 팔머 로버슨, 『계약신학과 그리스도』, 62.

부활을 통해 구속을 마련하셨고, 성령은 신자들의 중생과 인치심의 일을 했다. 구속언약의 상대가 하나님과 아들 그리스도이기 때문에 아들 그리스도의 특별한 사역이 필요했다. 그것은 성육신과 구속적 죽음과 생명의 부활을 통해 율법을 완성하신 후 폐하시고 죄인들을 죄와 율법과 사망에서 완전히 구하시는 일이었다.

아담 타락 이후 하나님과 인간 사이에 삶과 죽음의 약정이 세워졌다. 하나님께서 여자의 후손과 사탄의 후손 사이에 반목의 관계를 세우는 데 있어서 주권적으로 사역하셨다(창 3:15). 이러한 하나님의 주권적인 사역은 삶과 죽음의 투쟁무대를 만든 셈이다. 타락한 인간과 하나님과의 약정은 여인의 후손에게는 삶을, 사탄의 후손에게는 죽음의 결과를 가져오게 했다.

궁극적으로 노아 이전의 하나님에 대한 인간의 관계를 표현하는데 언약적 술어가 사용될 수 있는 것은 인간이 창조될 때의 그 신분이 언약적 내용을 포함하고 있기 때문이다. 창조언약을 볼 때 모든 것이 하나님의 주권 아래 언약적 관계로 이루어진다고 할 수 있다. 하나님은 절대주권하에 관계를 설정하신다. 그 관계는 삶과 죽음까지의 책임을 포함하고 있다. 창조에 의하여 하나님께서는 언약관계 속에 자신과 인간을 결속시키셨고, 인간의 타락 이후에는 창조의 하나님께서 잃어버린 인간성에서 인간을 구속하기 위해 또다시 자신을 결속하셨다. 창조부터 종말까지 언약적 결속은 하나님과 그의 백성의 관계를 결정지어 왔다. 하나님 언약범위는 세상 시작부터 세상 끝까지 이르게 된다.[60]

한편, 종교개혁 이후 언약은 창조 이전 삼위일체 하나님 사이에 언약

---

60 팔머 로버슨, 『계약신학과 그리스도』, 2000, 33-34.

약정(a precreation covenantal bond)과 하나님과 인간 사이의 역사적인 언약 (a historical covenant)으로 구분되어 이해되어 왔다. 성부, 성자 사이의 창조 이전 언약은 '구속의 언약', '영원한 언약', '평화의 협의'(counsel of peace) 또는 '구속의 협의'(counsel of redemption) 등으로 다양하게 불려왔다.[61] 16, 17세기 개혁자들의 고전 교리에는 이 독특한 '언약'이 취급되어 있지 않다. 그러나 그 이후 이것은 언약신학자들 사이에 넓게 인정되었다. 영원 전부터 하나님의 백성을 구원하고자 의도했다는 것은 긍정적이다. 세상 창조 전에 하나님께서는 백성에 대한 언약적인 사랑을 세우셨던 것이다.

그러나 하나님의 영원한 협의(counsels)에서의 구속의 역할을 인정하는 것은 성부 성자 사이에 창조 이전 언약이 존재한다는 것과는 다르다. 하나님의 영원한 협의의 신비를 언약적인 용어로 구조화하려는 것은 너무 인위적일 수 있다. 성경은 창조 이전의 하나님의 법규에 대해서는 별로 언급하고 있지 않다. 창세 이전에 성부와 성자 사이에 상호 승인했다는 그런 조건과 언어로서 삼위일체의 '언약'을 말한다면, 이것은 성경적인 증거의 한계를 넘어서는 부당한 것이 된다. 더욱 문제가 되는 것은 이에 관련한 대부분의 주장들이 주권적으로 처리되는 약정(a sovereignly administered bond)이 아니라, 상호협정(a mutual contract)으로서 정의되는 계약을 기반으로 하고 있다는 것이다. 성경적 언약의 특징에 대한 최근의 동향을 보면, 삼위일체 사이의 '계약'의 가능성은 점점 희박하게 된다.[62]

---

61 팔머 로버슨, 앞의 책, 62; 창조이전 언약에 대한 다양한 접근 방법에 대한 역사적 연구는 다음 서적들 참조. Charles Hodge, *Systematic Theology*, Grand Rapids, 1952, 2: 354 ff; L. Berkhof, *Systematic Theology*, (Grand Rapids, 1972), 265 ff; Ken M. Campbell, *God's Covenant,* Th. M. Thesis, (Philadelphia, Westminster Theological Seminary, 1971), 6 ff.
62 팔머 로버슨, 앞의 책, 61~62.

(2) 행위언약

고전적으로 언약신학에서는 하나님과 인간 사이에 맺어진 언약을 행위언약과 은혜언약으로 구분하여 불렀다.[63] 행위언약은 하나님과 타락 이전 무흠한 자연 상태에 있는 인간 사이에 맺어진 언약이다. 행위언약 (Covenant of Works)이라는 말은 에덴언약, 창조언약, 자연언약, 생명언약 등으로 부르기도 한다. 이것은 순종에 근거한 복과 불순종에 근거한 저주를 전제한다. 아담의 시험 기간을 강조하는 데서 행위언약이라고 특징지어졌고 행위언약이라 이해된 것이다. 성경에서는 호세아 6:7에서 이 언약을 언급하고 있다: "저희는 아담처럼 언약을 어기고 거기서 내게 패역을 행하였느니라." 만약 아담이 순종하고 복종함으로 피조물의 위치를 지켰다면 하나님께서는 생명의 능력을 주셔서 '하나님과의 영적 교류'를 맺고 살아가도록 했을 것이다.[64] 행위언약은 축복의 근거로 절대복종이 요구되는 타락 이전의 하나님과 인간의 관계를 인식하는 절대적 필요성을 강조하고 있다. 이런 점에서 아담은 단순히 신화적 인간으로 취급되어서는 안 된다. 실제 역사에서 하나님께서는 보시기에 심히 좋도록 지음 받은 인간과 하나님 당신을 연결하고 있으신 것이다.

행위언약은 하나님과 아담 사이에 맺은 언약이다. 여기서 아담의 의무는 인류의 총대(總代, federal head)로서 하나님의 명령을 순종하는 것이다. 하나님의 의무는 아담이 '선악을 알게 하는 나무의 열매를 먹지 말라는 하나님의 명령에 순종할 경우 그에게 영생(永生)을 허락하는 것이다. 여

---

63 팔머 로버슨, 앞의 책, 62–63; 참조, *The Westminster Confession of Faith*, VII. 1-6.
64 김재성, 『기독교구원론의 구조와 핵심진리: 구원의 길』, (킹덤북스. 2014), 18. 참조, Meredith G. Kline, *The Treaty of the Great King*, (Grand Rapids: Eerdmans, 1963).

기서 말하는 영생이란 단순히 영원히 산다는 것이 아니라 아담이 창조될 당시 본래 갖고 있던 생명보다 높은 질의 생명인데 그것이 구체적으로 무엇이냐 하는 것은 예수 그리스도의 부활이 보여 주고 있다. 그러나 아담은 이 언약을 파기했으며 이로써 인류에게는 죽음과 심판이 왔다.[65] 이것을 원죄라고 부른다(롬 5:12, 시 51:5 등).

초기 칼빈주의자들은 어거스틴의 뒤를 따라서 아담 속에 우리가 육체적으로 들어 있었기 때문에 죄와 죽음을 물려받는다고 가르쳤다(히 7:10). 어거스틴이 가르친 이 원죄론은 직접 전가설(immediate imputation)이라고 부른다. 아담의 죄가 부모의 유전에 의해서 후손들에게 직접 육체 속에 전수된다는 것이다. 어거스틴에게서 나온 원죄의 실재설 혹은 유전설(realism or traducianism)이 점차 언약 대표설을 통해 대두하면서, 이 이론은 새로운 전기를 맞이하게 된다. 아담의 죄는 모든 인류에게 직접적으로 전가된다는 주장은 예수 그리스도의 의가 믿는 자들에게 직접적으로(immediately) 전가되는 방식과 같다고 보았다. 다시 말하면, 우리가 아담 안에 있다는 말이나 그리스도 안에 있다는 말은 문자적으로 해석할 단어들이 아니라는 것이다. 따라서 우리가 죄를 전가 받았다는 말은 즉각적으로 물려받았다는 것이다. 알미니안주의자들이나 로마 가톨릭에서는 이런 언약대표설에 대해서 강하게 반대하고 있다.[66]

행위언약의 대표로서 아담을 이해하려는 언약신학자들이 주장하는 성경은 로마서 5:12 이하와 고린도전서 15장이다. 이들 구절에서 사도 바

---

65 J. G. Vos, *Studies in the Covenant of Grace,* (Crown & Covenant Publications: Pittsburgh, 1998), 6-7, 10.
66 김재성,『개혁신학의 전통과 유산』, (킹덤북스, 2012), 410.

울은 그리스도는 언약을 맺으신 분이지만 아담은 언약을 지키지 못하고 파기시켜버렸다는 대조법을 구사하고 있다. 아담은 언약의 조건들을 준수하는 데 실패해 버렸으나 그리스도는 준수했다. 아담은 모든 인류의 대표적인 머리이다. 그러나 그리스도는 여기에서 제외된다. 인간의 아버지를 가지고 태어나신 분이 아니기 때문이다. 그리스도가 대표하는 인간들은 구원의 언약에서 하나님의 선택을 받은 자들이다.[67]

한편, 행위언약은 사람의 행위를 하나님이 주시는 약속과 결부시킨 조건부 언약이다.[68] 순종의 행위에는 보상을 주고 불순종의 행위에는 벌을 내린다는 언약이다. 창세기의 처음 여러 장에서 이 행위언약이 문자적으로 명문화되어 있지는 않지만, 그 의미와 내용은 충분히 암시되어 있다. 창세기 2:16-17에서 하나님은 동산의 각종 나무의 실과는 먹되 선악을 알게 하는 나무의 실과는 먹지 말 것과 먹는 날에는 정녕 죽는다는 것을 말씀하셨다(레 18:5, 겔 20:11, 겔 13:20, 눅 10:28, 롬 7:10, 롬 10:5, 갈 3:12). 모든 계약이 대개 그렇지만 하나님의 언약에도 약속, 조건 그리고 결과가 있다. 이것은 언약적 질서(covenantal order)를 반영한 것이다.

아담과의 행위언약은 에덴동산에서 하나님과 아담 사이에 맺어진 언약인데 이것이 확산되어 율법체계가 되었다.[69] 이 언약에는 하나님은 모든 것이 되시지만, 인간은 아무것도 아니라는 것을 드러낸다. 하나님께서 인간에게 주권적으로 일방적으로 언약하신 것이다. 또한, 동시에 행위언약

---

67 김재성, 앞의 책, 409.
68 칼빈에게는 은혜언약은 나타나지만 행위언약은 나타나지 않는다. 존 머리에 의하면 칼빈은 창세 후 또는 타락 전 언약개념을 보지 못했다. 참조: 피터 릴백, 『칼빈의 언약사상』, 21; John Murray, "Covenant Theology," *The Encylopedia of Christianity*, ed., P. E. Huges, Vol III, (Marshallton, Delaware, U.S.A., 1972), 199-216.
69 요하네스 코케이우스(Johannes Cocceius)는 행위언약을 일종의 율법언약으로 보았다.

은 오직 하나님의 은혜로만 구원을 얻는다는 원리에서 나온 것이다. 헤르만 윗시우스(Herman Witsius)는 우리의 구원이 결코 우리의 행위에 의하지 않는다는 것을 말하면서, 중보자되신 그리스도의 은택을 우리의 것으로 삼기 위해서 그와 연합하는 것이 중요함을 강조하였다. 그것은 말씀과 성령의 역사로 가능한 것이다.[70]

행위언약은 본질적으로 은혜의 시행이다. 행위언약의 개념을 부정하려는 신학자들은 율법과 사랑을 대립적으로 대조시키려고 한다. 그러나 이것은 하나님과 이웃 사이의 언약관계에 대해서 오해하고 있는 것이다. 하나님과 이웃에 대한 사랑을 합당하게 행사하는 것은 율법의 근본정신이라고 하였다(마 22:37-40).[71]

한편, 영국에서 행위언약이라는 용어는 영국의 언약사상에 조직적인 체계를 마련한 청교도 신학자 토마스 카트라이트(Thomas Cartwright, 1535-1603)와 두들리 패너(Dudley Fenner, 1558-1587)에 의해서 처음 사용되었다.[72] 그리고 윌리엄 퍼킨스(William Perkins, 1558-1605), 제임스 어셔(James Ussher, 1581-1656)를 비롯한 대부분의 청교도들이 사용하였다. 그러나 존 머레이 (John Murray, 1898-1975)의 경우에는 행위언약이라는 용어를 좋아하지 않았다. 그 이유로 창세기 1-2장에서 언약이라는 단어를 발견할 수

---

70 Herman Witsius, *The Economy of the Covenants between God and Man*, (Phillipsburg, NJ: Presbyterian & Reformed, 1990), 2 vols. 3, 7. 25-26. (Herman Witsius, *The Economy of the Covenants Between God and Man: Comprehending A Complete Body of Divinity*, Utrecht, 1693).

71 김재성, "하이델베르크 요리문답과 웨스트민스터 고백서의 언약 사상,"『한국개혁신학』, (한국개혁신학회, 2013), 72.

72 그러나 하나님과 인간 사이의 언약 개념에 행위언약을 첨부하여 최초로 은혜언약/행위언약으로 구분하여 정리한 신학자는 〈하이델베르그 요리문답〉을 작성한 자카리우스 우르시누스(1534-1583)이다: 원종천, 『청교도 언약사상』, 1998, 33.

없을 뿐 아니라, 행위라는 용어는 언약을 실행하는 데 있어서 은혜의 요소들과 반대되기 때문이라 하였다. 그러나 하나님의 언약을 행위언약과 은혜언약으로 나눈 데는 그 당시 역사적 배경과 신학적인 이유들이 있었다. 따라서 머레이가 행위언약이라는 용어를 20세기 상황에서 보고 그것에 대해 반대한 것은 언약사상이 청교도들에 의해서 강조된 역사적 배경과 〈웨스트민스터 신앙고백서〉 작성 당시의 역사적 배경을 고려하지 않은 것이다. 〈웨스트민스터 신앙고백서〉 이전에 행위언약과 은혜언약을 구분함으로써 청교도들은 진정한 믿음과 거짓 믿음을 구분하고자 하였다.[73] 또한 〈웨스트민스터 신앙고백서〉에서 청교도들의 관점을 그대로 수용하여 행위언약과 은혜언약으로 나눈 것은 목회적 측면에서 진정한 믿음의 성도를 세울 목적과 더불어 신학적 측면에서는 그 당시 교회의 경건을 위협하였던 알미니안주의와 도덕률폐기론주의를 물리치기 위한 것이었다.[74]

(a) 창조언약

행위언약을 아담에게 내린 금지의 시험만으로 생각하면 결국 기독교에 대한 기묘한 오명이 생겨나게 된다. 이것에 대한 관점의 차이는 좁게 파악하는 근본주의(fundamentalism)와 보다 넓은 언약신학(covenant theology)의 차이를 낳게 한다. 근본주의자는 기독교의 의미를 단지 영혼의 구원에만 국한하여 좁게 본다. 이는 모든 것을 포함하는 언약을 배경으로 하여 전 삶의 양식에 미치는 구속의 효력을 충분히 고려하지 않는 것이다.

---

73 김홍만, "웨스트민스터신앙고백서 7장의 행위언약과 은혜언약의 구분," 2014.
74 김홍만, 앞의 책, 2014. 〈웨스트민스터 신앙고백〉에서 "구속언약"이 확고히 되고 하나님의 주권 개념이 강화되면서 알미니안주의는 사실상 철저히 배척당하게 되었다.

[75] 이런 관점은 결과적으로 구원의 의미를 축소시켜 정치, 경제, 문화의 세계 전반에 대한, 구원받은 인간의 전인적인 책임을 무시하게 된다. 따라서 행위언약은 창조언약(foederus nature, Covenant of Creation)의 관점에서도 이해해야 한다.[76] 창조언약은 아담 안에서 인류와 맺은 언약이다.

언약 관계에서 보여준 전인적인 삶의 영역은 지상명령(the great commandment)과 문화명령(cultural mandate) 사이의 관계를 검토하는데 기조를 제공해준다. 하나님의 나라는 회개와 믿음으로써만 들어갈 수 있는데 이것은 복음전파를 필요로 한다. 그러나 제자화 사역 과정의 중심은 하나님의 창조 전체에 대한 인간의 책임을 일깨워주는 것이어야 한다. 하나님의 형상으로 재창조된 구원받은 인간은 최초의 인간에게 처음으로 부과된 청지기 및 관리자 역할을 수행하여야 하며 그것을 능가해야 한다. 마찬가지로 복음을 가르치는 임무와 하나님을 영화롭게 하기 위해 문화명령을 수행하는 임무는 서로 분리되어 있지 않고 상관되어 있다.[77] 지상명령과 문화명령은 구분될 수 있으나 분리되어서는 안 된다.

성경은 살아있는 하나님에 의해 제정된 일련의 언약관계를 제시하고 있다. 성경에 나타난 주요 언약들을 보면 은혜언약에는 아담, 노아, 아브라함, 모세, 다윗과 맺어진 언약들과 그리스도의 피로 세워진 새언약이 있다. 그리고 여기에 더해서 타락 후에 인간과 하나님 사이에 세워진 첫 언약뿐만 아니라 이전의 최초의 창조관계까지도 언약적인 것에 포함해야 한다.[78]

---

75 개혁주의신학에서는 구원의 혜택들(benefits)과 효과들(fruits)이 각 사람의 심령에 적용될 때 아홉 가지 측면으로 일어난다고 한다: 소명(부르심), 중생, 믿음, 회개, 칭의, 성화, 양자됨, 성도의 견인, 영화.
76 팔머 로버슨, 『계약신학과 그리스도』, 2000, 88.
77 팔머 로버슨, 앞의 책, 88–89.
78 팔머 로버슨, 앞의 책, 35.

따라서 하나님의 언약은 일반은총과 관련하여 창조질서와 관련된 창조언약 또는 자연언약, 특별은총과 관련하여 구속언약 또는 은혜언약으로 구분할 수 있다. 여기서 특별히 주목되는 것은 자연언약은 노아에서 재창조 언약으로 재설정 되어 예수님 재림까지 이어지며, 창세기 3:15에서 선포된 은혜언약은 아브라함에서 구체적으로 확정되었고 구속사 과정을 통해 그리스도의 십자가 죽으심과 부활을 통해 완성되고 그리스도의 피로 세운 새언약에 기반하여 예수님 재림까지 이어진다.[79]

(b) 창조언약과 선악과

단순히 선악과를 먹지 않음으로써 창조언약 아래 그의 모든 책임을 온전히 충족하는 것은 아니다. 그것에 덧붙여 그는 삶에 대한 보다 넓은 임무를 가지고 있는 것이다. 그러나 특히 선악과를 따먹지 말라는 금지명령에 대한 아담의 반응은 결정적이었다. 언약의 초점은 특히 이 하나의 시험에 달려 있었기 때문이다. 만일 아담이 이에 대해 하나님께 복종했다면 창조언약의 여러 규정 아래있는 그의 축복은 확실한 것이었다.[80]

선악과, 즉 '선악을 알게 하는 나무'(The Tree of Knowledge of good and evil)는 인간이 하나님이 아님을 상기시켜 주는 상징적인 존재로서 동산 가운데 있었다. 하나님께서는 모든 것을 아담에게 거저 주셨으나 이 한 가지 예외를 두셨는데 이는 아담으로 하여금 창조주인 하나님과 축복받은 유

---

79 발터 아이히로트는 인간에 대한 하나님의 관계는 "두 개의 동심원", 즉 전체 인류를 위한 노아언약과 택하신 백성 이스라엘만을 위한 아브라함언약에서 실현되었다고 보았다. 이 두 가지 형태로 인간과 하나님의 관계는 영원히 변치 않게 고정되었다는 것이다: 발터 아이히로트, 『구약성서신학』 (I), 1994, 58.

80 팔머 로버슨, 앞의 책, 89.

한한 존재인 자신을 혼동해서는 안 된다는 것이다. 자신은 피조물이고 하나님은 창조주라는 사실을 알아야 한다는 것이다. 이러한 특수한 상황에서 '먹지 말라'는 하나님의 말씀 외에는 이 나무의 다른 예외적인 특성을 나타내는 것이 없다. 이것은 하나님이 요구하신 복종의 근본 특성을 나타낸다. 인간은 자유로운 존재로서 모든 창조물을 능가하는 자연적 능력을 부여받았지만 그래도 인간은 주권자이신 창조주의 말씀 앞에서는 겸손해야 한다는 것이다.

'지식의 나무'(The Tree of Knowledge)의 금지시험은 창조주에 대한 인간의 복종을 면밀히 검토하는 데 초점이 있다. 이제 이 시험의 목적은 복종 자체를 위해 복종을 기꺼이 선택하는 인간의 의지로 좁혀진다. 이것은 하나님의 말씀 자체가 인간 행동의 기초가 되어야 한다는 것을 보여주는 것이다.[81] 사람은 하나님의 말씀에 복종해야 한다. 사람은 지식의 나무의 열매를 먹고 사는 것이 아니라 하나님의 입에서 나오는 모든 말씀으로 살아야 한다(마 4:4).

창조언약에서 지식의 나무, 곧 선악과 시험과 아담의 최종 양자택일은 명확히 설명될 수 있다. 분명 창조질서로서 창조주와 인간의 관계는 "주권적으로 맺어진 삶과 죽음의 약정"으로서 설명될 수 있다. 아담에게는 금지된 열매를 먹는 날에는 그는 정녕 죽을 것이다.[82] 인간은 금단의 열매를 먹음으로써 이 관계를 깨뜨렸다. 하나님은 심판해야 한다. 그러나 창조주의 은혜로운 신비가 여기서 나타난다. 하나님은 이제 백성을 구속하기 위하여 자신을 묶는 것이다. 창조언약에서의 저주의 말씀은 동시에 구

---

81 팔머 로버슨, 앞의 책, 89.
82 팔머 로버슨, 앞의 책, 91-92.

속의 언약을 시작하는 것이다. 창조언약과 구속언약의 끊을 수 없는 관계는 구속언약의 회복 목표를 강조하고 있다. 하나님께서는 처음부터 창조언약에서 이행하지 않는 축복들을 구속언약에 의해서 실현하시려고 하신다. 곧 결혼, 노동, 안식의 규례는 타락 이후에도 계속해서 창조언약 아래, 창조질서 안에서 인간의 주요 책임이 된다.[83]

(c) 창조언약과 구속언약의 구분

창조언약(foederus nature)과 구속언약은 분리되는 것이 아니다. 안식, 결혼, 노동의 창조 규례 등은 선악과를 먹어서는 안 되는 아담의 책임과 따로 분리해서 생각해서는 안 되며 피조물로서의 그의 삶은 통일된 전체로서 보아야 한다. 이러한 언약 관계의 통일성은 계속해서 구속 언약의 여러 사역들의 특징이 되고 있다. 언약에 참가한 사람들의 전체 삶은 항상 언약적인 약정에 의해 그 질서가 유지되어야 한다.

창조언약은 창조질서의 규정이다. 창조언약에 포함되는 행위언약으로서 선악과 시험은 하나님과 인간의 관계, 즉 창조질서의 규정에 포함되는 것으로 이해해야 한다. 하나님은 특별한 창조질서로써 자신과 인간을 결속하셨다. 인간은 금단의 열매를 먹음으로써 이 질서를 깨뜨렸다. 그러나 인간에게 관계질서를 시험했다는 면에서 행위언약은 특수한 것이다. 그러나 "하나님의 말씀에 순종하고 살라"는 이러한 창조언약의 규정은 이후에도 계속 통일성과 연속성을 가지고 사람들에게 요구되고 시험된다. 하나님께서는 아브라함에게 아들을 바칠 것을 요구하심으로 아브라함을

---

83 팔머 로버슨, 앞의 책, 95.

시험하셨으며, 이스라엘 백성들은 광야시험을 거쳤다. 하나님의 아들이신 예수님조차도 광야에서 시험받으셨다(눅 4:1-11). 첫째 아담은 시험을 이기지 못했으나 둘째 아담이신 예수님은 시험을 이기셨다.

구속언약은 통일성 있게 계속되지만, 또한 더불어 창조언약으로서 하나님과의 관계질서를 요구하는 행위언약적 시험 역시 계속된다. 행위언약은 아담의 시험이 강조되는 것으로 창조언약 속에 포함되는 것이다. 이런 점에서 언약은 창조언약과 구속언약으로 구별하여 생각할 수 있다. 창조언약은 율법언약(covenant of law), 행위언약(covenant of works), 생명언약(covenant of life)이며 또한 자연언약(covenant of nature)이다.[84]

한편, 개혁주의 신학에서는 전통적으로 언약을 '행위언약'과 '은혜언약'으로 나눈다. 이에 대하여 팔머 로버슨은 행위와 은혜의 반대적인 개념이 오해를 가져올 수 있다고 지적하면서 더 적절한 용어의 필요성을 제기하였다. 그는 대신 '창조언약'과 '구속언약'이 더 적절한 것으로 평가했다. 그에 의하면 창조언약은 창조에 의해 하나님이 인간과 세운 유대를 뜻하며, 구속언약은 타락 이후 하나님이 자신과 인간을 결합시키는 다양한 사역을 포함한다.

창조언약은 자연과의 창조언약과 인간과의 창조언약으로 구분된다. 자연과의 창조언약은 노아언약뿐만 아니라 예레미야서를 통해 잘 나타난다: "여호와께서 이와 같이 말씀하셨느니라 그는 해를 낮의 빛으로 주셨

---

84 마크 칼베르그는 자연언약은 토마스 아퀴나스의 자연과 은혜라는 이분법적 접근에 기반한 것으로 사변적인 이분법을 지속시키는 것뿐이라고 비판한다: Mark W. Karlberg, "Reformed Interpretation of the Mosaic Covenant," *The Westminster Theological Journal* 43, (1-57), *Covenant Theology in Reformed Perspective*, (Wipf and Stock Publishers: West Broadway, 1980), 19.

고 달과 별들을 밤의 빛으로 정하였고 바다를 뒤흔들어 그 파도로 소리치게 하나니 그의 이름은 만군의 여호와니라 이 법도가 내 앞에서 폐할진대 이스라엘 자손도 내 앞에서 끊어져 영원히 나라가 되지 못하리라 여호와의 말씀이니라"(렘 31:35), "여호와께서 이와 같이 말씀하시니라 너희가 능히 낮에 대한 나의 언약과 밤에 대한 나의 언약을 깨뜨려 주야로 그 때를 잃게 할 수 있을진대"(렘 33:20), "여호와께서 이와 같이 말씀하시니라 내가 주야와 맺은 언약이 없다든지 천지의 법칙을 내가 정하지 아니하였다면"(렘 33:25).

예레미야서에 나타난 이 언약은 자연계에 내재된 창조의 질서와 연관된 것이다. 노아에게도 자연과의 창조언약이 주어졌다: "땅이 있을 동안에는 심음과 거둠과 추위와 더위와 여름과 겨울과 낮과 밤이 쉬지 아니하리라"(창 8:22). 이것은 하늘의 궁창에 광명이 있어 주야로 나뉘게 하셨다는 창세기 1장의 자연과의 창조의 언약과 관련된다. 노아언약이 창조 이후 다시 주어졌다는 점에서 '재창조 언약'이라고 평가될 수 있다. 그러나 더 정확히 말하면 노아언약은 하나님께서 창조하신 자연을 인간의 죄악으로 말미암아 스스로 심판하셨으므로 새롭게 창조언약을 확인하시고 선언한 것으로 이해해야 할 것이다. 노아언약은 노아가족에 대한 특정한 구속적 약속이라기보다는 피조계에 대한 하나님의 통치를 선언하신 것이며, 우주 세계의 질서를 주관하시는 하나님을 선언하신 것이라는 점에서 일반은총과 관련된 창조언약이며 자연언약이다.

또한, 하나님은 아담과 창조언약을 하셨다: "여호와 하나님이 그 사람을 이끌어 에덴동산에 두어 그것을 경작하며 지키게 하시고 여호와 하나님이 그 사람에게 명하여 이르시되 동산 각종 나무의 열매는 네가 임의로 먹되 선악을 알게 하는 나무의 열매는 먹지 말라 네가 먹는 날에는 반드시 죽으리라 하시니라"(창 2:15-17).

여기서 하나님께서 아담에게 영원한 복종을 조건으로 언약을 하고 계신다. 이는 피조물인 인간이 창조주에게 절대복종을 명령하고 있는 것이다. 이것은 창조주와 피조물 간 창조질서에 관한 것으로 일반적인 섭리에 속한 것이다. 이것은 인간의 존재(ontology)에 대한 성경적인 존재론을 나타내는 것으로 하나님은 창조주이시고 인간은 피조물이다.

그러나 아담언약은 금단의 시험이라는 점에서는 행위언약이며, 이는 하나님의 특별한 섭리라고 할 수 있다. 하나님의 자연과의 창조언약과 인간과의 창조언약이 여기서 차이가 두드러진다. 하나님께서는 그와 생명의 언약을 하셨는데 그 증거는 생명나무였다. 또한, 지식의 나무의 열매를 먹지 못하도록 하셨다. 타락 전에는 하나님께서 자연과의 창조언약은 창조질서와 관련하여 일반 계시로 알게 하셨다.[85] 그러나 에덴에서 하나님은 인간과의 창조언약을 직접적이고 개인적으로 말씀하셨다. 하나님의 형상을 한 인격적 존재인 인간에 대한 특별한 관계를 반영한 것이다.

하나님께서는 아담과의 특별한 창조언약을 통해서 에덴동산의 청지기로서 아담에게 창조질서와 관련된 근본적인 관계, 즉 하나님은 창조주이시고 인간은 피조물이라는 관계질서를 다시 확인하여 주셨다. 인간에게 있어서 하나님과의 이 관계질서가 깨지면 모든 것이 끝나는 것이다. 이

---

85 타락 후에는 하나님과의 관계가 단절되어 에덴에서 쫓겨났기 때문에 하나님께서는 자신과 인간을 결합시키는 다양한 언약을 일반계시가 아닌 특별계시로 말씀해 주셨다.

것은 영원한 창조질서에 관한 것이기 때문이다. 인간 창조목적은 하나님을 하나님으로 인정하기 위함이다. 그러나 사탄의 유혹을 받은 아담과 하와는 '하나님처럼 되려는 의도'에서 창조언약을 깨고 말았다. 사탄이 원하는 것은 창조주 하나님과 피조물인 인간 사이의 창조질서(order of creation)를 해체하고 인간으로 하여금 사탄에게 순종하는 새로운 질서를 세우기를 원했던 것이다. 결국 아담과 하와는 창조언약을 파기하였으며 아담의 후예들은 그 아비를 따라 계속하여 창조질서를 대체하는 새로운 세계질서(new world order) 구축을 시도하였다. 그것은 피조물인 인간이 창조주 하나님처럼 되려는 것이다.

(3) 은혜언약

구속언약은 영원한 언약이며 언약파트너로서 삼위 하나님 사이에 이루어진 것인 반면에 창조언약(행위언약)과 은혜언약은 인간 역사 속에서 전개되며 창조주와 피조물 사이에 맺어지는 언약이다.[86] 창조주 하나님은 피조자 인간과 언약관계를 맺으셨다. 그 언약의 내용은 인간에게 어떤 행위를 요구하시고 그것의 결과에 따른 어떤 조치를 취하시겠다는 행위언약(Covenant of Works)과 인간에게 아무런 행위도 요구하지 않으시고 무조건적 사랑을 베풀어 축복하시겠다는 은혜언약(Covenant of Grace)으로 나뉜다.[87]

---

86 은혜언약 역시 처음 단계는 성부와 성자 사이에 맺어진 것으로 보기도 한다: 김재성, 『개혁신학의 전통과 유산』, 2012, 411.

87 토마스 카트라이트(Thomas Cartwright)는 행위언약과 은혜언약을 구분하면서, 성령의 특별한 사역과도 연결시킨다. 행위언약 가운데 있는 자는 하나님의 말씀을 듣지만 깨닫지 못하는 자이며, 그러나 은혜언약 아래에 있는 자는 하나님의 말씀을 듣고 그것위에 성령의 역사하심으로 깨닫는 자라고 하였다: 김홍만, 앞의 책, 2014. 참조, Thomas Cartwright, *A Treatise of Christian Religion*, (London: Felix Kingston, 1616), 207.

은혜언약(foederus gratiae, Covenant of Grace)은 아담이 실패한 이후에 하나님께서 그리스도 안에서 신자와 그 후손들과 맺은 언약이다.[88] 이 언약에서 사람의 의무는 예수 그리스도가 구원에 필요한 모든 조건을 이행했음을 받아들이는 것이다. 하나님의 의무는 예수 그리스도를 믿는 사람들을 예수 그리스도와 연합시켜 그리스도의 공로를 그들의 것으로 여기시는 것이다.

창세 전에 성부 하나님과 성자 예수 사이에 구속의 언약이 체결될 때 이미 '누가 하나님의 백성이냐' 하는 것은 정해졌다. 이것은 예정론과도 모순 없이 일관된다. 은혜언약과 행위언약의 차이는 그 내용뿐만 아니라 예정된 하나님의 백성과 하나님 사이에는 이 은혜언약이 파기될 가능성이 없다는 데에도 있다. 따라서 은혜언약은 구속언약을 기초로 한 언약이다. 하나님께서 선택한 사람을 대상으로 한 언약으로서 그리스도 안에서 선택된 죄인들에게 구원을 주신다는 것이다. 또한, 행위언약은 은혜언약을 전제로 주어진 것이다.

언약은 창세기 에덴동산에서부터 나타나며 은혜언약의 핵심은 그리스도이다. 창세기 3:15 '여인의 후손이 뱀의 머리를 상하게 할 것이다'는 은혜언약으로서 '여자의 후손'은 장차 오실 그리스도를 말한다.[89] 이것은 특별은총과 관련된 은혜언약이다. 그리스도는 구약과 신약 모두에 강조되는 은혜언약의 핵심이다. 은혜언약은 그리스도 안에서 주어진 언약(covenant of grace in Christ)이다.

---

88 마이클 호튼, 『언약신학』, 111.
89 창세기 3:15에 나오는 뱀은 마귀를 말한다. 성경은 이후에 계시록 12:9 및 20:20에서 뱀을 마귀라고 밝히고 있다. 데이비드 반드루넨, 『하나님의 두 나라 국민으로 살아가기』, 윤석민 옮김, (부흥과개혁사, 2012), 55.

언약신학에서 은혜언약이라는 말은 타락 이후 하나님과 그의 백성의 관계를 표현하는 데 사용되었다. 인간이 구원받을 만한 행동을 할 수 없게 되었기 때문에 이 기간은 주로 하나님의 은혜에 의해 움직여진다. 이 구분은 타락 상태에서 하나님과 인간과의 관계 전체가 통합되도록 일관된 구성을 준다.

한편, 하나님의 구속 계획의 통일성을 강조하는 것은 옳다. 그러나 언약에 대하여 말할 때 신약과 구약으로 이분화하여 접근하는 것은 바람직하지 않다. 구분이 있다면 그것은 아담 타락 이전과 타락 이후에 하나님이 인간을 다루는 두 개의 구별된 시기로 나눌 수 있다는 것이다. 이러한 관점은 칼빈신학의 근본원리이다. 칼빈은 그의 저서 『기독교 강요』에서 '하나님을 아는 것과 우리 자신을 아는 것', 즉 '이중적 지식(Duplex cognito Dei)'을 말하면서 인간에 대한 이중적 지식의 중요성을 언급하였다. 그것은 타락 이전 하나님의 형상으로서의 인간과 타락 이후 인간의 상태를 철저히 구분하여 접근하는 것이다.[90] 타락 이후 시기에 하나님과 인간의 모든 관계는 기본적으로 통일성을 유지하고 있다.[91]

은혜언약에 대한 성경적 기초는 여러 곳에 등장한다(창 17:7). 은혜언약은 하나님의 자비로운 언약이다. 구속언약도 은혜언약의 일부로 생각할 수 있다. 언약을 크게는 행위언약과 은혜언약으로 양분하고 그 중간에 구속언약을 넣을 수도 있는 것이다. 은혜언약은 하나님께서 창세 전에 그의 아들과 구속언약을 한 후에 선택받은 사람들에게 그 구속을 주시겠다는 언약이기 때문이다. 그러나 여기에서도 조건은 있으니 그것은 사람 편

---

90   김재성, 『칼빈과 개혁신학의 기초』, (합동신학대학원출판부, 1997), 129-133.
91   팔머 로버슨, 『계약신학과 그리스도』, 2000, 63.

에서의 믿음이다. 그러나 그 믿음 또한 하나님의 선물이다.[92]

은혜언약은 삼위일체 하나님이 총동원된 언약이다. 이 언약의 출발은 하나님 아버지의 선택적 사랑이고, 아들 하나님에 의한 구속이고, 성령 하나님의 적용이 함께 이루어낸 언약이다(엡 1:3-14). 이 언약은 영원하고도 파기 불가능한 언약이다. 하나님께서는 불변하시고 신실하시기 때문에 이 언약을 끝까지 책임지신다.

이 언약은 특별한 언약이다. 모든 사람들에게 다 해당하는 것이 아니라 믿고 따르는 사람들에게 해당하는 언약이기 때문이다. 여기서 믿고 따르는 사람이란 선택받은 사람들을 의미한다. 사실 은혜언약은 모든 언약을 내포하고 있는 포괄적인 언약이요 모든 언약이 지향하고 있는 최후적인 언약이다. 은혜언약에서 하나님의 지극한 사랑과 그 사랑의 실천의 의지인 절대 주권을 생각하게 된다.

하나님께서 그리스도 안에서 인간과 맺으신 은혜언약은 인간의 타락에서부터 새창조에까지 영향을 미친다. 그리고 그 상태는 인간의 운명은 본래 수직적인 상태에 있다는 사실에 의해 궁극적으로 결정된다.[93]

---

92 헤르만 바빙크, 『개혁교의학개요』, 원광연 옮김, (크리스챤다이제스트, 2004), 327. 웨스트민스터 신앙고백 제 7장 3절은 우선 아담이 타락한 것을 언급하고 타락으로 인하여 행위언약으로는 생명을 얻을 수가 없게 되었다고 언급한다. 따라서 하나님께서는 두 번째 언약을 맺기를 기뻐하셨는데 이것이 은혜언약이다. 하나님께서는 은혜언약으로써 죄인들에게 그리스도로 말미암은 생명과 구원을 값없이 제공하시는데 우리에게 그리스도에 대한 믿음을 요구하시고 믿는 자에게 구원받게 하셨다는 것이다.

93 Geerhardus Vos, *The Doctrine of the Covenant in Reformed Confession,* 1903, 6. 참조 Reviews: Die Reichsgotteshoffnung in den altesten christlichen Dokumenten und bei Jesus (Paul Wernle). PTR 1: 298-303.

2. 선교의 정의

구약의 핵심은 고린도후서 5:19 말씀처럼 "하나님이 세상을 자기와 화목하게 하시는 것"이다. 하지만 하나님의 백성인 이스라엘이 실패하자 하나님은 그들에게 계속 기대할 수 없었다. 하나님은 '그리스도 안에서' '모든 백성들'을 자기에게 이끌어 오도록 명하셨다.[94] 구약시대 선교정의가 "하나님이 세상을 자기와 화목하게 하시는 것"이라는 라이트 어네스트(Wright Ernest)의 견해에 대해서 아서 글라서(Arthur Glasser) 역시 동의한다.[95]

구약에는 종말에 대한 갈망, 모든 것이 완성되고 온전해지는 것을 보여주는 말씀들이 있다. 하나님의 뜻에 대항하는 모든 무리가 추방되고 하나님의 완전한 승리가 이루어져서 창조물에 대한 하나님의 옹호가 있기를 모든 피조물은 갈망한다. 그래서 사람들은 메시아 시대를 갈망하는 것이다. 그리고 메시아가 도래하는 새로운 신약시대로 초점을 옮기게 된다. 더 나아가서 하나님은 작은 나라 이스라엘 중에서 간헐적으로 순종하는 소수의 '남은 자'와는 비교할 수 없는 큰 무리를 보실 때, 그 영광중에 기뻐하실 것이다. 하나님은 모든 민족으로부터 하나님께 영광을 돌려드리고 하나님의 명령에 따라 살기 위해 모인 하나님의 백성들에게 사랑과 섬김의 대상이 되실 것이다.[96]

---

94 Wright, G. Ernest, ed., *The Old Testament and Theology,* (New York: Harper & Row, 1969), 8.
95 아서 글라서, 『성경에 나타난 하나님의 선교』(Announcing the Kingdom), 임윤택 옮김, (생명의말씀사, 2006), 25.
96 아서 글라서, 앞의 책, 25.

1) 선교 용어의 의미

선교(mission) 용어는 비교적 최근에 사용된 용어이다. 16세기까지 이용어는 전적으로 삼위일체, 즉 성부에 의한 성자의 파송과 성부와 성자에 의한 성령의 파송 교리를 언급하기 위하여 사용되었다. 이후 예수회 회원들이 가톨릭 교회의 교인들이 아닌 사람들에게 기독교 신앙을 전파하는 관점에서 선교라는 용어를 처음으로 사용하였다.[97] 이러한 관점은 로마서 1:5에서 유추된 것으로 보인다: "그(예수님)로 말미암아 우리가 은혜와 사도의 직분을 받아 그의 이름을 위하여 모든 이방인 중에서 믿어 순종케 하니" 사도 바울은 여기서 이방 선교를 감당하는 사역이 사도적 사역임을 간접적으로 말하고 있다.

즉, 선교(mission)라는 용어 개념은 요한복음 20:21 "아버지께서 나를 보내신 것 같이 나도 너희를 보내노라" 말씀에서 '보낸다'의 어원 apostelo($\alpha \pi o \sigma \tau \epsilon \lambda \lambda \omega$)와 마태복음 28:19 '가라'의 어원 pempo($\pi \epsilon \mu \pi \omega$)의 뜻이 조합되어 의미론적(semantic)으로 파생된 라틴어에서 유래한 단어이다. 따라서 선교는 '보냄을 받아 가는' 행위를 강조한 것이며, 이러한 사람을 선교사(missionary)라고 부른다. 이런 이유로 로마교회 수도원은 타문화권의 미전도종족에게 선교사(수도사)를 파송할 때 '보낸다'의 헬라어 어원을 라틴어 'Missio'로 번역하여 '보냄을 받은 자'라는 의미로 칭했다.[98]

---

97 데이비드 J. 보쉬, 『변화하고 있는 선교: 선교신학의 패러다임 전환』, 김병길 장훈대 옮김, (CLC, 2000), 23-24. 참조 Thomas Ohm, *Macht zu Jüngen alle Völker: neorie der Mission, Freiburg B: Erich Wevel Verlag,* 1962, 37-39.

98 J. Verkuyl, *Contemporary Missiology,* (Grand Rapids: Eerdmans, 1978), 2.

한편 헬라어 apostelo(α π ο σ τ ε λ λ ω)는 사도라는 뜻을 가진 단어에서 유래한 동사형이다. 이를 근거로 로마교회는 선교사를 '사도적 교회에서 파송받은 자'라는 의미를 부여하였다. 로마 가톨릭은 이후에 사도적 교회의 보냄을 받은 자라는 뜻을 가진 라틴어 Missio를 사용하였다.[99] 한편, 아브라함 카이퍼(Abraham Kuyper, 1837-1920)[100]는 가톨릭이 사도 베드로에 기초한 정통 사도적 교회라는 주장에 대하여 사도적 교회가 무엇인가를 선교와 연관해서 『신학백과사전』(The Encylopedia of Sacred Theology)에서 처음으로 재해석하였다.[101] 요한 바빙크(John Bavink) 역시 이와 동일한 맥락에서 사도적 교회가 무엇을 의미하는지를 잘 설명하였다.[102] 사도적 교회는 사도 베드로 개인에 기초하여 출발한 것이 아니라 사도적 신앙고백과 66권의 기록된 성경 말씀에 기초하는 것이다.

여기서 apostelo라는 단어가 apostolos에서 유래한 것은 보냄을 받은 선교사가 사도적 권위를 가진 자라는 뜻을 강조하기 위한 것으로 보인다. 사도적 교회로부터 보내심을 받은 선교사는 사도적 권위를 가지고 선교를 하게 되는 것이다. 선교는 예수님의 위임대명령에 근거한 것이기에 근본적으로 사도적 사역이라 할 수 있다. 사도성은 직분 계승의 문제가 아니라 사도적 가르침을 계승하고 있느냐의 문제이다.

---

99 라틴어 missio는 mitto, mittere, missio 등 여러 파생형태가 있는데 영어에서는 mission 형태로 자리잡았다.

100 아브라함 카이퍼는 대학에서 신학을 배제하려는 시대 상황을 극복하기 위하여 신학을 철학으로 바꾸었다. 철학적 접근으로 세계관 운동을 통해서 이땅을 변혁하려고 한다. 이후 카이퍼 진영에서 일반은총을 강조하며 자연계의 중생에 과도하게 집착하여 성령의 역사를 경시하게 되는 것은 최대의 약점이다. 아브라함 카이퍼는 오순절 사건을 단회적이라고 주장했다. '오순절 사건'은 단회적이지만 오순절 정신은 계속되며 오순절에 임하신 성령의 사역도 계속된다.

101 이현모, 『현대선교의 이해』, (침례신학대학교출판부, 2003), 17.

102 John H. Bavinck, An Introduction to the Science of Missions, (Phillipsburg: Presbyterian and Reformed Publishing Co., 1979), xvi-xvii.

2) 선교정의 논쟁

교회사를 통해 볼 때 선교활동의 핵심은 교회개척을 전제로 하는 것이었다. 즉, 복음전파와 교회개척이었다. 초기 교부시대의 문서 디아쩨케(Diatheke)에는 교회의 세례와 성찬예식에 관한 지침을 내리면서 순회사역자에게 어떻게 사람들을 분별하고 수용할 것인지를 가르치고 있다.[103] 1세기 말에 알렉산드리아의 클레멘트(Alexandrian Clement, 150-215)는 고린도에 있는 교인들에게 편지하면서 착한 행실과 인내로 복음의 빛을 모든 사람에게 비추게 하여 많은 사람을 주께 돌아오게 해야 한다고 강조하고 있다.[104] 교회사를 통해 볼 때 선교의 주된 강조점은 복음전파와 교회개척이었던 것이다.

3세기 유세비우스(Eusebius)는 순회전도자들의 활동을 통해서 로마제국 산하의 모든 지역에 복음이 전파되고 교회가 설립되었다는 사실을 기술하고 있다.[105] 유세비우스는 기독교 복음전파 활동과 선교를 언급할 때 교회개척에 초점을 두었던 것이다. 이는 선교에 있어서 교회개척의 중요성을 강조하는 당시의 인식을 그대로 반영한 것이라 할 수 있다.

종교개혁 이후 가톨릭 예수회 선교운동은 복음전파를 통한 교회개척에 주력하였다. 지도자 이그나티우스 로욜라(Ignatius de Loyola, 1491-1556)와 프란시스 자비에르(Francisco de Xavier, 1506-1552)는 1534년 〈예수회〉를

---

103 J. B. Lightfoot, trans. & ed., *The Apostolic Fathers,* (Grand Rapids: Baker, 1965), 123-129.

104 J. B. Lightfoot, op. cit., 13-41.

105 Eusebius, "The Evangelists that were still Eminent at that Time", *The Church History of Eusebius,* vol. 1, A Select Library of Nicene and Post-Nicene Fathers of the Christian Church, Arthur Cushman Mcgiffert, trans, & ed., (Grand Rapids: Eedmans, 1952), 169.

창립하고 해외선교에 주력하였다.[106] 지금 세계 전역에 가톨릭교회가 존재하고 종교적 영향력을 여전히 행사하고 있는 것은 바로 이 〈예수회〉 선교운동의 결과라 할 수 있다.

17세기 네덜란드의 G. 보에티우스(Gisbertus Voetius)는 개신교 최초의 선교신학자라고 불린다. 그는 신학의 정수를 논했던 영국 청교도 신학의 완성자이며 선교사인 윌리엄 에임즈(William Ames)로부터 많은 영향을 받았다. 그는 네덜란드에서 부흥운동을 주도하면서 당대 예수회 선교학자들의 신학적인 도전을 크게 받았다. 그는 교회의 선교를 이교도 개종과 교회개척 그리고 하나님의 영광이라 정의하였다.[107]

복음전파와 교회개척이라는 이러한 전통적인 선교개념은 1925년 스톡홀름회의에서 사회복음주의자들로부터의 도전에 직면하게 된다. 그들은 전통적인 선교개념의 편협성의 문제점을 지적하면서 영혼구원과 교회개척 선교와 더불어 선교 범주가 경제와 산업 문제 그리고 사회윤리와 교육 분야에 이르기까지 확장되어야 한다고 주장하였다.[108] 급속도로 산업화 사회에 돌입한 유럽사회에서 전통적인 선교개념으로는 사회의 여러 문제를 해결할 수 없다는 자각에서 비롯된 것이었다.

스톡홀름회의에서 제시된 이러한 새로운 선교개념은 1928년 예루살

---

106 로욜라는 개신교가 선교하지 않는 것을 비판할 정도였다고 한다. 참조 Andre Seumois, *Theologie Missionaire* 1, (Rome: OMI, 1973), 18.

107 보에티우스는 개신교 역사상 최초로 선교를 정의한 신학자라 할 수 있다. 참조 J. A. Jongeneel, "Voetius, Zendingstheologie, de eerste comprehensieve protestanse zendingstheologie", *De Onbekende Voetius*, J. Van Oort, ed., (Kampen: Kok., 1989), 117-147.

108 William Richey Hogg, *Ecumenical Foundations,* (New York: Harper & Brothers, 1952), 250.

렘에서 개최된 예루살렘 선교대회에서 뜨거운 논쟁을 불러일으켰다. 논쟁 결과 전도와 사회참여는 서로 구분할 것이 아니라 통합적으로 접근해야한다는 결론에 이르렀고 마침내 넓은 의미의 포괄적인 선교 개념을 채택하게 되었다.[109] 이후 1938년 인도 마드라스 선교대회에서 미국 선교동원가 존 모트(John Mott)는 확대전도(larger evangelism)라는 선교개념을 도입하였다. 그에 의하면 선교는 단순히 영혼구원이나 교회개척에만 한정되는 것이 아니라 경제부조리, 정치적 불의, 문화적 후진성 등을 개선하는 총체적 복음증거 운동이 되어야 한다는 것이다.[110] 이렇게 복음주의에서도 선교정의는 그 범주가 서서히 포괄적인 의미로 확대되어 갔다.

1952년 독일 윌링겐 선교대회에서 네덜란드 선교학자 호켄다이크(Hoekendijk)는 그의 강연에서 삼위일체 하나님의 선교(Missio Dei)라는 선교개념을 주창하였다. 이는 완전히 새로운 것은 아니고 이전에 '그리스도가 왕이 되게 하라'면서 '영역주권론'을 주창한 아브라함 카이퍼나 칼 바르트(Karl Bart) 그리고 월터 카이저(Walter C. Kaiser) 등에 의해서 제시되었던 선교개념이었다.[111] 그러나 호켄다이크는 하나님께서 교회를 하나님의 나라의 대리인으로 삼아 복음을 증거하게 하심으로 세상 속에서 그의 나라를 확산시켜 나간다는 기존의 전통적 선교(missions)를 전면 부정하였다. 그의 신학적 논리는 교회가 세상보다 우선적인 것이 아니라 교회는 세상을 섬기는 것이 존재 의미이며 따라서 교회는 세상을 변화시키는 하나님의 평

---

109 IMC, "Vol. 8. Addresses on General Subjects", *The Jerusalem Meeting of the International Missionary Council,* March 24-April 8, 1928, (London: IMC, 1928), 16.
110 Hogg, *op cit.*, 281.
111 이현모, 앞의 책, 83.

화의 역사에 하나의 도구에 불과한 것이다.[112] 이러한 입장은 이후에 점차 선교무용론 및 타 종교 개종전도금지 그리고 모든 종교에 구원이 있다는 보편구원설로까지 발전하게 되었다.

1963년 멕시코시 WCC 대회에서 호켄다이크의 하나님의 선교개념은 압도적인 지지를 받았다. 호켄다이크는 전통적인 교회의 회중교회적 구조를 조잡한 근본주의 이념의 산물로 평가하고 비판하였다. 그는 교회는 세상을 향해 가는 구조가 되어 세상 속에서 도시변혁 프로그램이나 지역사회개발 등 세속 프로그램에 적극적으로 참여하여 '삼위일체 하나님의 선교'를 수행해야 한다고 촉구하였다.[113]

1968년 스웨덴 웁살라 WCC총회를 앞두고 준비한 보고서에서 선교의 목적에 대하여 WCC 유럽팀은 평화(shalom)로, 북미팀은 인간화(humanization)로 규정하였다. 호켄다이크가 평화(shalom)이라는 단어를 사용하지만, 엄밀한 의미에서 그는 샬롬(shalom)이 아니라, 세속적 평화의 개념, 즉 사회적인 사건, 인간 상호 간의 관계 속의 사건으로써 평화(peace)를 말하고 있는 것이다.[114] 이렇게 선교는 곧 '인간화', '평화체제 구축'이 되어 버린다.[115] 이러한 사상은 고대 그리스 아리스토텔레스에서 기원한다. 그는 완전한 사회(perfect society)를 이루기 위해서는 '정치적 평화'와 '경제적

---

112 J. C. Hoekendijk, "The Church in Missionary Thinking", *International Review of Mission*, Vol. 41. No. 163, 1952, 324-336.

113 WCC, *The Church for Others and The Church for the World, Geneva:* (WCC, 1968), 19-23.

114 Thomas Wiese ed., *Planning for Mission; working papers on the New Quest for Missionary Communities,* (New York: U.S. Conference for the World Council of Churches, 1966), 43.

115 Norman Goodall, ed., *Official Report of the Fourth Assembly of the World Council of Churches,* Uppsala, July 4-20, 1968, (Geneva: WCC, 1968), 423-426.

평화'가 다 충족되어야 한다고 했다. 중세 초기 스콜라신학자 토마스 아퀴나스(Thomas Aquinas, 1225-1274)는 아리스토텔레스의 '완전한 사회' 비전을 수용하고 '종교적 평화' 개념을 추가하여 가톨릭에서 말하는 평화(pax) 개념을 주창하였다.[116] 따라서 호켄다이크에게 회개는 개인적 차원에서라기보다는 사회변화의 형태를 지닌 집단적인 차원에서 일어나는 것이다. 웁살라총회에서 호켄다이크의 견해는 WCC의 공인된 입장이 되었다.

1973년 태국 방콕 WCC 회의에서 선교 정의는 더욱 좌경화되었다. 방콕대회에서는 '오늘날의 구원(salvation today)'이 주창되면서 '구원'은 '해방'으로 '교제'는 '연대성'으로 번역되었다. 하나님의 선교사상에 해방의 주제를 추가함으로써 경제 정의 구현과 정치적 해방 그리고 인간소외에 대한 결속 등을 선교로 규정하기에 이르렀다.[117] 1980년 멜버른 회의에서 가난한 자들이 선교적 반성의 중심에 서게 되었다. 멜버른에서 가난한 자들은 지배적이며 해석적인 범주가 되었다. 에밀리오 카스트로는 '가난한 자들과 교회'가 선교적인 잣대가 되었다고 극찬하였다.[118]

스위스 로잔에서 1974년에 개최된 세계복음주의 복음화 대회에서 구원에 대한 포괄적 이해와 선교에 대한 총체적(Holistic) 접근의 필요성이 '선언'되었다. 모든 교회가 온전한 복음(the whole gospel)을 온 세상(the whole

---

116 토마스 아퀴나스는 시대 상황과 기독교 사상을 연관시키는 종합의 사상가였으나 인간 타락의 사실의 깊이를 파악하지 않은 결과로 타락한 사람의 이성의 의지가 상당히 그 나름대로 정당한 역할을 할 수 있다고 여기는 사상을 내고야 만 것이다: 이승구, 『개혁신학 탐구』, 1999, 106.

117 WCC, *Bangkok Assembly 1973*, (Geneva: WCC, 1973), 88-89; Heinz Dapper, *Mission – Glaubensinterpretation –Glaubensrealisation: Ein Beitrag zur Ökumenischen Missionstheologie,* (Frankfurt/Main: Peter Lang, 1979), 53.

118 Emilio Castro, *Freedom in Mission: The Perspective of the Kingdom of God,* (Geneva: World Council of Churches, 1985), 151.

world), 모든 사람(the whole people)에게 전하는 총체적 선교(Holistic Mission)를 해야 하며 이는 전도, 치유, 인간화, 사회정의, 정치적 해방, 사회변혁, 환경보존 등을 다 포함하는 선교이다. 특히, 이 대회에서 복음주의 진영의 존 스토트(John Stott)는 복음전도와 문화명령(cultural mandate)을 논하면서 복음전도를 우선으로 해야 하며 동시에 문화명령 역시 선교의 본질에 포함되는 것으로 이해해야 한다고 주창하였다. 이와 같은 존 스토트의 선교개념은 WCC에 의해 갈수록 좌경화되는 선교 정의에 대한 복음주의의 전략적 대안으로서 나름대로 복음주의적 관점에서 선교개념을 확립한 것이라 할 수 있다. 이 대회에서 발표된 〈로잔언약문〉은 전도와 문화명령 수행, 즉 사회적 책임을 동시에 하나의 주제로 다루면서 복음전도와 더불어 사회적 책임도 다해야 하는 것이 기독교인의 의무이며 이는 곧 말씀과 행위의 관계로 이해해야 한다고 규정하고 있다. 1975년에 발간한 존 스토트(John Stott)의 저서 『Christian Mission in the Modern World』에 나타난 총체적 선교는 전통적 선교(missions) 개념과는 다른 것이면서 동시에 WCC 내에서 복음주의 입장을 대변하는 신학자들의 선교개념, 즉 삼위일체 하나님의 선교(Missio Dei) 개념과도 다른 변증법적 통합형이다.

존 스토트의 새로운 선교개념에서는 선교사역에 있어서 전도명령과 문화명령이 상호 유기체적으로 결속되어야 한다는 것을 강조한 것이다. 그는 이러한 유기체적 결속을 강조하기 위하여 총체적(holistic)이라는 단어를 사용한 것이다. 교회는 복음전도와 사회봉사를 통한 사회적 책임의 이행이라는 두 영역을 서로 분리하여 이원적으로 접근할 것이 아니라, 하나로 총체적 접근을 해야 한다는 것이다. 존 스토트는 '온전한 복음'은 선교명령과 문화명령이 동시에 유기체적으로 수행될 때 가능하다고 보았다.[119] 이렇게 세계 복음주의 진영은 전통적 선교(missions)에서 서서히 이탈하기 시작했다.

존 스토트의 총체적인 선교개념에 대해 세계복음주의 진영 내에서 좌파적 종속이론(Dependency Theory)이 정치경제 이념으로 뿌리내려 있는 남미의 교회 지도자들은 적극적으로 환영하였다. 그러나 미국 달라스신학교 선교학 교수 조지 피터스(George Peters)는 그의 대표적 저서 『선교의 성서신학』에서 문화적 명령이라는 말은 성경에 없으며 선교의 목표는 복음전도를 통한 교회개척이 우선되어야 한다면서 존 스토트의 총체적 선교 개념을 비판하였다.[120] 또한 독일 튀빙겐 대학의 선교학 교수 피터 바이어하우스(Peter Beyerhaus)는 존 스토트의 견해를 그리스 신화에 나오는 트로이 목마의 함정이라며 결국은 WCC의 선교개념, 즉 '하나님의 선교'의 나락으로 굴러떨어질 것이라고 강력히 경고하였다.[121]

선교(mission)와 선교들(missions)은 갈수록 구별되고 그 간격이 멀어져 갔다. 전자는 주로 삼위일체 하나님의 선교(Missio Dei), 즉 세상을 사랑하시는 분으로서의 하나님의 자기 계시, 세상 속에서 행하시는 하나님의 활동, 그리고 교회와 세상을 포함하며 교회가 이 사역에 참여하도록 특권을 주신 하나님의 성품 및 활동으로 정의한다. 이러한 삼위일체 하나님의

---

119   John R. W. Stott, *Christian Mission in the Modern World*, (Downers Grove: Inter Varsity Press, 1975), 23; John R. W. Stott, "The Biblical Basis of Evangelism", *Let the Earth Hear His Voice*, J.D. Douglas, ed., (Minneapolis: World Wide Pub., 1975), 66-68, Lesslie Newbigin, *The Open Secret*, (Grand Rapids: Eerdmans, 1995), 19-29.
120   George W. Peters, *A Biblical Theology of Missions*, (Chicago: Moody Bible Institute, 1972), 209-210.
121   Peter Beyerhaus, "Forword", *The Battle for World Evangelization*, (Wheaton: Tyndale, 1978), 11.

선교는 하나님께서 사람들을 위하시는 분이라고 복음을 설명한다. 전통적 선교(missions)는 missione ecclesiae(교회의 사역들)로서 특정한 때와 장소, 그리고 특정한 필요에 부응하며 하나님의 선교에 참여하는 특정한 형태들로 정의한다.[122]

선교는 아브라함언약에서부터 구약과 신약에 계속해서 이어지는 하나님의 선교(mission)를 말한다. 하나님은 교회를 통해서 다양한 선교와 사역을 감당하게 하신다. 그러나 중심에는 구속사적 메시지와 사역이 있어야 한다. 이것이 전통적 선교(missions)에서 지향하는 것이다.

영국에서 언약사상을 전체적으로 체계화하여 보편화시키기 시작한 학자는 청교도주의의 아버지로 불리는 윌리엄 퍼킨스(William Perkins, 1558-1602)이다. 퍼킨스의 언약사상에는 정치적이거나 체제 저항적인 요소가 전혀 나타나지 않는다. 1569년 토마스 카트라이트를 중심으로 시작된 교회정치 체제를 개혁하고자 했던 시도는 많은 노력에도 불구하고 무산되었고, 엘리자베스 여왕과 청교도들 사이에 불신의 골만 깊어졌다. 청교도들은 그 후에 30년 이상 엘리자베스 여왕 및 성공회파와의 두꺼운 벽을 깨뜨리지 못했다. 언약사상이 이후에 청교도들 사이에 다시 거론되기 시작했다. 그들은 체제저항 및 제도개혁보다는 윤리를 강조하기 시작하였다.[123]

윌리엄 퍼킨스는 제도개혁으로 교회개혁이 되지 않으며 사람이 변화되어야 한다고 했다. 그래서 이후 영국 청교도들은 윤리적 영성을 강조하였으며 청교도 성직자들은 정치 투쟁에서 완전히 물러났다. 그들은 구

---

122 W. D. Davies, *Worship and Mission,* (London: SCM Press, 1966), 33; 데이비드 보쉬, 앞의 책, 36.
123 원종천, 『청교도 언약사상』, 1998, 35.

원론에 초점을 두었다. 죄인을 구원하시는 삼위 하나님의 '구속의 영광'을 나타내는 것이 신학의 목적이다. 그리고 신학에는 복음적 열망과 경건이 있어야 한다는 점을 강조하였다. 또한, 청교도의 대표신학자 존 오웬(John Owen, 1616-1683)은 '그리스도의 영광'은 만물이 그리스도 안에서 통일되는 것이며 만물이 그리스도께 복종하는 것이다. 그러나 그리스도의 사역의 초점은 그리스도께서 자신을 희생하심으로 죄인을 구속하시는 사역, 교회를 구속하시는 사역에 있다고 했다.[124] 존 오웬 신학의 핵심은 죄인들을 '죄'로부터 구원하는 구속사역이었다. 전통적 선교(missions)는 세상에서 특별히 영혼구원과 제자양육을 통한 교회개척을 지향하는 것이다. 주님은 교회를 세우시고 교회를 통해서 뜻을 이루어 가신다고 믿기 때문이다.

그러나 세계복음주의 진영 내에서 존 스토트가 주창한 총체적인 선교(Holistic Mission) 개념은 1989년 필리핀 마닐라에서 개최된 제2차 로잔대회 선언문에서도 '검증된 복음 (The Authentic Gospel)'이라는 용어를 통해 더욱 공고히 되었다. 이것이 의미하는 바는 신학적으로 복음은 말씀과 행동으로 증거되어야 할 뿐만 아니라 실제로 복음은 구체적으로 선한 행위도 포함되어야 한다는 것이다. 이렇게 선교에 있어서 복음전도와 사회적인 책임은 분리될 수 없다는 것을 분명히 하였다.[125] 복음주의 진영의 선교학자들은 1974년 제1차 로잔대회에서 선언된 선교개념과 제2차 로잔대회에서 보다 진보된 선교개념 양자를 놓고 둘로 양분되었다.

이렇듯 지난 20세기에 WCC(세계교회협의회)뿐만 아니라 세계 복음

---

124 존 오웬, 『그리스도의 영광』, 서문강 옮김, (지평서원, 2011), 243.
125 LCWE, "The Manila Manifesto", *New Directions in Mission & Evangelization 1*, James A. Scherer & Stephen B. Bevans, eds., (Maryknoll: Orbis, 1992), 297.

주의 진영 내에서도 선교 정의에 대한 신학적 논쟁이 계속됐다. 20세기 초
반까지만 해도 전도는 동일 문화권 내 복음 사역을 의미하였고, 선교는
타문화권 복음사역을 의미하였다. 그러나 1928년 예루살렘 선교대회에
서 루푸스 존스에 의해 선교의미 전환이 시도된 이래 복음주의 진영 내에
서도 선교개념은 교회의 모든 사역을 의미하는 포괄적인 것으로 확대됐
다. 그 결과 복음전도는 헬라어 유앙겔리온,[126] 즉 기쁜소식을 전하는 복음
증거 행위, 즉 좁은 의미의 사역으로 인식된 반면, 선교는 하나님의 선교
(Missio Dei)로의 전환이 이루어짐으로써 사회봉사 및 사회참여를 포함하는
포괄적인 개념으로 확대되었다. 이러한 전환은 산업화 및 복합사회에 대
한 전략적 대응의 필요의 결과로 보인다.

　　그러나 갈수록 포괄적인 의미의 선교, 즉 존 스토트가 주창한 총체
적 선교(Holistic Mission)가 강조되다 보니 선교에 있어서 사회봉사는 점차
증대되지만 정작 죄로부터 사람들을 회심시키고 구원하는 복음전도는 갈
수록 약화되어 갔다. 타문화권 선교에서 있어서도 복음을 증거하는 전통
적 선교(missions)는 갈수록 평가절하되어 갔으며 복음전파보다는 사회봉
사가 대세를 이루게 되었다. 선교활동에서 복음전도는 현저하게 퇴색되
고 거세되었다. 이에 대하여 1990년대에 로버트 콜맨(Robert Colman), 헤셀
그레이브(Hesselgave) 등 미국 시카고 트리니티신학교 계열 선교학자들은
존 스토트가 주도한 로잔의 선교정의에 대해 의심과 경계의 표정을 감추

126　헬라어 유앙겔리온, 즉 복음은 원래 "좋은 소식을 전파한다"는 뜻의 히브리어 ‘바샤르’
　　라는 동사에서 나온 단어이다: 김재성, 『구원의 길』, 134. 참조, F. F. Bruce, "Gospel" *New
　　Dictionary of Theology,* eds., Sinclair B. Ferguson, David F. Wright, (Leicester: IVP,
　　1988), 278-279.

지 않았다.[127] WCC가 하나님의 선교와 구속사를 상호 연결하지 않고 선교를 논하는 것은 심각한 문제라는 지적이다.

한편, 20세기에 맥가브란이 중심이 된 교회성장학파는 선교개념을 지상명령과 연계하여 복음선포와 제자양육 및 교회개척으로 설명하였다.[128] 피터 와그너(Peter Wagner)는 맥가브란(Donald McGavran)의 개념을 좀 더 발전시켜서 제자양육의 선교개념에다 개척된 현지교회의 선교적 성장 개념을 포함했다.[129] 조지 래드(George Ladd)는 하나님의 나라를 "이미" 도래한 현실의 나라와 "아직" 도래하지 않은 다가올 나라 양자를 다 포함하는 것으로 이해하는 '왕국신학'(Kingdom Theology)을 발전시켰다.[130] 그의 '왕국'(Kingdom, 하나님의 나라) 개념에서는 내세의 삶에 대한 강조와 현실적 삶의 강조가 동시에 강조되고 균형을 이루는 것으로 이해된다.[131] 조지 래드의 왕국신학은 영적 차원의 중요성을 강조함으로써 존 스토트의 총체적 선교 개념으로 인하여 천국복음의 전파와 교회개척을 약화시킬 수 있다는 현실적 약점을 극복할 수 있는 대안이 될 수 있다는 기대가 있다. 개혁주의 선교학자 조지 래드(George Ladd)는 『하나님 나라와 복음』이라는 제목의 마태복음 24:14 주해에서 "모든 민족에게 천국복음이 전파되면 세상의 끝이 오리라"는 말씀과 마태복음 28:18-20 지상명령을 연계하면서

---

127 이현모, 앞의 책, 95; David Hesselgrave, "Holes in 'Holistic Mission," *Trinity World Forum*, vol. 15:3, Spring, 1990, 1-5; Robert E. Coleman, "Lausanne II and Missions Today and Tomorrow- A Forum," *Trinity World Forum*, vol. 15:2, Winter, 1990, 4.
128 Donald A. McGavran, Understanding Church Growth, (Grand Rapids: Eerdmans, 1986), 26-92.
129 피터 와그너, 『기독교 선교전략』, 전호진 역, (생명의말씀사, 1981), 176-178.
130 신약성경적 의미의 종말 개념은 우리의 신학이 전체적으로 "종말론적 신학" (eschatological theology)이 되게 하는 것이며 그 내용은 곧 우리의 신학이 하나님 나라 신학(Kingdom Theology, 왕국신학)이 된다는 뜻이다: 이승구, 『개혁신학 탐구』, 1999, 15.
131 이현모, 앞의 책, 100.

주님의 재림과 세상 끝을 위한 세계선교의 중요성을 강조하였다.[132]

예수님이 오신 것은 "자기 백성을 그들의 죄로부터 구원하기 위함" 이다(마 1:21). 예수님은 "세상 죄를 지고 가는 어린양"으로 오셨다(요 1:29). 총체적 선교, 온전한 선교를 말하면서 죄의 문제를 거론하지 않는 것은 성경적 기조를 벗어난 것이며 예수님의 의도에서 빗나간 것이다. 존 오웬 (John Owen)은 그리스도의 마음의 중심은 하나님의 영광이었으며 그래서 주님이 의도했던 것은 죄에 의해서 손상된 하나님의 영광을 회복하고 죄에 대하여 하나님의 공의를 만족시키는 것과 죄인들에게 은혜와 사랑을 부어주는 것, 두 가지라고 했다.[133]

예수님은 "내가 이 반석 위에 내 교회를 세우리니 음부의 권세가 이기지 못하리라"고 말씀하셨다(마 16:18). '반석'은 "주는 그리스도시요 살아계신 하나님의 아들이다"라는 신앙고백이다. 교회는 예수를 주요 그리스도로 믿는 그리스도인을 통해서 이루어져 간다. 여기서 선교의 핵심가치를 보게 된다. 선교사역은 예수를 주요 그리스도로 믿게 하고 믿는 사람들로 하여금 하나님께 예배하고 교제하며 봉사하고 선교하는 교회공동체를 이루게 하는 사역이다. 이를 위해서 복음전도를 하는 것이다. 사회참여나 봉사가 결과적으로 교회를 이루는 것과 관계가 없다면 그것은 온전한 선교라 할 수 없을 것이다. 교회가 형성되지 않으면 결국 교회는 사라질 것이고 봉사든 선교든 사역 자체가 소멸하기 때문이다. 따라서 선교에 있어서 사회봉사가 필요하지만, 복음전도가 최우선이 되어야 한다.

---

132 조지 래드, "하나님 나라의 복음", 『하나님의 나라 제대로 알고 믿는가?』, 신성수 옮김, (개혁주의신행협회, 2007), 328-358.
133 존 오웬, 『개혁주의 성령론』, 이근수 옮김, (여수룬, 1988), 147-148.

교회는 예수님이 세우신 하나님 나라의 가장 중요한 기관이다.[134] 〈웨스트민스터 신앙고백서〉 25조 2항에는 "하나님은 영원한 계획 가운데서 '보이는 교회'를 주 예수 그리스도의 나라로 삼으신다"고 했다. 사도 바울은 하나님께서는 교회공동체를 통해서 이 세상에서 하나님의 통치를 행하신다고 믿었다. 교회의 사명은 예수님의 주권적 통치를 구체적으로 이행하는 예수님의 요원들(Jesus' agents)이 되는 것이다. 예수님은 순종하는 교회를 통해서 하나님의 피조계 전체를 섬기는 것이 창조주의 계획이다.[135] 교회가 없는 선교는 불가능하며 교회가 사라지면 선교도 사라진다. 따라서 교회를 세우는 사역, 즉 교회개척이 없는 선교는 결코 온전한 선교가 될 수 없는 것이다. 존 오웬(John Owen)은 그리스도와 교회는 육친적 관계, 신령한 도덕적 또는 신비적 관계 그리고 상호 언약으로 맺어진 연대관계 등 삼중적 관계에 있다고 했다.[136] 그래서 성경은 "자녀들이 혈과 육에 속하였으며 그도 또한 같은 모양으로 혈과 육을 함께 지니심은"(히 2:14)이라 했으며, "거룩하게 하시는 이와 거룩하게 함을 입은 자들이 다 한 근원에서 난지라 그러므로 형제라 부르시기를 부끄러워하지 아니하시고"(히 2:11)라고 기록하고 있다. 또한, 그리스도는 교회의 머리되시며 남편이 되신다. 또한, 그리스도는 교회를 위하여 새언약의 보증이 되신다. 그리스도와 교회는 결코 분리될 수 없다.[137] 그리스도와 그리스도의 사역을 말하면서 교회를 말하지 않는 것은 사실상 그리스도를 부정하는 것이다.

데이비드 반드루넨(David M. VanDrunen)은 그리스도인의 문화변혁 활

---

134 Edmund P. Clowney, *The Church*, (Downers Grove: InterVarsity Press, 1995).
135 이승구, 『톰라이트에 대한 개혁신학적 반응』, (합신대학원출판부, 2013), 227.
136 존 오웬, 『그리스도의 영광』, 서문강 옮김, (지평서원, 2011), 204.
137 존 오웬, 앞의 책, 204-210.

동을 지지하지만, 그리스도인이 결코 문화를 '속량'할 수 없으며 그리스도인이 이룩하는 경건한 문화적 성과가 새 창조에 포함될 수 없다는 점을 분명히 했다. 기독교의 문화변혁에는 한계가 있다는 것이다.[138]

하나님의 나라는 문화적 성취를 통해서가 아니라 하나님의 구원을 통해서 발전한다.[139] 따라서 문화명령이 궁극적 목적은 아니며 선교의 거룩한 도구로 이해해야 한다. 여기서 주목해야 할 것은 문화는 성령의 구속적인 사역이 선행되지 않고는 선교의 온전한 도구로 사용될 수 없다는 점이다. 따라서 문화명령이 온전히 수행되기 위해서는 문화 그 자체에 대한 성령의 구속적 사역이 선행되어야 한다. 문화명령이 없이도 선교명령은 홀로 역사할 수 있다. 그러나 선교명령이 없이 문화명령은 홀로 역사하지 못한다. 문화명령 홀로 결코 하나님의 거룩한 역사를 이루지 못한다. 그것은 마치 예수 없는 사랑이 결코 온전한 사랑이 되지 못하는 것과 같다. 문화명령은 선교명령에 종속되는 개념으로 이해되어야 한다. 온전한 선교를 위하여 문화명령을 도구로 삼아 선교명령을 총체적으로 그리고 전인격적으로 수행하는 것이다. 하나님의 교회는 '온전한 복음'이 아니라 '영원한 복음'으로 선교해야 한다. 결국, 모든 민족과 종족과 방언과 백성에게 전할 영원한 복음이 이 땅에서 하나님의 나라의 통치를 회복게 하며 하나님의 역사를 완성할 것이다. 하나님의 역사는 그리스도 중심의 종말론적 구속사를 주축으로 전개된다. 그리고 영원한 복음이 종말론적 구속사를 완성할 것이다(계 14:6).

---

138 데이비드 반드루넨, 『하나님의 두 나라 국민으로 살아가기』, 윤석민 옮김, (부흥과개혁사, 2012), 14, 미주 2,
139 마이클 호튼, 『언약신학』, 2009, 27.

Chapter II

언약사상과 선교

성경에 언약이라는 단어는 무려 300번 이상 나오고 있는데, 이는 하나님께서 인간과 맺은 특별한 관계에 대해서 언급하는 용어다. 언약은 하나님과 인간과의 독특한 관계를 설명해 주는 하나의 창문과 같은 역할을 하고 있다. 언약은 하나님이 사람을 어떻게 대하고 있고, 사람이 어떻게 행해야 하는가에 대한 것들이 언약관계를 통해 잘 나타나고 있다.

하나님의 실존 자체는 언약적이다. 성부, 성자, 성령은 서로에게 끊임없이 헌신하고 계시며 하나님 사이의 관계를 넘어 피조물 공동체를 창조하셔서 삼위 하나님 사이의 관계에 대한 큰 유비로서 기능하도록 하신다. 우리는 삼위 하나님의 형상으로 창조되었기 때문에 본성상 밖을 향하고 있으며 상호의존적 존재이며 우리 자신의 모습은 단지 우리 자신 안에서가 아니라 타인 속에서 발견하게 된다. 삼위 하나님과 달리 우리는 존재하지 않았을 때가 있었다. 그러나 하나님께서 창조하려고 결정하셨을 때 하나님의 작정은 인간이 고독하게 있는 존재가 아니라 영원히 주고받는 관계에 대한 피조적인 유한한 유비를 제공함으로써 서로 기뻐하는 성부, 성자, 성령을 닮게 만드는 것이었다. 우리는 창조되고 난 다음 언약을 맺은 것이 아니다. 우리는 언약적 피조물로 창조되었다. 즉 신성 안에서가 아니라 역사 가운데 펼쳐질 드라마 가운데서 하나님의 언약 파트너로 창조되었다.[140]

역사의 드라마 중심에는 언약의 그리스도가 있다. 창조, 타락, 구속, 완성의 역사에 대한 성경의 가르침은 언약의 그리스도를 말하고 있다. 이것이 성경의 다양성 속에 뚜렷이 통일성을 나타낸다. 언약을 성경의 중심

---

140   마이클 호튼, 『언약사상』, 2009, 18.

교리라고 단정할 수는 없지만, 성경의 구조 중심에는 언약사상이 있다.

한편, 에덴동산에서의 타락은 하나님과의 언약을 깨뜨렸고 타락 이후 인간은 도시를 건설하는 사람들과 여호와의 이름을 부르는 사람들로 두 개의 구별되는 노선을 발전시켰다. 이 두 개의 노선이 하나님의 나라와 세상 나라 두 왕국의 시민인 개별적 성도들에게는 서로 얽혀있다. 그러나 두 왕국은 분명히 구별된다. 세상은 교회가 아니다. 하나님의 나라는 문화적 성취를 통해서가 아니라 하나님의 구원을 통해서 발전한다. 따라서 역사의 드라마에는 그리스도의 중심의 구속사가 있으며 그것은 삼위일체 하나님의 선교로 나타난다.

또한, 성경은 역사적 관점에서 세 부분으로 나누어진다. 첫째는 창조부터 바벨탑 심판사건으로 이 시기는 '보편적 역사'(universal history)이다. 두 번째는 창세기 12장 아브라함이 부름 받은 때부터 사도행전 1장까지로 이것은 '특수한 역사'(particular history)이다. 세 번째는 오순절 성령 강림으로부터 시작하여 '보편적 역사'로 다시 되돌아간다. 복음 선포의 범위가 본질적으로 보편적이고 우주적이기 때문이다. 이 시기는 예수님의 재림으로 종말론적 완성이 이루어지는 새 하늘과 새 땅까지 계속된다.[141] 그리고 아브라함언약에서 본격 시작된 종말론적 구속사는 그리스도의 죽으심과 부활, 승천 그리고 이어지는 오순절 성령강림 사건에서 절정을 이룬다.

본 장에서는 개혁주의 언약사상의 발달에 대해 살펴봄으로써 성경에 나타난 언약사상에 대한 포괄적이고 체계적인 이해를 높이며 이를 바탕으로 신구약 성경의 언약들의 성격을 분석함으로써 언약사상에 나타

---

141 아서 글라서, 『성경에 나타난 하나님의 선교』, 2006, 40-41

난 선교적 함의를 드러내고자 한다. 또한, 전통적으로 언약은 하나님의 주권을 강조하는 것으로 이해해 왔으며 선교는 인간의 책임을 강조하는 것으로 인식되어 왔다. 그러나 삼위일체 하나님이 주권적 및 주도적 행위로서의 언약과 선교는 상호분리될 수 없는 내적 관계를 가지고 있다는 사실은 선교 역시 성부, 성자, 성령 삼위 하나님이 주권적 및 주도적인 행동에 의해서 전개되는 구속의 역동적인 역사운동이라는 사실을 우리로 하여금 새롭게 인식하게 한다.

제 1장 언약사상

1. 개혁주의 언약사상의 발달

언약사상은 한 사람의 천재가 만들어 낸 어떤 작품에 의존하는 것이 아니다. 역사 속에서 하나님을 경외하는 많은 신학자에 의해 개발되고 발전하여 마침내 오늘에 이른 것이다.[142]

초기 교부시대에도 이레니우스나 어거스틴 등의 저술에 언약 개념에 대한 신학적 인식이 나타나며 중세 말 사회-정치적 그리고 신학적 영역에서 언약사상은 잘 알려진 개념이 되었다. 이후 개혁주의 전통은 종교개혁자들 간 논쟁으로 출발부터 언약에 대한 신학적 논쟁에 휩싸였으며, 그 결과 구약과 신약에 언약의 지대한 역할을 재발견하는 결과를 가져다주었다. 칼빈이 종교개혁 역사에 등장하기 전에 이미 언약에 관한 폭넓은 성경

---

142 김재성, 『개혁주의신학의 전통과 유산』, (킹덤북스, 2012), 391.

적 논의들이 검토되었다.

이후 정립되어 가는 개혁주의 신학은 언약신학에 이르러 더 확실하게 그 진가를 발휘하게 되었다. 개혁신학의 지속적이고 생산적이며 창조적인 노력을 통해서 개혁주의 신학은 가장 성경적인 신학으로 성장해 왔다. 개혁신학의 전체 구조는 하나님의 신실하신 약속을 중심으로 해서 인간과의 관계를 설정하고 있으며, 하나님을 배제한 채 인간중심의 신앙 세계를 구축하려는 어떤 신학구조도 배격한다. 특히, 개혁주의 신학자들은 성경의 교훈 속에서 하나님으로부터 인간에게 주어진 종합적이요 포괄적인 핵심 구조를 강조하고 있는데, 그것이 바로 언약신학이다.

1) 종교개혁 초기 개혁주의 언약사상

주후 182-188년에 이레니우스(Irenaeus, 140-203)는 최초로 언약사상에 대해 언급하였다. 그는 자신의 저술『모든 이단에 반대하여』(Adversus haereses)를 통해서 영지주의를 강력히 비판하며 초대교회 최초의 이단-재림을 기다리는 직통계시파-마르시온의 극단주의에 대해 논박하며 교회의 사도적 신앙을 지키려고 투쟁했다.[143] 이레니우스는 이단에 논박하면서 역사 과정에서 이어지는 역사적인 언약 속에 새언약이 모형화되었으며 새언약은 예수님 안에서 인쳐지고 정당화되었다고 주장하였다. 그는 율법언약과 은혜언약 사이의 차이점을 분명하게 인식했다.[144] 또한, 그는 신구약의 일치성을 주장하며 첫째 아담과 둘째 아담 그리스도를 연계하였

---

143 주재용,『역사와 신학적 증언』, (기독교출판사, 1991), 68; 한철하, 『고대기독교사상』, (기독교서회, 1978), 43-45.
144 마이클 호튼,『언약신학』, 백금산 옮김, (부흥과개혁사, 2009), 120.

으며 그리스도 중심의 신학을 정립하였다.[145] 선지자들이 미리 말한 것들이 연속적인 언약의 수단들에 의해서 점진적으로 발전하다가 예수님 안에서 완전한 구원에 도달하며 성취되었다고 했다. 이레니우스는 최초의 조직신학자라고 일컫는다.

어거스틴(Augustine, 354-430) 역시 언약교리를 가르쳤다. 세례, 성령, 서신서 등에 관하여 쓰면서 그는 언약에 대해 언급하였다. 그는 시편 89편 28절을 언급하면서 '하나님의 언약이 예수 그리스도 사이에 맺어졌다'고 하였다. 어거스틴은 쌍방적 언약을 가르칠 뿐 아니라 그것을 예정교리와 연결하는 것을 주저하지 않았다.[146] 어거스틴은 타락 전 행위언약과 은혜언약을 구분하였다. 그리고 2세기 초반에 바라나바스(Barnabas)는 은혜언약과 행위언약을 구분하였다.[147] 그는 다음과 같이 기술하였다: "모세는 그의 손에 들고 있던 두 개의 판을 내던졌고 그들의 언약은 깨졌다. 이는 예수님을 믿음으로 흘러나오는 소망 가운데 사랑하시는 예수님의 언약이 우리 마음에 인쳐지기 위함이다."[148] 그는 언약이 모세에 의해 깨졌으나 예수에서 완성되었다고 설명한 것이다.

이후 2세기 중반에 저스틴 마터(Justin Martyr)는 변증학에 관한 책을 저술했는데, 여기서 그는 예수님이 구약성경의 메시아이시라고 기술하면서 두 가지 위대한 언약들, 즉 행위언약과 은혜언약 사이에는 율법에 완전

145 J. L. 니이브, 『기독교교리사』, 서남동 역, (대한기독교서회, 1974), 138; 후스토 곤잘레스, 『기독교사상』 (I), (대한예수교장로회출판국, 1990), 194-200; 박용규, 「초대교회사」, (총신대학출판부, 1994), 228
146 피터 A. 릴백, 『칼빈의 언약신학』, (CLC, 2009), 57.
147 David Weir, *The Origins of the Federal Theology in Sixteenth-Century Reformation Thought*, (Oxford: Clarendon Press, 1990), 12-13.
148 Peter Golding, *Covenant Theology, The Key of Theology in Reformed Thought and Tradition,* (Mentor: Christian Publications), 13; *The Epistle of Barnabas*, chapter iv.

히 그리고 개인적으로 복종하는 행위언약의 조건과 의의 보증이 되시는 예수님의 은혜언약의 조건이 다르다고 하였다. 그는 관련하여 모세로 말미암은 옛언약과 예수로 말미암은 새언약을 구별하였다.[149]

종교개혁자들은 이레니우스와 어거스틴에게서 크게 영향을 받았다. 종교개혁자들에게 언약 개념은 두 가지 주요한 면에서 사용하였다. 첫째는 언약은 구원과 관계하여 믿음을 통한 개인적 칭의와 관련하여 이해하였다. 칭의는 그리스도의 사역과 하나님의 언약적 은혜에 기인한다. 둘째는 언약은 정치적 함의를 가지며 교회와 국가 간의 관계와 관련하여 사용하였다. 그러나 언약의 성격에 관하여 종교개혁자들의 이해는 매우 다양했다.[150] 언약신학이 처음 태동하던 종교개혁 시대에는 주장하는 내용이 그렇게 세밀하지도 않았고, 광범위하게 집약되지도 못했다. 그러나 언약신학은 여러 신학논쟁을 거치면서 자연스럽게 체계화되기 시작하였다.

개혁주의 초기에 언약사상을 적극적으로 변증하며 나섰던 신학자는 쯔빙글리(Huldrych Zwingli, 1848-1531)였다. 쯔빙글리는 재세례파와의 유아세례 논쟁 과정에서 유아세례를 옹호하는 신학적 입장을 언약사상에 근거하여 변증하였다. 그는 언약징표 개념과 신구약의 동일성을 유아세례 방어에 사용하였다. 그는 언약의 징표와 믿음을 확인하는 징표 사이를 구별하였다. 성례는 언약의 징표이기 때문에 그것이 믿음을 확인하도록 의도된 것이 아니라는 것이다.[151]

---

149 Peter Golding, *op. cit.*, 13; Justin Martyr, *Dialogue with Trypho*, chapter xi.
150 서요한,『언약사상사』, (기독교문서선교회, 1994), 69~70.
151 피터 릴백,『칼빈의 언약신학』, (CLC, 2009), 137. 참조 Huldrych Zwingli, *Of Baptism in Zwingli and Bullinger,* trans. G. W. Bromley, (Philadelphia: Westminster Press, 1953), 131; ZSW IV, 217-218, 138-139.

당시 재세례파 창시자 콘라트 그레벨(Konrad Grebel, 1498-1526)같은 과격주의자들은 언약의 연속성의 근거로 유아세례를 반대하였다.[152] 침례교도 존 길(John Gill) 등 재세례파 침례교도들은 신약시대에 은혜언약이 유아세례에 의해서 인쳐지는 것이 아니라, 성령에 의해서 인쳐지는 것이라고 주장하였다(엡 1:13). 따라서 물로 세례를 주는 것은 오직 믿음을 가지고 있으며 언약 안에 들어와 있다는 명백한 증거들을 가지고 있는 사람들에게만 한정해야 한다고 주장했다.[153] 그러나 쯔빙글리는 유아세례를 반대하는 재세례파의 주장을 반박하면서 언약이라는 성경의 가르침을 적용하였다. 기독교 신자들은 자녀들에게 유아세례를 줄 수 있는 이유가 충분한데, 그것은 그들이 언약의 상속자요, 후손들이기 때문이라는 것이다(행 16:31-33).

쯔빙글리는 언약의 징표와 믿음을 확인하는 징표 사이를 구별하였다. 성례가 믿음을 확인하라고 주어진 것이라며, 그것을 믿음을 소유하고 있지 않은 유아들에게 적용하는 것은 부적절하다는 것이다. 쯔빙글리는 다음과 같이 주장하였다: "할례는 아브라함의 믿음을 확인하지 않았다. 그것은 하나님과 아브라함의 후손 사이의 언약의 징표였다. 창세기 15장에서 보는 것처럼, 할례는 아브라함이 믿음으로 이미 하나님께서 의롭다고 여겼을 때 그에게 주어졌기 때문이다. 그리고 창세기 17장에서 하나님께서는 스스로 할례가 믿음의 확인을 위한 징표가 아니고 언약의 징표임을 분명히 하셨다: "이것은 나의 언약이니 너희가 지킬 것이요 나와 너희 그리고 너희 후손들 사이에 그렇게 할 것이니라. 너희 가운데 모든 어른과

---

152 피터 릴백, 앞의 책, 129–130; 참조 B.J. Kidd, *Documents Illustrative of the Continental Reformation,* (Oxford: Clarendon Press, 1911), 451-452.
153 김재성, 『개혁신학의 전통과 유산』, 2012, 414. 참조 John Gill, A Body of Divinity, (London, 1769-1770), 214-250, 345-377.

아이는 다 할례를 받을 것이니라".[154]

　　쯔빙글리는 신약의 세례(baptism)는 언약의 징표라는 점을 분명히 하였다. 그것은 세례받는 자를 의롭게 하지 않으며 그의 믿음을 확인하지 않는다는 것이다. 유아는 믿음을 가질 수 없기에 세례는 유아의 믿음을 확인할 수 없다는 것이 쯔빙글리의 주장이다.[155] 구약시대에는 할례가 징표였고 지금은 세례가 징표이며, 따라서 기독교인 부모의 유아에게 물세례 주는 것은 금할 수 없다는 것이다. 성례는 언약의 징표이기 때문에 그것이 믿음을 확인하도록 의도된 것이 아니라는 것이 쯔빙글리의 강력한 주장이다. 그는 언약의 통일성을 유아세례 수호와 연결하면서 언약신학의 기초를 놓았다. 지금 개혁주의적인 언약 신학자들은 "너와 네 집이 구원을 얻으리라"라는 사도 바울의 권고에 따라 "자기와 그 권속들이 다 세례를 받았다"(행 16:31-33)는 초대교회의 교훈을 따라 유아세례를 지지하고 있다.

　　이와 같이 쯔빙글리의 시대로부터 언약신학은 성례와 연결되어서 발전되었던 것이다. 그러나 한편에서는 개혁주의자들이 언약개념을 재세례파로부터 갈취하여 그들에게 대항했다고 주장하는 학자도 있다.[156] 재세례파들은 자신들을 언약주의자라고 불렀고 언약 징표로 인친 자로 여겼으며 그들에게 세례는 언약이었다는 것이다. 개혁주의자가 재세례파와 빚은 충돌이 개혁주의 언약사상에 오랜 영향을 미친 것은 확실하다. 그러나

154　피터 릴백, 『칼빈의 언약신학』, (CLC, 2009), 137. 참조 Huldrych Zwingli, "Of Baptism," Zwingli and Bullinger, trans. G. Bromley, (Philadelphia: Westminster Press, 1953), 131.

155　피터 릴백, 앞의 책, 137. 참조 Huldreych Zwingli, *op. cit.*, 138-139.

156　피터 릴백, 앞의 책, 118. 참조, Gottlob Schrenk, *Gottesreich und Bund im älteren Protestantismus vornehmlich bei Johannes Cocceius, Gutersloh; C. Bertelsmann,* 1923, 37.

언약개념이 재세례파에서 나왔다고 주장하는 것은 옳지 않다. 재세례파와 투쟁이 시작되기 이전부터 초기 개혁주의 사상에 언약개념이 존재하고 있었기 때문이다. 재세례파와의 유아세례 논쟁의 결과로 언약사상은 개혁주의자들 사이에 더 분명하게 자리 잡게 되었다고 보는 것이 옳다. 신약이 바로 구약 해석이기 때문에 유아세례의 근거로서 언약의 연속성 개념이 나올 수밖에 없었다.

쯔빙글리에 의한 언약사상의 재발견은 매우 분명하였다.[157] 쯔빙글리는 구약과 신약 사이의 발전적 언약적 연결성과 통일성 개념을 고수했다.[158] 칼 베르그 역시 쯔빙글리가 언약신학에서 가장 크게 기여한 것은 신구약 전체에 나타나는 언약의 통일성을 최초로 강조한 것이라고 인정하였다.[159] 쯔빙글리는 성경이 testamentum, pactum, foedus란 단어를 서로 교환하여 사용한다고 말한다. 그리고 그는 그것을 독일어 단어 Gemacht로 정의한다.[160] 쯔빙글리에게 testamentum은 조건이 동반되는 언약을 의미한다. 그는 성례와 관련한 논쟁을 하면서 성례와 언약에 대하여 다음과 같이 주장하였다: "성례의 일곱 번째 덕은 그들이 충성 맹세로 행동한다는 것이다. 라틴어에서 싸크라멘툼이란 단어를 맹세에 관하여

---

157 피터 릴백, 앞의 책, 119. 참조, p. Gottfried W. Locher, "Das Geschichtbild Huldrych Zwinglis," *Huldrych Zwingli in neuer Sicht, Zwingli-Verlang,* (Zurich, 1969), 97, n.96.

158 Wayne J. Baker, *Heinrich Bullinger and the Covenant: The Other Reformed Tradition,* (Ohio University Press, 1980), xxiii.

159 Jack Warren Cottrell, "Covenant and Baptism in the Theology of Huldreich Zwingli," (Th.D. Dissertation: Princeton Theological Seminary, 1971), 374; Peter Golding, *Covenant Theology: The Key of Theology in Reformed Thought and Tradition,* 21; Karlberg M., *The Mosaic Covenant and The Concept of Works in Reformed Hermeneutics: A Historical-Critical Analysis with Particular Attention to Early Covenant Eschatology.* (Ph.D. Dissertation, Westminster Theological Seminary, Philadelphia, 1980), 8.

160 피터 릴백, 앞의 책, 120. 참조 Huldrych Zwingli, *Corpus Reformatorum,* LXXXIX, 98,101.

사용하기 때문이다. 그리고 같은 맹세를 하는 사람들은 한 몸과 한 백성으로 모여, 한 민족과 한 연합체가 되며, 이것을 배신하는 경우에는 위증죄를 범하는 것이다. 그러므로 그리스도의 백성도 마찬가지로 그리스도의 몸에 성례적으로 참여하여서 한 몸으로 함께 모이는 것이다."[161]

쯔빙글리 다음으로 언약사상을 발전시킨 초기 개혁주의 신학자는 불링거(Heinrich Bullinger, 1504-1575)이다. 쯔빙글리의 세례에 관한 서적이 출판된 지 9년 후에 그의 제자 불링거(Heinrich Bullinger, 1504-1575)는 언약에 관한 그의 첫 논문 「하나이며, 영원한 약속 혹은 하나님의 언약」 (Of the One and Eternal Testament or Covenant of God, De Testamento seu Foedere Dei Unico et Aeterno Brevis Expositis, 1534)을 창세기 17장을 근거로 작성했는데, 그의 논문에는 쯔빙글리의 언약 모델이 그대로 나타난다. 불링거의 논문은 신학사에서 언약에 대해 다룬 첫 연구논문이기 때문에 중요한 의미가 있다. 개혁주의 언약사상은 하인리히 불링거가 쓴 이 논문에서 빛나게 다듬어졌다. 그는 이미 1527년에 "언약은 가장 중요한 신앙의 핵심이다"라고 주장하며 성경에 나오는 모든 언약들은 서로 유기적으로 연관되어 있음을 제시하여 개혁신학자들로 하여금 언약이라는 주제의 중요성에 대해서 관심을 갖도록 만든 공로자이다.[162]

불링거는 구속 역사를 통해서 일관되게 흐르고 있는 은혜언약이라는

---

161 피터 릴백, 『칼빈의 언약신학』, 원종천 옮김, (CLC, 2009), 50. 참조 Huldrych Zwingli, *An Exposition of the Faith in Zwingli and Bullinger*, trans. And ed. G. W. Bromiley, vol. 34, The Library of Christian Classics, (Philadelphia: The Westminster Press, 1953), 264-265.

162 김재성, 『개혁신학의 전통과 유산』, 2012, 393; 이 책의 첫 영어 번역은 Peter A. Lillback, The Binding of God, Ph.D. Diss, Westminster Theological Seminary, 1985, 499-527 에서 처음으로 이루어 졌다.

진리를 아주 자세히 취급하였다. 물론 그의 사상의 근거는 쯔빙글리의 예정론과 섭리론에 근거하고 있지만,[163] 창세기 17장을 이해하는 핵심 사상은 누가 아브라함의 후손으로서 이 언약에 속하느냐를 설명하면서 잘 드러난다. 불링거는 구세주가 오실 때까지 약속의 형태로 지속된 언약이 유지되어 왔다는 점을 강조하고, 언약의 통일성과 다양성에 주의하였다. 특히 창세기 17장은 앞으로 올 새로운 세대를 가르치고 있으며, 그리스도가 세운 새언약은 모든 다른 언약들의 성취로서 새로이 맺어진 것이라고 보았다.

불링거는 하나님은 아브라함의 후손과 언약을 하셨는데 아브라함의 후손은 유아도 포함된다고 주장했다. 조건은 단지 성인에게만 적절하게 적용되나 언약의 약속은 유아에게 적용되며, 성인은 불순종하면 언약에서 제외될 수 있다는 것이다. 갈라디아서 3장, 누가복음 18장, 그리고 고린도전서 7장은 유아를 언약에 포함하고 있는 것으로 해석되어야 한다는 것이다.[164]

불링거에 의하면 할례는 언약의 성례이다. 고대 언약에는 언약 맺는 자의 적극적 의미 표현의 징표로 짐승을 죽였다. 이것은 그들이 언약을 위

---

163 불링거의 신학사상에는 칼빈의 이중예정 사상이 나타나지 않는다. 하나님의 주권을 강조하는 칼빈주의 이중예정 사상은 언약신학을 하나님 주권 중심의 일방적 언약관계를 강조함으로써 나중에 언약을 행위언약과 은혜언약으로 구분하는데 결정적으로 기여하게 되었다. 그러나 불링거는 처음부터 끝까지 고집스럽게 단일예정을 주장했다. 하나님의 예정은 선택된 자들을 하나님의 은혜로 인간의 믿음을 통하여 구원의 길에 가게하는 것이지 그 예정이 선택받지 않는 자들을 멸망으로 몰아넣는 것을 포함하는 것은 아니라는 것이 그의 입장이었다. 이러한 불링거의 단일예정 사상은 결과적으로 인간의 책임을 강조하는 것이었고, 따라서 그가 주장하는 쌍무적 언약사상과도 부합하는 것이었다: J. Wayne Baker, *Bullinger and the Covenant: the Other Reformed Tradition,* (Athens, Ohio: Ohio University Press, 1990), 53. 칼빈이나 정통칼빈주의에서는 구원받지 못하는 사람들도 하나님의 예정 하에 멸망의 길로 예정되어 있다는 이중예정을 말하면서도 또한 구원의 길에 들어서지 못하는 것은 인간의 책임으로 본다: 원종천, 『청교도 언약사상: 개혁의 힘』. 1998, 18.
164 피터 릴백, 앞의 책, 163; Charles S., *op. cit.,* 104-108.

반한다면 그 짐승처럼 죽이라는 의미였다. 이것이 창세기 15장 아브라함 언약에서 나타난다. 창세기 17장에서는 하나님께서는 아브라함에게 할례의 피 흘리는 예식을 통해서 그것을 요구하신다. 하나님께서는 언약을 만드신 분이시고 마지막 유서의 유언자이시기 때문에 이 징표는 하나님께서 언젠가 죽으실 것을 가르치신 것이다. 그것은 하나님께서 육신을 취하고 오셔서 당신 스스로 피를 흘리실 그때를 말하는 것이었다. 이것이 세례와 성찬인 이 두 성례의 중요성이다.[165]

창세기 17장은 본질에 있어서 항상 동일한 영원한 언약이라고 블링거는 말한다. 그는 요한 외콜람파디우스(Oecolampadius)[166]의 표현을 인용하면서 "영원한 언약은 하나님과 하나인데, 하나님께서 여러 시대에 다르게 정리하신 것이다"라고 설명했다.[167]

언약은 하나님의 선물이요 은총이라는 단순한 사항만 쯔빙글리가 강조하였다면, 블링거는 언약의 본질에 있어서 '쌍무적 성격'(bilateral nature)을 새롭게 추가하고, 인간의 완전한 책임의식과 참여가 필수적이라는 점을 확연히 드러내었다. 블링거는 은혜의 언약을 조건적 언약이라고 이해하였다. 블링거에 의하면 하나님과 인간 사이의 언약에 대한 공공 기록이 있는데, 그것의 가장 단순한 형태를 창세기 17장에서 발견할 수 있다. 거

---

165 피터 릴백, 앞의 책, 165; Charles S. McCoy, *op. cit.,* 130-132.
166 언약사상은 1525년 초기 외콜람파디우스의 이사야 주석에도 뚜렷이 나타난다. 그는 언약이 하나님과 인간 사이의 상호관계로 보았는데, 그 상호성은 언약을 위배하거나 배교할 수 있는 인간의 능력에서 나타난다는 것이다. 그 역시 언약의 통일성을 생각하면서, 할례와 세례가 동일한 언약으로의 입구를 제공하는 것으로 보았다. 그는 언약관계는 하나님께서 그리스도와 만드신 언약의 결과로 보았다. 하나님은 그 언약을 그리스도 안에서 하나님의 백성을 위하여 성취하신다: 피터 릴백, 앞의 책, 165, 124. 참조 John Oecolampadius, *In Iesaiam Prophetam Hypomnematon, Hoc Est, Commentarium,* (Basel: Andreas Cratander, 1525), 8a-8b
167 피터 릴백, 앞의 책, 165; Charles S., op. cit., 117-130.

기에서 하나님과 아브라함의 후손 그리고 아브라함이 언약의 당사자들이다. 언약의 당사자들은 거룩한 하나님이시고 죄인 된 인간이다. 인간에게 언약을 제공하는 것은 하나님의 자비이고 은혜이지 그것을 발생하도록 하는 인간의 공로가 결코 아니다. 주권적인 하나님께서 죄인과 언약을 맺으시도록 낮추시는 것은 무한한 신비이다.[168]

또한, 각각의 언약의 당사자는 성취하여야 할 조건을 가지고 있다. 그것은 피 흘린 제사에 의해 제정된 영원한 언약이고, 창세기 17장의 말씀으로 지속되며, 나중에는 모든 정경에 의해 영속된다.[169] 언약은 언약의 양쪽 구성원에게 상호적 의무가 있음을 의미한다. 언약에서 인간에게 필요하며 인간에게 행하라고 요구되는 것은 하나님께서 다 제공하신다. 이것은 아브라함에게 가나안 땅을 주신다는 약속을 통해서 상징된다. 땅은 후손에게 제공되는 하늘의 복을 상징한다. 언약에서 자신을 주시는 하나님의 약속에 대한 반응으로, 인간은 자신의 직분을 또한 성취해야 한다. 인간은 언약의 수호자가 되어야 한다. 그는 하나님 앞에 완전히 행해야 한다. 그것은 신명기 13:10과 미가 6:8에서 가르치듯이 하나님을 두려워하며 하나님의 계명을 지키는 것을 의미한다. 언약을 지키지 못하면 그 결과 언약에서 제외된다.[170]

불링거는 하나님과 아담 사이의 타락 전 관계를 논하지 않았다. 창조언약이나 행위언약에 대한 언급이 없다. 불링거는 쯔빙글리가 그의 마지

---

168 Lyle Dean Bierma, *The Covenant Theology of Caspar Olevian*. Ph.D. Dissetation, (Duke University, 1980), 25; 김재성, 앞의 책, 395.

169 피터 A. 릴백, 『칼빈의 언약사상』, (CLC, 2009), 원종천 옮김, 162; Charles S. McCoy and J. Wayne Baker, *Fountainhead of Federalism*, 1991, 104.

170 피터 릴백, 앞의 책, 163; Charles S. McCoy, op. cit., 108-111.

막 저작에서 재세례파에 대항하여 했던 것처럼 언약과 선택의 문제를 다루지 않았다. 구속의 시간 전 언약 개념도 없다. 그러나 구속사의 계승적 시대를 통한 하나의 은혜언약에 대한 충분한 사상이 나타나 있다.[171]

한편, 루터는 언약을 율법언약과 은혜언약으로 구분하여 이해했다. 그는 창세기 17장에 근거하여 인간의 행위에 의해서 주어진 율법언약으로 보았다. 루터에 의하면 은혜언약은 하나님께서 자신의 약속을 지키실 수 있기 전에 인간에게 요구되는 것이 아무것도 없을 때에 해당한다. 율법언약은 조건을 만족시키는 인간의 성취에 의존하는 하나님의 약속이다. 루터에게 이 둘은 상호배타적이다. 그런데 사무엘하 7장과 역대상 28장 및 29장 사이에 큰 불일치와 차이가 있다고 루터는 지적한다. 전자는 하나님께서 다윗에게 영원한 집을 약속하시고, 후자는 솔로몬이 하나님의 이름으로 집을 지을 것을 말씀하셨다. 전자는 아무런 조건이 없는 영원한 것이고, 후자는 그것의 지속을 위하여 솔로몬과 그 후손의 지속되는 경건을 제시하셨다. 솔로몬은 그렇지 못하여 이스라엘의 110개 지파를 잃고 솔로몬 후 7대에 전멸하였다. 전자는 은혜의 약속(promissio gratia)이고 후자는 율법의 약속(promisso legis)이다. 다윗언약은 두 가지 설명, 즉 하나는 은혜이고 하나는 율법이 가능하다. 마찬가지로 루터는 창세기 17장도 행위에 달려 있기 때문에 율법언약으로 보았다. 인간이 관계에 공헌해야 율법이 작용하는 것으로 본 것이다. 그러므로 이것은 복음언약일 수가 없다는 것이다.[172]

그러나 불링거는 창세기 17장을 그리스도인이 하나님과 맺는 언약 관계의 이상적 요약으로 보았다. 예수의 성육신은 모든 것이 충만하신 분

---

171 피터 릴백, 앞의 책, 166.
172 피터 릴백, 앞의 책, 177-178. 참조 Luther, *Luther's Works*, XLVII, 198.

으로서 언약 의무를 하나님이 지키시는 것을 의미하는 것이다.[173] 루터와 개혁주의 신학자의 차이는 이런 점에서 크게 차이가 난다. 루터는 "그리스도인에게 율법은 무시하고 율법이 없는 것처럼 하나님 앞에서 살라고 가르치는 것은 대단한 것이다"라고 했다.[174] 루터는 그리스도인이 율법에 대하여 무지하도록 했고, 개혁주의자의 부써는 그리스도인으로 하여금 하나님의 율법에 온전히 일치하도록 하는 성령의 사역이 칭의의 필수불가결한 부분이라고 주장했다.[175]

개혁주의 해석학은 언약이 두 부분을 가지고 있기 때문에 칭의 맥락에서 행위를 다루었다. 칭의는 언약의 첫 번째 축복이고, 두 번째 축복은 성령에 의해 발생되는 사랑의 법이다. 믿음은 언약의 첫 번째 부분의 조건이고, 사랑 또는 순종은 두 번째 부분의 조건이다. 그러나 루터는 은혜와 율법은 상반되는 것으로 보았다. 개혁주의자들에게 성령의 은혜는 모든 율법의 완성으로 생각했던 사랑의 선물을 가져다주었다. 루터에게 그것은 믿음만이었다. 개혁주의자들에게 그것은 사랑으로 역사하는 믿음이었다.[176] 루터와 칼빈의 율법에 대한 인식 차이가 뚜렷하다. 루터는 율법과 복음을 대립적인 것으로 보았으나 칼빈은 행위에도 은혜가 있음을 발견했다. 사랑이 율법의 완성이기 때문이다. 율법의 근본은 사랑이다. 언약은 사랑의 관계로 보아야 한다.

루터는 복음 언약을 엄격한 약속(testament, 유언) 또는 일방적 약속으로 보았다. 반면에 쯔빙글리는 testamentum이란 용어에 스위스-독일식

173　피터 릴백, 앞의 책, 178. 참조 *Luter's Works*, XLVII, 198.
174　피터 릴백, 앞의 책, 180. 참조 *Luter's Works*, XXVI, 6.
175　피터 릴백, 앞의 책, 182. 참조 Elert, *Structure of Lutheranism*, 96.
176　피터 릴백, 앞의 책, 184-185.

의 조건적 최종 유서와 유언의 법적 의미를 부여했다. 후자의 의미에서는 본래의 유언에 의해 요구되는 의무를 이행했음을 본인이 증명해야 했다. 불링거 역시 단어들의 다양한 의미를 인식했다. 그는 성령의 언약 용어들이 언약(covenant) 또는 약속(testament)으로 표현될 수 있다고 생각했다. 그 용어들은 각각 상호적 의무를 함축하고 있기 때문에 본질적으로 동일한 것이었다.

한편, 언약의 조건성에 대한 불링거의 언약신학에 인간의 의무와 책임이라는 조건적인 요소가 핵심적으로 들어 있기는 하지만 불링거는 중세 말기의 유명론자들(norninalists)이 이해하고 있던 반펠라기우스주의자들의 낙관론이나 완전히 율법주의적인 경향을 받아들인 것은 결코 아니다. 왜냐하면 불링거에 있어서 조건적 언약이란 종교개혁의 맥락 속에 있는 오직 믿음으로 말미암는 칭의론(sola fide)과 사람들 중에 어떤 일부만을 선택하셨다는 단순 예정의 교리를 기초로 하고 있기 때문이다. 이런 교리를 양립시키고자 할 때에 일어날 긴장과 문제점을 그가 충분히 해결한 것은 아니었다. 하나님의 선택의 자유는 충분히 훼손시키지 않으면서도, 언약의 조건을 충족시키기 위해서는 인간의 의무가 성실하게 수행되어야 한다는 사실도 역시 강조하므로 이 둘 사이의 긴장에서 발행할 논쟁의 여지를 남겨둔 것이다. 구원은 오직 하나님의 은혜로만(sola gratia) 주어진다는 점을 주장하는 한편, 인간의 반응과 책임 여하에 따라서(contingent upon human response) 조건적으로 시행되는 측면을 부정하지 못한다는 것이 '언약의 쌍무적 성격'이다. 믿음을 가진 사람은 모두 다 선택받은 사람이라고 말할 수 있지만, 그 믿음은 반드시 시행되어야 할 조건을 내포하고 있는 것이다. 따라서 예정의 은혜와 쌍무적 은혜언약은 서로 강조점이 다르므로 긴장을 유발하게 되어 있다. 이런 점에서 언약사상은 쯔빙글리나 칼빈의 신학에서보다는 불링거의 신학에서 독특한 구조와 체계화를 이루었다.[177]

2) 칼빈의 언약사상

칼빈은 언약에 해당하는 용어를 대략 143번 사용했는데, pactum 은 57번, foedus은 62번, testamentum은 24번 사용했다. 칼빈은 이 세 용어를 거의 동일하게 이해했으며, 칼빈의 사상에 나타난 용어들을 분석 해보면 칼빈과 불링거 사이에 차이가 없으며, 루터가 주장한 일방적 약 속보다는 상호적 의미로 언약을 이해했음을 보여준다.[178] 칼빈도 '구약' (testamentum)을 마지막 유서와 유언으로 사용하기도 했다. 그러나 보통은 포에두스(covenant, foedus)와 동의어로 사용하였다.[179]

칼빈의 언약사상의 핵심은 하나님의 결속(bond)이다. 칼빈은 군대를 하나의 통일된 개체로 결속하는 방법인 언약 희생의 고대적 용도를 알고 있었다. 이 결속은 자신을 그의 피조물과 연결하는 하나님 자신의 행위이 다. 칼빈은 다음과 같이 기록하였다: "죄 사함은 우리에게 교회와 하나님 나라 안으로 들어가는 첫 관문이다. 그것 없이는 우리에게 하나님과의 언 약(covenant, foedus)이나 결속(bond, conjunctions)은 없다."[180] 그러므로 언약 은 하나님과 연합하는 수단이다. 그것은 하나님과 인간 사이의 결속(bond) 이다. 무한하신 하나님께서 은혜 가운데 스스로를 결속하시고 자신을 낮

177　김재성,『개혁신학의 전통과 유산』, 2012, 395; J. Wayne Baker, *Heinrich Bullinger and the Covenant,* (Athens: Ohio University Press, 1980).
178　피터 릴백,『칼빈의 언약사상』, 192-201.
179　피터 릴백, 앞의 책, 199.
180　피터 릴백, 앞의 책, 205; John Calvin, *Institutes,* IV.i. 20. 참조 Calvini Opera, II. 762.

추시어 타락하고 자격 없는 그러나 하나님의 주권으로 선택된 백성과 상호적 언약으로 들어가신 것이다. 이런 하나님을 칼빈은 신명기 4:44-5:3에 대한 설교에서 감동적으로 보여주었다.[181] 따라서 언약은 하나님의 은혜를 강조한다.[182] 하나님께서 당신의 선택된 가족과 스스로 결속시키는 것은 당신을 위한 백성을 양자 삼으시겠다는 약속의 결과이다.

그러므로 칼빈은 언약을 하나님과의 결속이나 연합과 같은 관련된 개념과 연결하였다. 칼빈의 결속 개념은 여러 면을 가지고 있다. 첫째, 언약과 결속은 동의어적으로 사용되었다. 둘째, 삼위 하나님 자체 내에 공통적 결속이 있다. 셋째, 그리스도 그리고 성령은 여러 가지 면에서 결속관계이다. 넷째, 믿는 자의 구원에서 믿음이 결속이다. 거룩도 결속이다. 이 중 은혜와 언약 사이에 영구적 결속관계가 있다. 그리고 선택과 양자 삼음 사이에 융해될 수 없는 결속관계가 있다. 다섯째, 성도의 교제에는 상호적 묶음이 있다. 그리고 하나님과 그의 언약 백성 사이의 관계 안에서도 동일하다. 여섯째, 성찬의 성례와 성령 사이에도 결속이 있다.[183] 그리스도와의 결속이나 연합에서 주어진 이중 은혜들은 오직 언약을 통해서 이루어지는 것이다. 언약은 칼빈의 구원론의 모태(matrix)이다.[184]

칼빈의 결속 개념은 칼빈의 스가랴서 13:9 주석에서도 잘 나타난다. 칼빈은 하나님 스스로의 결속을 자신을 위해 백성을 취하시겠다는 약속

181 피터 릴백, 앞의 책, 206. 참조 Calvin, *Sermons of the Ten Commandments,* ed. Farley, 45; *Calvini Opera,* LIV, 242.

182 Anthony A. Hoekema, "Calvin's Doctrine of the Covenant of Grace," *The Reformed Review* 15, 1962, 141-142.

183 피터 릴백, 앞의 책, 205-208.

184 Peter Lillback, *The Biding of God: Calvin's Role in the Development of Covenant Theology,* (Grand Rapids: Baker, 2001), 67.

의 말씀과 연결했다. 칼빈에게 언약은 하나님께서 당신 자신을 위해 백성을 택하시고 양자 삼으신 약속의 말씀을 통한 하나님 스스로 결속을 함축한다. 따라서 기독교강요와 주석에서 사용된 약속(promise)과 양자삼음(adoption)이란 용어는 칼빈이 언약이란 용어를 사용할 때 그것을 둘러싸고 있는 의미의 어의(semantic) 영역에서 지속적으로 만나게 된다. 칼빈은 이렇게 기록했다: 그러므로 선지자들이 옛 언약을 제시했을 때 그것은 마치 그들이 유대인들을 원천으로 인도했던 것과 같은 것이다. 왜냐하면, 때때로 발생했던 약속들은 그들의 은혜로운 언약인, 첫 샘에서 흘러나온 물줄기 같은 것이기 때문이다.[185]

그리고 칼빈에게 언약은 그리스도 중심적이다. 칼빈은 이렇게 기록하였다: "그러면 하나님께서 영원하고 결코 멸하지 않는 것으로 이미 제정한 언약을 보자, 언약의 성취는 그리스도이다. 그리스도로 언약은 궁극적으로 확인되고 비준된 것이다".[186]

칼빈은 필립 멜랑톤, 마틴 부써 그리고 쯔빙글리의 영향을 받았다. 멜랑톤의 『신학총론』(Loci communes, 1521)과 칼빈의 『기독교강요』와의 연관성이 매우 밀접하다는 점은 인정되어 왔다. 독일 자유주의 신학자 헤페(1820-1879)는 언약사상의 뿌리가 칼빈이 아니라 멜랑톤이라고 주장하였다. 그러나 이후 1879년에 발표한 『개혁교회와 경건주의의 역사』에서 자신의 주장을 번복하였다. 언약사상은 독일의 멜랑톤이 아니라 스위스의 종교개혁자들에게서 나왔다는 것이다. 그러나 게할더스 보스는 독일에서 나온 언약사상을 남쪽 칼빈주의자들이 집어삼킨 것이 아니라는 것이다.

---

185 피터 릴백, 앞의 책, 211. 참조 Calvin, *Commentaries*, XLIV, 98-103.
186 Calvin, *Institutes*, II. xi.4, 454. 참조 Calvin, *Commentaries*, II, 332.

스위스 쮜리히에서는 쯔빙글리와 불링거가 재세례파에 반대하면서 언약사상을 발전시켰고, 이들에게서 영향을 받은 우르시누스와 올레비아누스가 독일 하이델베르크에서 가장 탁월한 언약사상의 기틀을 마련했다고 보는 것이다.[187]

한편, 칼빈은 부써를 만나기 전에 이미 1530년에 출판된 그의 복음서 주석을 통해서 영향을 받았다. 또한, 쯔빙글리의 『참된 종교와 거짓 종교에 대한 주석』(1525)에서도 많은 유사점이 발견된다. 그러나 칼빈의 언약신학 사상을 보면 칼빈과 이들 사이에 차이점들이 발견된다. 그러나 칼빈의 『기독교강요』는 어거스틴, 크리소스톰, 아다나시우스 등 많은 초기 교회 교부들의 저술을 통해서 보충되고 보강되었다.[188] 칼빈과 불링거 및 멜랑톤은 양측 다 언약이라는 인류 역사 전체를 통해서 드러나는 하나님의 구원 방법이라는 인식에 동의하지만, 하나님의 행동과 인간의 행위를 다룸에 있어서 강조점이 서로 차이가 난다는 점을 부인할 수 없다.

칼빈이 언약사상을 잘 활용한 분야는 율법이다. 칼빈이 이해한 율법은, 멜랑톤적 자연언약 및 율법-복음 구별이 아니라, 기본적으로 언약적인 율법이다. 율법은 언약관계에 있는 성도들로 하여금 도덕적 생활을 유지하게 하는 지침으로 사용되어야 하는 것이다. 이것을 소위 율법의 제 3

---

187 김재성, "하이델베르크 요리문답과 언약사상,"『국제신학』, 155-156. 참조, Geerhardus Vos, "Doctrine of the Covenant in Reformed Theology," *Redemptive History and Biblical Interpretation,* (Phillipsburg: P&R, 1980), 235-236.

188 김재성, 『나의 심장을 드리나이다』, 203-204.

용도라고 한다.[189] 칼빈은 "영적인 인간이 아직 육신의 짐에서 해방되지 않았기에 율법은 잠과 태만에서 그를 지켜내는 끊임없는 자극이 될 것이다"라고 했다.[190] 칼 바르트는 칼빈에게는 은혜언약에서 율법이 은혜의 성격을 파괴하는 어떤 경우도 있을 수 없으며, 언약개념이 원시적 자연율법과 어떤 식으로 혼합된 것을 발견할 수 없다고 보았다. 그는 개혁주의 언약사상에 행위언약 또는 자연언약 개념이 발달한 것은 멜랑톤이 가져온 영향으로 보았다.[191]

칼빈의 예정론에서도 하나님의 언약 교리는 매우 핵심적인 부분을 차지하고 있다.[192] 교회론에서도 역시 언약이 매우 중요하다. 하나님의 구원 사역을 위해서 많은 노력이 행해지고 있는 곳이 교회이면서도, 언약이 항상 머무르는 곳이 교회이기 때문이다.[193] 하나님의 언약적인 약속이 교회에서 행사되는 세례와 성찬을 통해서 시행된다.[194] 성례는 언약의 증표

---

189 존 후퍼(John Hooper)는 율법을 3가지 용도로 구분하였다: 제1 용도는 '정치 사회적인 일체의 법규 위반을 징벌하는 시민적, 외적 용도. 이는 모든 국가를 유지하는데 필요하다. 제2용도는 '인간에게 무엇이 죄인지를 가르치고 교화하며 우리와 우리의 의를 책망하고 정죄하는 것이다. 제3 용도는 오직 기독교인들만을 위한 것으로 '하나님께서 그들에게 요구하시는 것이 무엇인지'를 보여준다. 제3 용도는 거듭난 자에게 거룩을 추구하게 함으로 성화를 이루게 한다. 칼빈, 멜랑히톤, 우르시누스 모두 제3 용도를 강조했다: 에르네스트 슈투플러, 『경건주의 초기역사』, 송인설 · 이훈영 옮김, (솔로몬, 1993), 75-76. 참조 John Hooper, *A Declaration of the Ten Commandments, Early Writings*, Vol. I., 282. 한편, 개혁신학자 윌헬름 니젤(Wilhelm Niesel)은 "개혁신학은 루터파와 비슷하게 율법과 복음의 차이를 인식하지만, 율법은 – 그리스도인의 삶을 인도하는 제3의 용도로서– 이제 은혜언약의 특징에 덧붙여진다"고 했다: Wilhelm Niesel, *Reformed Symbolics: A Comparison of Catholicism, Orthodoxy and Protestantism,* trans. David Lewis, (Edinburgh and London: Oliver and Boyd, 1962), 217, 220-221. 그러나 이러한 율법의 용도를 세대주의는 부정한다. 그리스도의 십자가 구속으로 구약의 율법은 폐지되었으며 신약에서 더이상 효력을 발휘하지 못한다고 주장한다.
190 김재성, 『개혁신학의 전통과 유산』, 2012, 398; John Calvin, *Institutes*, III. xxi, 12.
191 Karl Barth, *Church Dogmatics.* Trans. G. W. Bromiley. Edinburgh: T. & T. Clark. 1974. 4/1, 58.
192 John Calvin, *Institutes*, III. xxxi. 1-2.
193 John Calvin, *Institutes*, IV. i.9.
194 John Calvin, *Institutes*, IV.xiv. 1.

이자 인침이다. 로마 가톨릭의 미사는 언약을 거부하고 있기에 비성경적인 예식이다. 그리스도께서 한번 세우신 언약은 다시 반복할 필요도 없으며, 십자가의 속죄 사역은 단번에 영원한 효과를 가진다.[195]

한편, 게할더스 보스는 칼빈이 언약개념을 가르쳤으나 그를 언약신학자라고 명명하는 것은 적절하지 않다고 보았다. 칼빈이 자신의 신학을 체계화하는 원리로서 언약을 사용하지 않았고 행위언약과 구속언약 개념을 사용하지 않았기 때문이라는 것이다. 그의 판단에 의하면 칼빈은 언약 사용을 특정한 한 분야에 제한시키는 경향이 있었다. 그러나 그의 입장은 칼빈의 제한적 언약 사용으로부터 추후 언약신학의 성숙한 단계로 나아가는 유기적 발전을 이루었다는 것이다. 칼빈은 언약 개념을 신학체계 전체를 정리하는 원리로서가 아니고 신학의 중요한 한 부분으로 사용하는 전초 역할을 했다는 것이다.[196] 또한, 머리는 비록 칼빈에게 창세 후 또는 타락 전 언약 개념을 보지 못했으나, 그럼에도 불구하고 성경의 통일성, 계시의 점진적 역사성, 그리고 성례의 내용 등으로 볼 때, 칼빈에게 언약 개념의 많은 발전이 있었다는 주장을 했다.[197] 후크마와 에니겐버그도 둘 다 칼빈의 언약사상을 은혜언약에 제한시키며 행위언약과 구속언약을 제외한다. 이것은 칼빈의 언약사상이 높은 수준으로 발전되어 있다는 것을 의미한다는 것이다. 그래서 칼빈은 언약을 성경의 신학을 체계화할 뿐만 아니라 그의 주석과 설교에 적용했다.

---

195 김재성, 앞의 책, 398-399.
196 Geerhards Vos, "The Doctrine of Covenants in Reformed Theology," *Redemptive and Biblical Interpretation,* ed. Richard B. Gaffin. Jr., (Philipsburg Presbyterian and Reformed, 1980), 236.
197 피터 릴백, 앞의 책, 21. 참조, John Murray, "Covenant Theology," *The Encyclopedia of Christianity.*

칼빈의 『기독교강요』에서는 두 가지 언약이나 세 가지 개념이 선명하게 드러나지 않는 것이 사실이다. 그래서 언약사상의 발전에 있어서나 정립에 있어서 칼빈의 직접적인 영향을 제시하기가 쉽지 않다. 그러나 칼빈은 성경신학자로서 언약, 선택, 새언약, 인간의 의무와 책임에 대해서 종합적으로 연계시키고 있어서 언약사상의 발전에 긍정적으로 기여한 부분에 대해서는 누구도 부인하지 못한다.[198]

에니겐버그와 후크마는 칼빈의 언약 안에 언약의 조건성 개념이 있다고 주장한다. 에니겐버그는 다음과 같이 말한다: "언약 자체는 무조건적이다. 그러나 그것에 참여하는 자들의 위치는 조건에 대한 그들의 순차적 효과적 순종에 달려있다.[199] 후크마도 같은 주장을 한다. "은혜언약은 하나님에 의해 깨질 수 없으나 인간에 의하여 깨질 수 있다.[200] 후크마는 이것이 하나님 은혜의 우선성을 강조하는 칼빈의 방법이라고 믿는다. 언약은 그 기원이 편무적(monopleuric)이고 일방적이다. 그것은 동시에 인간의 책임을 강조하는 데 도움이 된다. 즉, 언약은 그 성취에 있어서 쌍무적(dipleuric)이고 쌍방적이다. 후크마와 에니겐버그에 의하면 은혜언약 역사에 대한 취리히의 접근과 제네바식 접근이 상반되지 않으며 칼빈은 불링거로 시작되는 쯔빙글리의 후계자들과 마찬가지로 상호적 은혜언약을 주장했다는 것이다.[201]

---

198 김재성, "하이델베르크 요리문답과 웨스트민스터 고백서의 언약 사상," 『한국개혁신학』, 2013, 49.

199 Elton M. Eenigenburg, "The Place of the Covenant in Calvin's Thinking", *The Reformed Review* 10, 1957, 13.

200 Anthony A. Hoekema, "Calvin's Doctrine of the Covenant of Grace", *The Reformed Review* 15, 1962, 9.

201 피터 릴백, 앞의 책, 34. 참조 Anthony Hoekema, "The Covenant of Grace in Calvin's Teaching," *Calvin Theological Journal*, no. 2, 1967, 133-161.

웨인 베이커(Wayne Baker) 역시 칼빈에게서 언약에 있어서 조건성의 의미가 나타난다고 지적한다. 칼빈이 언급한 다음에 나타난다: "나는 이스마엘에서 그리고 그런 부류의 사람들이 그들 자신의 결함과 죄로 인해 양자됨(adoption)에서 제외된 것을 인정한다. 그들은 신실하게 지켜야 했던 하나님의 언약의 조건들을 무시했기 때문이다. 이들은 하나님의 언약을 파기하였다."[202] 이런 관점들의 차이는 칼빈이 언약을 설명하되 좀 다른 강조를 하였기 때문에 발생한 것으로 즉, 하나님에게 일관되게 의존적인 언약의 편무적 행위(unilateral action)를 강조했기 때문으로 보인다.[203]

칼빈은 구속 역사 속에서 나타나는 다양한 언약들은 단 하나의 은혜 언약을 시대마다 적합하게 보여준 것에 불과한 것으로 이해했다. 그는 내용상으로는 하나님의 은혜에 절대적으로 의존한다는 단 하나의 본질을 공유하고 있고 그 가운데 언약의 조건적 성격과 쌍무적 관계가 들어 있지만, 조건적 요소들은 은혜 안에 포괄적으로 수용된다는 점을 분명히 제시하였다. 일부에서는 모호한 관계 설정이라고 비판하지만, 정작 칼빈에게는 양자 사이의 이런 긴장이 별로 없다. 믿음이 인간에게 주어져서 나타나지만, 그 근원은 오직 하나님의 은총일 뿐이다. 믿음이란, 값없이 주시는 약속에 근거하여 성령을 통해서 주시는 하나님의 선물이므로 수행해야 할 조건이나 의무 여하에 구애될 필요가 전혀 없는 것이다. 칼빈의 경우,

---

202 Wayne Baker, "Covenant and Testament in Calvin's Thought," *Heinrich Bullinger and the Covenant: The Other Reformed Tradition,* (Ohio University Press, 1980), 195. 참조 *Calvin's Comm. Gen.* 17:9, vol. I., trans. John King, (Edinburgh: Calvin Translation Society, 1847), 451-453.

203 Elton M. Eenigenburg, "The Place of the Covenant in Calvin's Thinking", *The Reformed Review* 10, 1957, 1-22; Anthony A. Hoekema, "Calvin's Doctrine of the Covenant of Grace", *The Reformed Review* 15, 1962, 1-12.

언약은 선포되고 발표되는 것일 뿐이지 인간들에게 강요되거나 준수하라
고 간청할 성격의 것이 아닌 것이다. 그러나 칼빈에게서도 언약 그 속에
들어와 있는 자들에게 조건적 요소가 있음을 발견하게 되는바, 언약 백성
들에게는 신실함에 대한 요구와 순종에의 책임이 반드시 수반된다는 것
을 포함시키고 있다. 특히, 칼빈의 성례관에서 이런 인간적인 충성을 맹세하
고, 자신을 언약의 준수자로서 하나님께 묶어놓는다는 점을 인식하게 된다.[204]

한편, 칼빈의 언약신학에 대한 학자들 간 불일치나 개혁주의 신학자
들 간 언약사상의 차이의 한 원인은 언약신학에 대해 탄력적으로 여러 가
지 정의할 수 있기 때문으로 보인다. 한 체계 안에 존재하는 여러 가지 신
학적 언약으로 정의가 가능한 것이다. 매코이(McCoy)는 행위언약과 은혜
언약, 두 언약의 존재에 의한 언약신학으로 범위를 국한시켰다.[205] 링컨
(Lincoln)과 라이리(Ryrie)는 행위언약, 은혜언약, 구속언약의 세 가지 신학
적 언약으로 정의하였다.[206] 보스(Vos)는 그의 언약신학 개념 이해에, 언약
이 저자의 신학을 정리하는 방법으로 돕는 역할을 해야한다는 개념을 추
가한다.[207] 케네스 해건(Kenneth Hagan)은 언약신학의 정의에 함께 포함할
수 있는 성례적이고 정치적인 관점을 지적한다.[208]

204 김재성, 앞의 책, 396–397.
205 McCoy, "Johannes Cocceius: Federal Theologian," *Scottish Journal of Theology*
16, 1963, 59.
206 Fred C. Lincoln, "The Development of Covenant Theology," *Bibloitheca Sacra*
100, 1943, 134-135; Charles C. Ryrie, *Dispensationalism Today*. (Chicago: Moody
Press, 1965), 177-178.
207 Geerhardus Vos, "Doctrine of the Covenant in Reformed Theology," *Redemptive
History and biblical Interpretation: The Shorter Writings of Geerhardus Vos*. Ed.
Richard B. Gaffin. (Phillipsburg, N.J.: Presbyterian and Reformed, 1980), 236.
208 Kenneth Hagan, "From Testament to Covenant in the Early Sixteenth Century,"
Sixteenth Century Journal 3, 1972, 1-2..

한편, 데이비드 위어(David Weir)는 언약개념, 언약신학, 그리고 계약신학 등 세 가지로 구분한다. 언약개념은 그들의 신학적 사상이 성경에 나오는 모든 자의 공통적 유산이다. 언약신학은 언약개념에서 나온다. 그러므로 언약신학은 언약이 기본적 뼈대가 되고 그 신학적 체계를 주도하는 개념으로 역할 하는 체계를 만들어 내는 방법으로 성경적 언약 개념을 활용한다. '대표신학'(Federal Theology)으로도 불리는 계약신학은 언약신학의 하나의 특별한 종류이다. 계약신학 체계에서는 모든 상세한 내용을 언약이 연결하고 있고 언약은 첫 번째 아담의 타락 전 언약과 두 번째 아담인 예수 그리스도와의 타락 후 언약으로 표현된다.[209] 그러나, 계약신학은 특히 구약과 신약의 관계에 있어서 주권적인 은혜의 성스러운 언약이라는 성경적 개념을 왜곡시킨다고 비판하는 견해도 있다.[210]

그 예를 들면 독일 현대신학자 몰트만의 견해이다. 위르겐 몰트만(J. Moltmann)은 언약신학을 언약의 성경적 주제를 활용하는 신학적 방법으로 정의하면서, 언약의 성경적 주제는 첫째는 하나님과 인간의 관계표시, 둘째는 구약과 신약 구속사의 연속성과 불연속성이라고 설명하였다.[211] 그러나 언약교리는 성경적 주제를 활용하는 방법이 아니라 신학에서 광범위하고 결정적인 역할을 하며 신구약 성경의 뼈대를 이루고 있다. 그뿐만 아니라 구약과 신약은 구속사의 연속성과 불연속성이 아니라 둘 다 은혜언

209   David A. Weir, *The Origin of the Federal Theology in Sixteenth Century Reformation Thought.* (Oxford: Clarendon Press, 1990), 3.
210   Mark W. Karlberg, "Reformed Interpretation of the Mosaic Covenant," (*The Westminster Theological Journal* 43, 1980: 1-57), Covenant Theology in Reformed Perspective, (Wipf and Stock Publishers: West Broadway, 2000), 19.
211   피터 릴백, 앞의 책, 35-37. 참조 J. Moltmann, "Federaltheologie," *Lexikon fur Theologie und Kirche,* (Freiburg: Herder), 1960, 190.

약에 포함된다는 점에서 연속적이고 점진적이며 통일성을 나타낸다. 신구약 성경에서 삼위일체 하나님께서 주도하시고 집행하시는 종말론적 구속사에서 언약의 그리스도는 중심을 이루고 있다. 또한, 물트만은 창세 후 또는 창세 전 언약에 대한 언급을 하지 않는다. 하나님과 인간 사이의 언약에서 행위언약은 은혜언약에 선행한다. 그리고 행위언약 자체도 하나님의 사랑을 나타내는 은혜언약으로 이해해야 한다.

3) 칼빈 이후 개혁주의 언약신학의 발달

〈하이델베르크 요리문답〉을 준비한 독일의 자카리아스 우르시누스(Zacharias Ursinus, 1534-1583)와 캐스퍼 올레비아누스(Casper Olivianus, 1536-1587)가 언약신학 정리를 시도하였다.[212] 우르시누스는 저술 『Commentary on the Heidelberg Catechism』에서 언약신학에 대해 언급하면서 하나님과 인간 사이의 언약은 인간과 인간 사이의 언약과는 다르게 설명되어야 한다고 하면서 성경에 나타난 언약의 다양성은 은혜언약 개념에서 이해되어야 한다는 점을 강조하였다.[213] 그는 하나님과 아담 사이의 언약관계에서 처음으로 '은혜언약'(foedus gratiae)과 '자연언약'(foedus naturae)으로 구별하여 체계적으로 설명하였다. 인간의 의무는 하나님에게 순종하는 것이며 이것은 피조물의 하나님에 대한 자연스러운(natural) 관계라는 것이다. 하나님은 자연언약의 순수성을 유지하는 방식

---

212 김재성, "하이델베르크 요리문답과 언약사상," 『국제신학』, (국제신학대학원대학교, 2013), (149-236), 151.
213 Peter Golding, Covenant Theology: *The Key of Theology in Reformed Thought and Tradition*, Mentor, 2004, 26-27.

으로 타락한 인간을 은혜언약에 참여시킨다는 것이다.[214]

은혜언약은 자연언약의 보충적인 성격이 있다. 은혜언약을 담고 있는 복음은 그리스도 안에서 성취됨을 하나님께서 우리에게 계시하셨으며, 자연언약을 담고 있는 율법에 의해서 요구되는 의로움을 보여주셨고, 그리고 자연언약 아래서는 우리에게 더 이상 주어질 수 없는 영생을 그리스도를 통해서 약속하신 것이다.[215] 우르시누스는 언약은 하나님과 인간 사이의 상호 약속일뿐만 아니라 이 약속의 성취를 통해서 하나님과 인간 사이의 실질적인 '화해'라고 풀이하였다. 그는 하나님과의 화해를 위한 그리스도의 중보사역을 중요시함으로써 훗날 신학자들이 성부와 성자 사이의 언약에 대하여 주목하도록 하는데 공헌하였다. 또한 우르시누스는 언약신학에서 핵심적인 역할을 하고 있는 것은 성령의 활동이라고 하였다. 아버지 하나님은 언약의 창조자이시며 그리스도가 그 언약의 중보자이신데, 성령은 자신이 언약의 선물이요 동시에 우리의 가슴에다가 영생과 의로움과 용서의 축복들을 인치시는 분이기도 하다는 것이다.[216] 우르시누스는 은혜언약의 초석을 놓은 개혁주의 신학자로 평가된다.[217]

언약에서 은혜언약이 우선적인 기초를 이루고 있다고 보는 우르시누

---

214 Mark W. Karlberg, "Reformation Politics," *Covenant Theology in Reformed Perspective,* (Wipf and Stock Publishers: West Broadway, 2000), 69. 참조 Zacharias Ursinus, *The Commentary of Dr. Zacharias Ursinus on the Heidelberg Catechism,* tr. G. W. Williard, (Grand Rapids: Eerdmans, 1954), 612 ff.

215 김재성, "하이델베르크 요리문답과 웨스트민스터 고백서의 언약 사상," 『한국개혁신학』, 2013, 56.

216 김재성, "하이델베르크 요리문답과 언약사상," 『국제신학』, 2013, 180.

217 자카리아스 우르시누스, 『하이델베르크 요리문답 해설』, (크리스챤다이제스트, 2006). 우르시누스는 멜랑톤의 제자이나 그의 언약사상은 칼빈에게서 영향을 받았다: 참조 P. A. Lillback, "Ursinus' Development of the Covenant of Creation: A Debt to Melanchton or Calvin," *Westminster Theological Journal,* Vol. XLIII, No. 2, 1981.

스의 핵심교리는 믿음의 교리에서 나온 것이다. 믿음에는 역사적인 믿음, 일시적인 믿음, 이적을 행하는 믿음, 의롭다 하심을 얻는 믿음 등 네 종류로 나눈다.[218] 오직 의롭다하심을 얻은 믿음은 모든 약속의 개인적인 적용과 그리스도의 공로에 대해서 은혜의 약속과 관계된 확신이요, 말씀에 대한 동의이기도 하다. 그래서 우르시누스는 믿음이란 사람의 편에서 성취되어야 할 언약의 조건이라고 말했다.[219]

올레비아누스는 창조언약(foedus creationis)을 말하면서 타락 이전 인간의 조건과 위치에 대한 설명에서 기본언약(premium foedus)이라는 의미로 사용하였다. 그는 사탄이 아담을 범죄케 한 목적은 사탄이 하나님과 인간 사이의 첫 번째 언약을 깨려고 했던 것으로 보았다.[220] 사탄의 미혹으로 에덴동산에서 아담과 하와가 하나님과 맺은 창조언약을 어기고 거짓 약속에 넘어가고 말았다. 이 사탄과의 언약(foedus Sathanae)은 사탄의 약속에 대하여 믿음을 가지는 동맹이요 단결이다. 이것은 은혜언약의 반대개념이라고 올레비아누스는 설명하였다. 그 결과 인간의 본성은 사탄의 지배를 당하게 되었고, 어두움의 나라의 백성으로 전락했으며 새로운 주인의 이미지를 반영하게 되었다.[221]

올레비아누스는 선택받은 자에 대한 언약의 근본(substance)과 교회에 대한 언약의 집행(administration)을 구분하고 새 언약과 옛 언약을 대조하면서 은혜의 언약을 강조하였다. 언약은 은혜의 언약으로서 기본은 통

---

218 자카리아스 우르시누스, 앞의 책, 제21문항.

219 김재성, "하이델베르그 요리문답과 언약사상," 『국제신학』, 2013, 178.

220 Peter Golding, op. cit., 28.

221 김재성, "하이델베르크 요리문답과 웨스트민스터 고백서의 언약 사상," 『한국개혁신학』, 2003, 59. 참조, Lyle D. Bierma, German Calvinism in the Confessional Age: The Covenant Theology of Caspar Olevianus, (Grand Rapids: Baker, 1996), 182.

일성이 있으나 방법과 집행의 내용에는 시대에 따라서 다르다.[222] 칼베르

그는 언약신학을 다룬 올레비아누스의 저술 De Sustantia가 16세기의 가

장 영향력 있고 가장 중요한 논문이라고 극찬하였다.[223] 그러나 올레비아

누스는 행위언약과 은혜언약을 나누었으나 구속언약(pactum salutis)의 개

념은 없었다. 그는 성부와 성자 사이의 영원한 언약은 언급하지 않았다.[224]

올레비아누스의 언약신학에서 그리스도와의 연합이 가장 돋보이는

부분이다. 그리스도와의 신비적인 연합이라는 개념은 매우 긴장감이 넘

치며 역동적인 해설을 제공한다. 하나님과 인간 사이의 실제 화해로서 언

약을 보다 더 폭넓게 해석하는 올레비아누스는 우리의 믿음과 하나님의

약속, 양쪽이 언약에서 서로 연결된다고 보았다. 믿음을 통해서 우리는 그

리스도와 교제를 나누게 되었다는 것이다. 삼위일체가 서로 연합하듯이

그리스도의 인성과 신성이 서로 연합하듯이 그리스도와 그의 교회와의

연합도 긴밀한 끈으로 연결되어 있다. 물론 이 연합은 물질적인 혼합이 아

니다. 이 신비로운 연합은 영적 연합이다. 그리고 그 연합의 끈은 성령이

시다. 이것은 이미 칼빈이 『기독교강요』에서 강조한 바 있다. 결국, 언약

안에 있다는 것은 삼위일체 전체와 교통하는 것이라 할 수 있다.[225]

언약은 은혜언약이며 사랑의 언약이고 또한 히브리서 13:20 말씀처

---

222 Peter Golding, *op. cit.*, 28-29.
223 M. Karlberg, *The Mosaic Covenant and the Concept of Works in Reformed Hermeneutics: A Historical-Critical Analysis with Particulars Attention to Early Covenant Eschatology,* Th.D. dissertation, Westminster Theological Seminary, (Philadelphia, 1980), 17; Peter Golding, ibid.
224 A. A. Hodge, *The Confession of Faith,* (Carlie, PA: Banner of Truth, 1958), 127; Herman Witsius, *The Economy of the Covenants Between God & Man,* (Philliplsburg, NJ: Presbyterian & Reformed, 1990), 2 vols. 1:17.
225 김재성, "하이델베르그 요리문답과 언약사상,"『국제신학』, 2013, 193.

럼 구속언약으로서 영원한 언약이다. 베드로전서 1:19-20에 어린양으로 오실 그리스도의 구속에 관한 영원한 언약은 창세 전에 성부 하나님과 성자 예수님 사이에 맺어졌다는 것을 분명히 하고 있다. "오직 흠 없고 점 없는 어린양 같은 그리스도의 보배로운 피로 된 것이니라 그는 창세 전부터 미리 알린 바 되신 이니 이 말세에 너희를 위하여 나타내신 바 되었으니". 또한 계시록 13:8에도 어린양 예수 그리스도의 구속사역이 창세 전에 예정되었음을 말하고 있다: "창세로부터 죽임을 당한 어린양(the Lamb that was slain from the creation of the world)의 생명책에 이름이 기록되지 못하고 이 땅에 사는 자들은 다 그 짐승에게 경배하리라"(계 13:8).

영원한 언약의 내용은 첫째는 성자 예수 그리스도께서 율법 아래 육신을 입고 여자의 후손으로 오신 것과 둘째는 성자 예수 그리스도께서 택정함을 받은 자들을 위해서 율법의 모든 요구를 이루실 것, 셋째는 이들을 위해서 어린양 희생제물이 되어 십자가에서 피를 흘려 고난받고 죽으시는 것이다.[226]

언약신학을 최초로 체계화한 신학자는 요하네스 코케이우스(Johnnes Cocceius, 1603-1669)이다.[227] 언약신학의 아버지라고 불리는 코케이우스는 라이덴대학의 교수였다. 그는 성경본문 주석을 채용하는 방법을 통해서 언약신학을 설명하였다. 그는 새롭게 언약신학(Covenant Theology) 및 대표신학(Federal Theology)을 교회에 제시하였다. 그는 1648년에 언약의 개념을 정리하여 『하나님의 증언과 언약에 관한 교리요약』 책을 출판하여 개혁주

---

226 Richard D. Phillips, *The Covenant of God, Pittsburgh Regional Conference on Reformed Theology,* Reformed Presbyterian Theological Seminary, (Pittsburgh, PA, 2008), 9-10.
227 김재성, "하이델베르크 요리문답과 언약사상", 『국제신학』, 2013, 152-153.

의 신학을 정리하였다. 코케이우스는 "계시의 핵심은 언약이다"라는 사실을 깨달았다. 그는 언약의 조건들이라고 말하는 것들은 조건이라기보다는 하나님의 언약 안에 계속 머물러 있게 될 것이라는 확신에 대한 조건이라고 했다. 그는 또한 언약은 유언의 성격이 있다는 것을 강조했다.[228]

한편, 16세기 말 영국교회의 정치개혁이 수포로 돌아가면서 개인적 및 윤리적 경건이 청교도들에 의해서 대응책으로 나타났으며 그 결과로 개인언약 사상은 정밀성을 더해갔다. 이들은 하나님과 인간 사이의 언약관계를 통해서 자신의 신앙을 점검하고 하나님과의 관계를 확인하며 경건을 유발시켜 윤리적인 개혁을 추구했던 것이다. 이 개인언약은 청교도 언약사상의 기본을 이루게 되었다. 그들의 교회 언약사상이나 사회언약 사상도 사실상 개인언약을 전제로 했으며, 개인언약의 토대 위에 공동체 언약을 세워나갔다. 하나님과 올바른 개인언약 관계를 맺고 있는 사람들이 교회를 형성하여 교회 집단적인 언약을 하나님과 맺는 것이고, 마찬가지로 그 사람들이 사회공동체에서 하나님의 나라를 이루기 위하여 핵심적인 역할을 하는 것이었다. 이 세 가지 언약사상이 서로 다른 성격을 가지고 있는 것도 사실이다. 그러나 이것들은 서로 유기적 관계를 가지고 있으며. 특히 개인언약 사상은 이 사상들의 출발점을 이루고 있는 것이다.[229]

영국에서 최초로 언약사상을 소개한 신학자는 윌리엄 틴데일(William Tyndale, 1494-1536)이었다. 틴데일은 루터와 접촉했고 그의 영향을 받았다. 그는 율법과 복음의 차이를 강조하며 설명했으며 율법은 모든 사람을 구속하고 복음은 해방시킨다고 하였다. 그러면서도 그는 신자의 선행의 중요성

---

228 서요한, 『언약사상사』, 1994, 84-85.
229 원종천, 『청교도 언약사상: 개혁운동의 힘』, 대한기독교서회, 1998, 13-14.

을 매우 강조했으며 신자의 선행에 언약사상을 사용하였다. 그는 하나님은 율법을 지키는 자를 사랑하며 율법을 지키지 못함으로 통곡하는 자에게 자비를 베푸신다고 하였다. 그는 언약개념을 통해서 영국교회를 개혁해야 한다고 주장했다.[230] 틴데일의 언약개념은 하이델베르크 신학자들의 대표신학과 유사하며,[231] 쯔빙글리 계통의 영향을 받은 것으로 평가된다.[232]

언약신학은 스코틀랜드 언약신학자들에 의해서 스코틀랜드 교회 내에 보편화되었다. 1596년 3월에 모든 성도들의 영적 개혁을 촉구하는 운동이 일어났다. 이 운동은 교회의 개혁뿐만 아니라 국가의 개혁을 추구하는 방향으로 발전하였다. 때를 맞추어 존 낙스 (John Knox, 1514-1572)는 1560년 스코틀랜드 에딘버러에서 6명의 목사와 36명의 장로들과 함께 장로교를 출범시켰다. 그는 "스코틀랜드가 한 뼘도 남김없이 장로교가 되게 하소서"를 간구하며 왕권에 대항하여 투쟁하였다. 이 항쟁 시기에 스코틀랜드 사람들이 모여서 "우리는 동맹군이다(We are Covenanters)"라는 모토로 투쟁을 전개하였다. 이것은 스코틀랜드 장로교의 핵심적인 교리인 언약신학을 반영한 것이었다. 그들이 말하는 동맹은 언약동맹이었으며 그들에게 언약은 곧 공동체 동맹이었다. 그리하여 스코틀랜드는 언약신학 위에 세워진 최초의 국가가 되었다. 하나님의 계시의 점진적인 발전 속에서 성경 자체의 발전의 핵심을 붙잡은 것이 언약들이다. 그들은 언약을 붙잡고 영국 국왕의 박해에 맞서서 투쟁하며 결코 굴복하지 않았다.

---

230 원종천, 앞의 책, 20-21.
231 R. T. Kendal, *Calvin and English Calvinism to 1649*, (Oxford University Press, 1981), 42.
232 William Haller, *Liberty and Reformation in the Puritan Revolution*, (Columbia University Press, 1963), 5; Jean G. Moller, "The Beginnings of Puritan Covenant Theology," *Journal of Ecclesiastical History*, 1963, (46-54), 51-52.

존 낙스는 대표적인 스코틀랜드 언약신학자이다. 그는 1550년경부터 언약 개념을 발전시켰는데 성례에 대해서 설교하면서 언약을 "상호간 사랑의 연합"이라고 정의하였다.[233] 존 낙스는 메리 여왕 통치 시기에 정치적 상황에 대응하는 논리로 언약 개념을 발전시켰다. 교회와 국가의 갈등은 왕권신수설과 그리스도의 신적 권리라는 서로 충돌하는 사상에 기인한 것이었다. 17세기 스코틀랜드에서는 그리스도의 왕권(Crown Right of Christ)을 지키려는 투쟁이 계속되었다.[234] 존 낙스는 국가의 통치자들은 하나님의 법 아래 있다고 주장하면서 왕이 하나님의 법에 반해서 명령할 때는 백성들이 왕에게 저항할 수 있다고 주장했다.[235] 존 낙스와 그의 동역자들은 그리스도의 선지자적 및 제사장적 직무를 강조했다. 16세기 스코틀랜드 종교개혁자들은 "오직 그리스도만이 구원하신다"(None but Christ saves)를 그들 사이에 암호로 사용했다. 이후 17세기 스코틀랜드 종교개혁자들은 정치적 발전에 영향을 받아서 "오직 그리스도만이 다스리신다"로 바꾸었다.

1560년에 스코틀랜드 개혁의회(The Scottish Reformation Parliament)에서 스코틀랜드 신앙고백서(The Scottish Confession of Faith)를 비준하고 이 문서의 신앙고백에 따라 국가를 다스려야 한다고 결의하였다. 이후 1638년에 발표된 스코틀랜드 국민언약(Scotland National Covenant)은 '언약(covenant)'이라는 이름을 가진 첫 번째 국가 공식문서로 기록된다. 영국 청

---

233 Richard L. Gleaves, "John Knox and the Covenant Tradition," *Journal of Ecclesiastical History,* vol. 24, no. 1, January, 1973, 23. 참조, John Knox, *Knox's Works,* vol. III, 74.

234 Donald MacLean, *Aspects of Scotish Church History,* (Edinburgh: T. & T. Clark, 1927), 37.

235 Richard Gleaves, *op. cit.,* 26-27.

교도들은 '언약된 공동체'(covenanted community)라는 종교사상을 가지고 국가개혁을 주도한 것이다.[236]

17세기에서 18세기 초에 이르는 소위 언약기간(covenanting period)에 청교도 신학자들의 설교와 저술에는 언약이 강조되어 있다. 윌리엄 퍼킨스(William Perkins, 1558-1602), 윌리엄 에임즈(William Ames, 1576-1633), 존 오웬(John Owen, 1616-1683), 존 볼(John Ball, 1585-1640)과 같은 청교도 신학자들의 설교와 저술에는 성도들의 경건한 삶을 강조하기 위하여 행위언약 개념이 자주 등장하였다.[237] 스코틀랜드 언약신학은 〈웨스트민스터 신앙고백서〉(1647년)에도 반영되었다. 조지 길레스피(George Gillespie), 알렉산더 핸더슨(Alexander Henderson), 로버트 베일리(Robert Ballie), 사무엘 루터포드(Samuel Rutherford) 등 4명의 신학자(목회자)가 스코틀랜드에서 파견되어 웨스트민스터 신앙고백을 만드는데 결정적인 기여를 하게 되었다.[238]

한편, 스코틀랜드 대표적인 신학자 도날드 맥클레오드(Donald Mcleod)는 언약신학 발전에 대한 청교도들의 기여도를 강조하면서 코케이우스의 언약신학 기여도를 과도하게 평가하는 것에 대해 반발하였다. 맥클레오드에 의하면 언약신학이 개혁신학의 토양 속에서 발전된 것은 확실하다고 인정하면서도, 코케이우스가 가져온 기여에 대해서는, "만일 코케이우

---

236 Johannes G. Vos, *The Scotish Covenanters,* Edinburgh: Blue Banner Productions, 1998, 51. 참조, J. Alton, *The Life and Times of Alexander Henderson,* (Edinburgh, 1836).

237 Loerard J. Trinterud, ed., *Elizabethan Puritanism,* (New York, 1971), 131-161. 참조 M. M. *Knappen, Tudor Puritanism: A Chapter in the History of Idealism,* (Chicago, 1936), 219-240.

238 웨스트민스터 총회에는 총 121명의 신학자와 30명의 평신도 사정관이 참가했으며 스코틀랜드에서는 5명의 목사와 3명의 평신도지도자 등 총 8명이 참석하기로 결정 되었으나, 1명의 목사와 1명의 평신도는 참석하지 않았다. W. Stephen, *History of the Scottish Church,* (Edinburgh: David Douglas, 1986), vol. II., 292-293.

스가 그의 신학 전체 체계에서 언약에 가장 핵심적인 무게를 둔 신학자라고 한다면 그것은 인정할 만하다"고 하였다. 그는 코케이우스가 언약신학을 가장 강조한 신학자라고 말하는 것은 타당하나 언약신학을 가장 잘 정리한 학자라고는 할 수 없다는 것이다. 맥클레오드는 코케이우스에게 알미니안주의가 남아있다고 주장하였다. 예정이나 작정, 선택 교리의 핵심은 은혜의 교리로 설명되어야 하는데 그렇지 않았다는 것이다. 언약신학 발전 기여도에 관한 코케이우스 평가에 대해서는 게할더스 보스도 맥클레오드와 동일한 견해를 가지고 있다.[239]

게할더스 보스에 의하면 〈웨스트민스터 신앙고백서〉가 첫 번째 개혁주의 신앙고백서로서 언약신학의 교리를 가장 잘 다룬 신앙고백서이다. 〈웨스트민스터 신앙고백서〉(1643-1648)는 언약신학을 구속언약, 행위언약, 은혜언약 3가지 개념으로 정리하였다. 언약신학을 위 3가지 개념으로 최초로 정리한 것은 웨스트민스터 신앙고백서이다. 이것은 네덜란드 학자 코케이우스의 영향을 받지 않고 언약도 신학자들을 포함한 영국신학자들에 의해 독자적으로 정리된 것이었다. 초대교회로부터 서서히 발전된 언약신학은 〈웨스트민스터 신앙고백서〉와 코케이우스에서 정리되었는데, 그중 〈웨스트민스터 신앙고백서〉에서 가장 잘 정리된 것으로 평가된다. 〈웨스트민스터 신앙고백서〉에서 최고로 엄밀하고도 정확하게 구속언약, 행위

---

239 참조, Donald Macleod, "Covenant Theology: the Need for a Reappraisal and a Reaffirmation," *The Monthly Record of Free Church of Scotland* (August, 1983).

언약, 은혜언약 등 3가지 언약으로 정리되었다.[240] 〈웨스트민스터 신앙고백서〉의 가장 중요한 특징은 성부와 성자 사이에 관계성을 풀이하면서 '구속언약'(pactum salutis)이라는 용어가 체계적으로 자리 잡게 되었다는 사실이다. 첫째, 구속언약은 성자가 순종의 의무를 완수하게 되면 그 보상의 약속이 있다는 것을 조건화했다는 증거에 입각한 것이다. 둘째로 이런 관계성이 언약적이라는 성격으로 성경에 표현되었다. 셋째로 구속언약은 시간을 초월하는 성격을 가지고 있으며 영원전부터 영원토록 세워졌다.[241]

언약사상은 유럽 대륙과 영국에서 각각 발전하여 오다가 〈웨스트민스터 신앙고백서〉에서 가장 체계적으로 정립된 것이다.[242] 웨스트민스터 신앙고백의 진술(1647년)은 언약신학의 초기적 고백이라 할 수가 있다. 언약사상은 제7장 "인간과 맺으신 하나님의 언약에 관하여"와 제19장 "하나님의 법에 관하여"에 언급되는데 구체적인 내용은 다음과 같다:

(1) 하나님의 계시의 수단이 곧 언약이다. 하나님과 그의 피조물 사이는 너무나 간격이 크기 때문에, 이성을 지닌 피조물이 하나님을 그들의 창조주로 알고 순종하려 해도, 하나님이 기꺼이 피조물에게 자신을 계시하지 않으면 인간은 하나님으로부터 어떤 구원과 축복을 받을 수가 없다. 그

---

240 김재성, "하이델베르그 요리문답과 언약사상," 『국제신학』, 2013, 152. 〈웨스트민스터 신앙고백서〉 제 7장에서 행위언약과 은혜언약을 뚜렷하게 구별하고 있는데, 그것은 행위언약으로는 아담의 타락으로 인하여 생명을 얻을 수 없다는 것을 강조하기 위한 것이다. 또한 성령의 유효한 역사를 배제하고 믿음을 구원의 조건으로 보는 알미니안주의를 논박하기 위한 설명이다. 또한 선택 교리를 반대하는 알미니안주의를 배격하기 위한 설명이다. 따라서 제 7장 3절에서는 진정한 믿음이 은혜언약으로부터 나오는 것을 의미하고 있는데, 이것은 제 14장 2절에서 구원의 믿음은 은혜언약의 덕택으로 주어지는 것으로 말하는 것과 같은 것이다: 김홍만, "웨스트민스터 신앙고백 7장의 행위언약과 은혜언약의 구별"(발간예정 2004).

241 김재성, "하이델베르크 요리문답과 웨스트민스터 신앙고백서의 언약 사상," 『한국개혁신학』, 2013, 40–41.

242 김재성, 앞의 책, 46.

래서 하나님은 언약이라는 수단을 통하여 사람들에게 자신을 계시하신다.

(2) 최초의 언약은 행위언약이었다. 이 언약 속에는 아담이 완벽하게 인격적으로 순종한다는 조건 위에서 아담에게 생명이 약속되었고 또 아담을 통한 그의 후손에게도 생명이 약속되었던 것이다.

(3) 온 인류를 구원할 은혜언약을 주셨다. 아담의 타락으로 인하여 사람은 스스로 행위언약 아래서의 생명을 취할 수 없게 되었고, 따라서 하나님도 제2의 언약을 맺으셨는데 그것이 곧 은혜언약이다. 이 언약 안에서는 하나님이 자유롭게 예수 그리스도를 통하여 죄인들에게 생명과 구원을 주신다. 사람이 구원을 받기 위해서는 그리스도를 믿는 믿음이 요구되고, 생명을 얻기로 되어 있는 자들에게는 누구든지 그의 성령을 약속해 주시어 사람들이 능히 그리스도를 믿도록 하신다.

(4) 그리스도의 죽음과 유업이 내포된 약속이다. 이 은혜언약은 흔히 성경에서 약속이라는 말과 동일시되고 있다. 여기에는 예수 그리스도의 삶과 사역, 죽음과 영원한 유업 및 모든 것이 내포되어 있다.

(5) 언약은 율법시대와 은혜시대에 따라 다르게 나타났다. 율법 아래서의 언약은 약속, 예언, 희생제사, 할례, 유월절 어린양 등 그리스도를 예표하는 유대인에게 주신 온갖 형태와 규례, 제도 등에서 나타났다. 그때에는 성령의 작용을 통해 율법 아래에서 나타난 언약이 그 나름대로도 만족하고 효과적으로 선택된 사람들을 택해 일으키고 약속된 메시아에 대한 신앙을 세워주었다. 그들은 이 메시아에 의하여 그들의 죄를 완전히 사함받고 영원한 구원을 취했다. 이러한 활동을 구약이라 부른다.

(6) 복음 아래의 예수 그리스도는 은혜언약이다. 복음 아래서는 하나

님의 은혜의 실체인 그리스도 자신이 계시되었다. 신약의 의식은 말씀선포와 세례 및 주의 만찬의 집행이었다. 비록 이런 것들이 수적으로 적고 보다 단순하게 그리고 외형적으로 별로 드러날 것이 없는 예식이지만 이 것들은 유대인과 이방인들을 포함한 모든 민족에게 유효한 것이었고, 이 러한 의식 속에서 은혜언약의 영적인 기능이 보다 만족스럽게 발전되었 다. 이제는 본질적으로 상이한 두 개의 은혜언약들이 있는 것이 아니라 두 개의 다른 세대 아래에 있지만, 오직 하나의 동일한 언약만이 있을 뿐이다.

한편, 개혁주의 신학의 열매인 〈웨스트민스터 신앙고백서〉와 그 안 에 담긴 언약 사상은 단순히 개혁주의 전통에서 흘러나온 것이 아니라 영 국 성공회와의 갈등과 대립 가운데 형성된 청교도 사상의 결산이었다. 또 한, 이 신앙고백서의 배경에는 알미니안주의를 배척하고 칼빈주의 신학 을 견고하게 하려는 신학자들의 노력이었다.[243]

개혁주의 신학의 열매인 〈웨스트민스터 신앙고백서〉는 은혜언약 이 그리스도, 즉 실체에 있어서는 하나이나 경륜에 있어서는 다양함 을 분명히 선포하고 있다. 그리고 언약은 구약과 신약의 두 가지 집행 (administration)으로 나누어진다. 그러나 이 집행들은 실체에 있어서 서로 다른 두 은혜언약이 아니라 다른 두 세대 아래서 주어진 하나이요 똑같은 것이다. 구약 시대의 성도의 칭의도 신약 시대의 성도와 하나며 동일함을 천명하고 있다.[244] 그러므로 칼빈과 그의 신학을 체계적으로 심화시킨 개 혁신학자들이 복음보다 율법의 우위를 강조하면서 언약신학을 발전시켰

243 김재성, 앞의 책, 64-65.
244 Philip Schaff, ed., "The Westminster Confession of Faith, 1647," *The Creeds of Christendom with a History and Critical Notes,* Vol. 3, The Evangelical Protestant Creeds, Rep., (Grand Rapids: Baker, 1996), 618 (7.6).

다는 이론 또한 적절하지 않다.[245]

　학자들 가운데는 개혁신학의 연속성을 취급함에 있어서 칼빈의 언약 사상이 16세기와 17세기의 언약신학자들에 의해서 순수하게 보존된 가운데 교리화되고 심화되었다고 본다. 반대로 그들이 그것을 왜곡시켰다거나 훼손시켰다고 보는 견해는 잘못된 것이다. 불연속성을 주장하는 후자에 속한 신학자들은 칼빈의 언약관에는 조건성이 없으나 후에 개혁주의자들에 의해서 그것이 강조되었다고 본다.[246] 또한, 칼빈은 하나님의 의지에 따른 행위를 강조한 반면 이후의 언약 신학자들은 〈웨스트민스터 신앙고백서〉에서와 같이 인간의 의지에 따른 행위에 중점을 두어서 회개가 믿음에 앞선다고 보았다고 주장하는 학자도 있다.[247] 그러나 이런 켄달의 이론은 헬름에 의해서 반박된다.[248]

　칼빈과는 달리 언약신학자들이 중세의 실재론과 유명론을 혼합해서 현상적(유명론적)이며 주의주의적인 언약관을 전개했다고 보는 견해도 있다.[249] 그러나 은혜 언약의 조건으로서의 믿음조차도 은혜로 보는 가운데 그리스도의 대속적 공로를 강조하는 칼빈의 입장은 칼빈 이후의 개혁주

245　James B. Torrence, "Strengths and Weaknesses of the Westminster Theology," *The Westminster Confession in the Church Today,* Alasdair I. C. Heron, ed., (Edinburgh: Saint Andrew Press, 1982), 49.

246　James B. Torrance, "The Concept of Federal Theology - Was Calvin a Federal Theologian?", *Calvinus Sacrae Scripturae Professor: Calvin as Confessor of Holy Scripture,* ed. Wilhelm H. Neuser, (Grand Rapids: Eerdmans, 1994), 15-40.

247　R. T. Kendall, *Calvin and English Calvinism to 1649,* (Oxford University Press, 1981), 201-204.

248　Paul Helm, *Calvin and the Calvinists,* (Edinburgh: Banner of Truth, 1982), 5-6, 9, 61-70; Paul Helm, "Calvin and the Covenant: Unity and Continuity," *Evangelical Quarterly* 55/2, 1983, 65-81.

249　Stephen Strehle, "Calvinism, Augustinianism, and the Will of God," *Theologische Zeitschrift* 48/2, 1992, 221-237.

의 신학자들에게도 기본적으로 계승되었으며 오히려 더욱 심화되어 발전 하였다고 주장하며, 개혁주의 언약의 전통이 칼빈으로부터 기원한 것, 소 위 '단일 전통설'을 주장하는 학자도 있다.[250]

언약의 일체성을 취급함에 있어서 신약과 구약의 연속성이 있다. 칼 빈과 그 이후 개혁신학자들은 은혜언약의 하나임(unitas)을 그 실체가 되신 중보자 그리스도에게서 찾고 그로써 이신칭의 교리를 수립했다. 이러한 은혜언약에 대한 기독론적이며 구원론적인 이해가 함께 전개된 가르침이 성도의 그리스도와의 연합 교리로서 제시되었다. 칼빈은 오직 성령의 은 밀한 감화로 말미암은 믿음으로 성도가 그리스도와 연합하여 그분의 몸 에 접붙임 되며 그분의 모든 은혜와 그 자신에게 참여하여서 하나 되기까 지 자란다고 강조했다.[251]

정리하면, 언약신학(言約神學, Covenant Theology)은 개혁주의 신학에 서 주로 강조하는 특징 있는 신학이다. 맨 처음 신학사에 등장하는 것은 16세기 유럽의 종교개혁 시대였다. 그러나 이 신학사상이 꽃을 피우게 된 것은 제네바가 아닌 독일의 여러 지역과 스위스 북부 지역에서이다. 테오 도르 베자(Theodore Beza)가 개발한 개혁주의 스콜라신학과는 그 계보를 달리하는 신학이면서도 매우 온건하고 포괄적으로 성경의 계시 역사를 탐구하였다. 대표적인 초기 학자로서는 쮸리히의 개혁의 지도자로서 쯔 빙글리(Zwingli)를 추종하던 불링거(Johann Heinrich Bullinger, 1504-1575)였

250 Lyle D. Bierma, *German Calvinism in the Confessional Age: The Covenant Theology of Caspar Olevianus,* (Grand Rapids: Baker, 1996), 150-153; Lyle Bierma, "Federal Theology in the Sixteenth Century: Two Traditions?" *Westminster Theological Journal* 45, 1983, 317-321.
251 Calvin, *Institutes* III. xi. 5; *Institutes* III. x. vii. 12; *Institutes* III. ii. 24.

다.[252] 그는 1566년 제2의 『헬비틱 신앙고백서』의 단독 저자로서 언약신학의 발전에 귀중한 역할을 담당했다.

개혁신학의 다양성을 지나치게 양극화시키지 않고, 점차 베자의 후예들이 강조하는 하나님의 작정과 예정 교리와의 조화와 융화 작업도 시도되었다. 물론 다른 개혁주의자들도 베자의 신학을 다소 부드럽게 하려는 노력을 게을리하지 않았다. 그러나 분명한 것은 17세기 후반의 언약신학자들은 도르트 총회 이후로 하나님의 영원한 작정의 순서를 강조하는 점과 믿는 자들의 삶에서 구원의 순서를 규명하는 데에는 그다지 큰 관심이 없고, 좀 더 포괄적인 새로운 언약신약으로 선회하였다는 점이다. 그리하여 한편으로는 하나님의 독자적인 예정론(unilateral covenant predestination)이 발전했고, 다른 한쪽에서는 쌍무적인 언약신학을 발전시키면서, 개혁신학의 주류는 이 양자를 축으로 하여 대세를 형성하여 나갔다.[253]

17세기 들어서 언약신학은 더욱 발전하였다. 은혜언약에서 구별되는 행위언약을 독립적으로 다루게 되었다. 이러한 경향은 〈하이델베르크 신앙고백서〉의 신학자 우르시누스와 올레비우스가 처음 다루게 되었다. 대표신학(federal theology) 또는 대표주의(federalism)라는 명칭도 언약신학과 유사한 용어이다. 언약이나 대표라는 용어 둘 다 라틴어 포에두스(foedus)

---

252 개혁신학은 원리 두 줄기의 전통으로부터 유래한다. 하나는 쯔빙글리와 그의 후계자 불링거로이어지는 계통이고, 다른 하나는 칼빈 계통이다. 이 두 계통은 하나로 통합이 되면서 개혁신학의 전통이 형성되었다. 쯔빙글리는 칼빈주의자들과 연합을 이루지 못하고 사망했으나, 그의 후계자 불링거는 스위스 제네바 칼빈주의자들과 연합을 주도하였다. 그 결과 1549년 Consensus Tigurinus가 만들어져 신학적 통합에 성공했고, 1566년에 Second Helvetic Confession이라는 신조를 형성하여 더 포괄적이고 분명한 양의 연합의 길을 마련하였다: 원종천, 『청교도 언약사상』, 1998, 15.
253 김재성, 『나의 심장을 드리나이다』, 2012, 392-393. 참조 John Von Rohr, "The Covenant of Grace in Puritan Thought," *The Continental Beginnings of Covenant Theology,* (Atlanta: Scholars Press, 1986), 193-196.

라는 동일한 어원을 갖고 있다. 그들의 대표언약설에 의하면 하나님께서는 아담과 행위언약을 맺으시고 인류의 대표적인 머리(federal head)로 삼으셨다.

그러나 언약신학의 전환점을 이룬 학자는 요하네스 코케이우스이다. 그는 대표신학의 아버지로 불린다. 17세기 화란 개혁주의 언약신학을 대표하는 헤르만 윗시우스(Herman Witsius, 1636-1708)는 그의 책『언약의 경륜』(The Economy of the Covenants)은 내용적으로 볼 때 코케이우스보다 더 조직적이고 체계적이다. '경륜'(economy)이라는 용어를 적용하여 언약이 보다 종합적인 하나의 체계임을 강조한 것이다. 그는 행위언약을 강조하였다. 그러나 행위언약은 오직 하나님의 은혜로만 구원을 얻는다는 원리에서 나온 것으로 보았다.[254] 언약신학은 영국에서 박해 속에 있던 청교도들이 종교적 투쟁을 하던 과정에서 더욱 발달하였다. 존 낙스(John Knox) 등 스코틀랜드의 언약신학자들에게 있어서 언약은 '상호간 사랑의 연합'이요, '공동체적 동맹'이었다. 스코틀랜드 언약신학은 〈웨스트민스터 신앙고백서〉에도 반영되었다.

18세기에는 조나단 에드워드(Jonathan Edward)에 의해서 언약신학은 한층 더 발전하였는데 그의 신학은 단순한 답습이 아니라 미국적인 발전으로 보아야 한다. 19세기에는 찰스 핫지(Charles Hodge)의 『조직신학』(Systmatic Theology, 1909)을 통해서 언약신학은 더욱 널리 보급되었다. 20세기에는 루이스 벌코프(Louis Berkhof)의 『조직신학』(Systematic Theology, 1939)이 대부분의 신학교에서 교과서로 채택되어 읽힘으로써 대표주의

---

254 김재성, 『개혁신학의 전통과 유산』, 2012, 404. 참조 Herman Witsius, *The Economy of the Covenants between God and Man*, trans. William Crookshank, (London: T. Tegg & Son, 1837), 25-26.

언약신학의 영향력을 발휘하였다.[255]

　개혁주의 신학을 언약의 토대 위에 세우고자 하는 노력은 지금도 계속되고 있다. 마이클 홀튼(Michael S. Horton)은 종말론적 관점에서 언약의 궁극적 성취를, 삼위일체론과 기독론적 관점에서 언약의 구속사적 성취를, 구원론적 관점에서 그 성취된 의의 적용을 다룬다. 그는 개혁주의 신학적 전통에 서서 원형계시와 모형계시를 구별하고 후자의 역사 가운데 오직 낯선 분으로서 하나님을 만나는 것이 언약이라고 보았다. 언약의 존재론적 의미는 우리를 만나시는 그분 자신의 존재가 아니라 그분께서 우리를 향하신 존재라는 측면에서만 이해해야 한다는 것이다.[256] 이러한 관점에서 홀튼은 그리스도와의 연합 교리를 언약 교리의 핵심으로 제시한다. 그리스도의 연합에 있어서 중보자의 인격이 강조되고, 이러한 연합이 의의 전가에 기초함을 합당하게 지적한다. 홀튼의 일련의 언약에 관한 작품들은 주요한 신학적 주제들에 따른 언약신학적 의미를 추구하고 있다.[257]

　말씀의 신학, 역사 신학, 만남의 신학, 성령의 신학, 관계 신학, 삼위일체 신학, 공동체 신학 등 중심교리(centering dogma)를 초점으로 하는 신학들은 종종 환원주의의 경향이 있다. 이런 중심교리는 종종 개개의 상세함을 통째로 없애버리고 그 과정에서 선포와 예배의 본질적인 특징들은 무시되거나 전체적으로 배제된다. 그러나 언약의 성경신학적 이해는 그

255　김재성, 앞의 책, 400-405.
256　Michael S. Horton, *Lord and Servant: A Covenant Christology,* (Louisville: Westminster John Konx, 2005), 3-13, 16-17.
257　Michael S. Horton, *Covenant and Salvation: Union with Christ* (Louisville: Westminster John Konx, 2007, 143, 183, 267; Michael S. Horton, *Covenant and Eschatology: The Divine Drama,* Louisville: Westminster John Konx, 2002, 181-219.

관계가 대개 팽팽한 조직신학들, 즉 교회론(언약의 정황), 신론(언약의 창시자), 인간론(언약의 파트너), 기독론(언약의 중재), 구원론(언약 은총들), 종말론(언약의 완성)을 함께 결합한다고 했다. 언약의 개념은 신학 체계 안에서 다른 것들과 나란히 하나의 교리일 뿐 이것이 그 역할에 있어서 필수적인 중심 교리(dogma)를 형성하지 않는다.[258]

2. 개혁주의 언약사상의 개념과 속성

성경은 하나님과 피조물 간의 언약관계를 말하고 있다. 아담과 하와를 창조하실 때 사람과의 관계는 언약관계로 시작하신 것을 볼 수 있다. 구원역사의 전개에서 성경적인 믿음은 언약적 관계 속에서 시작하신 것이다. 하나님께서는 아담에게 말씀하시고 부탁하시고 설명하시고 언약하셨다. 피조물과 창조주의 관계성을 말하고 있다. 하나님과 인간의 관계는 자연적, 필수적, 본질적 관계가 아니고, 임시적이고 부차적(contingent)이며 또한 언약적(covenantal)이다. 필수적이거나 본질적인 관계가 아니었다. 언약적 관계는 하나님은 주시고 인간은 받는 관계이며 하나님은 명령하시고 인간은 순종하는 관계이다. 따라서 언약신약은 교리가 아니다. 언약은 맹세에 기초한 결합(union)이다.[259]

또한, 언약은 조건하(under sanctions)에 맺어진 관계성이다. 클라인(Meredith Kline)은 아담의 창조에서 언약적 체계를 적용하면서 하나님의 형

---

258 마이클 홀튼, 『언약과 종말론: 하나님의 드라마』, 김길성 옮김, (크리스챤출판사, 2003), 25-26.
259 Dennis J. McCarthy, *Treaty and Covenant, Pontifical Biblical Institute*, (Rome, 1963).

112 | 언약과 선교

상(Image of God)과 하나님의 아들(son of God) 두 개념을 동시에 발견할 수 있다고 했다. 따라서 창조언약은 종말론적이라는 것이다.[260] 창조언약에는 언약의 종말론적 집행이 처음부터 내재해 있다는 것이다. 그러나 이러한 클라인(Meredith G. Kline)의 견해에 대해서 피터 골딩(Peter Golding)은 클라인이 언약의 집행에만 초점을 맞추고 언약의 중심에 놓인 인격적 관계를 경시하고 있다고 지적한다.[261]

한편 고대 히타이트 문명에 나타난 '협상' 또는 '계약' 관계와 성경에 나온 언약관계는 놀라운 상호 유사성이 발견된다. 이런 이유로 언약개념을 유대인들이 히타이트 문명의 상업적 계약 개념에서 차용해왔을 것이라는 주장도 있다.[262] 그러나 이런 주장은 신명기적 관점이다. 창세기적 관점도 보아야 한다. 유대인들은 율법과 지혜를 가지고만 말하려고 한다. 이것은 신명기학파적 관점이다. 그들은 하나님의 구속사적 관점에서 보려고 하지 않는다. 이집트 문명의 약대상들 사이에 보편적인 상업적 계약관계가 있었던 것은 사실이다. 이러한 신학풍조는 계몽주의의 영향이다. 이러한 관점은 계약(treaties)과 언약(covenants)의 유사성을 강조하고 또한 조건적 관계를 강조하게 된다.

---

260 Meredith G. Kline, *By Oath Consigned; A Reinterpretation of the Covenant Signs of Circumcision and baptism,* (Grand Rapids: Eerdmans, 1968); Meredith Kline, *Images of the Spirit,* (Grand Rapids: Baker, 1980), 23; Meredith G. Kline, *The Structure of Biblical Authority,* (Grand Rapids: Eerdmans, 1972), 154-155; Meredith Kline, "Of Works and Grace," *Presbyterian* 9, 1983, 85-92.

261 Peter Golding, *Covenant Theology: The Key of Theology in Reformed Thought and Tradition,* (Mentor, 2004), 179-180. 참조 John Murray, *The Covenant of Grace: A Biblical-Theological Study,* (London, 1954), 4, 19.

262 G.E. Mendenhall, *Law and Covenant in Israel and the Ancient Near East, Biblical Colloquium,* (Pittsburgh, 1955); Meredith G. Kline, *Treaty of the Great King: The Covenant Structure of Deuteronomy, Studies and Commentary,* (Grand Rapids: Eerdmans), 1961.

성경해석자들이 그 시대 문화와 다른 문학 작품 속에서만 항상 해답을 찾으려고 하는 것은 옳지 않다. 성령께서 성경말씀에 나타낸 계시를 통해서 해답을 찾으려고 해야 한다. 성경 말씀은 말씀으로 풀어야 하며 성경해석은 성경에서 근거를 찾아야 한다.

개혁주의는 언약을 하나님의 주권하에 주시는 하나님의 선물로 본다. 언약적 관계는 영속성으로서 충성스러운 후손들에게 전달되는 완전한 은혜의 선물인 것이다. 언약에 고대 중동 문명에 만연한 계약적 성격이 있는 것은 사실이지만 그보다는 하나님의 은혜의 선물로 보는 것이 타당하다. 율법-언약(law-covenant)/약속-언약(promise-covenant)으로 보려는 것은 옳지 않다.[263]

성경에 나오는 다양한 언약들의 특질을 구별하면서 또한 중동지방 계약 개념 이전에 이와는 다른 언약 개념이 존재했었다고 보아야 한다. 성경에서 언약은 창세기 에덴동산에서부터 나타난다. 언약은 대개 주체와 상대 간에 상호 합의와 동의하에 이루어진다. 그러나 하나님과 사람들 사이에 맺는 언약은 상업적 계약과는 성격이 전혀 다르다. 하나님과 우리 사이에는 독특한 관계성이 있으면서 또한 상호소통의 성격도 있다. 따라서 하나님과 우리와의 관계는 언약적인 존재론으로 설명되어야 한다.

언약은 고대 히타이트 문명의 상업적 전통에서 나타나는 상업적 계약관계도 아니며 국가 간의 정치적 상호조약이나 협정과도 성격이 다르다. 이러한 오해는 하나님의 구속사적 관점을 고려하지 않기 때문에 나온

---

263 Mark W. Karlberg, "Reformed Interpretation of the Mosaic Covenant," (*The Westminster Theological Journal* 43, 1-57), *Covenant Theology in Reformed Perspective,* (Wipf and Stock Publishers: West Broadway, 1980), 19.

것이다. 합의 자체만 보면 선택받은 백성들이 언약을 자의적으로 수용한다는 것이 크게 강조되어 있다. 그러나 그 조건을 계획하는 주도권은 철저하게 하나님께 있다. 하나님의 언약은 하나님과 피조물 간의 쌍무적이지만 하나님께서 먼저 주권적으로 행하셨다는 데에 특징이 있는 것이다. 하나님과 사람이 언약의 본질과 내용을 결정하는 데에 서로 협상하거나 협력한다는 것은 성경 기사의 입장에서는 결코 상상할 수 없는 일이다. 언약은 오직 여호와 하나님의 언약이다. 따라서 언약은 일방적이다. 언약은 본질적으로 하나님은 주시고 인간은 받는 관계이며 하나님은 명령하시고 인간은 순종하는 관계이다. 그러나 그럼에도 불구하고 언약은 선택받은 백성들 앞에 제시된 것이요 또한 그들의 동의를 요구하는 것이다(출 19:5, 8; 출 24:3).[264]

성경에서 언약과 관련하여 가장 중요한 단어는 히브리어 bereth와 헬라어 diatheke이다. 아카디아어에는 beritu라는 단어가 발견되는데 그 뜻은 결합(bond)으로 히브리어와 같은 어원으로 보인다. 칼빈은 『갈라디아서 주석』에서 헬라어 diatheke는 라틴어 번역에서 '약속'(testamentum, testament)을 의미하기도 하고 '언약'(contractum, covenant)을 의미하기도 한다고 했다.[265] 히브리어 bereth는 bara- '자르다'(to cut)에서 파생하였다. 그리고 '자름', '쪼갬'에 대한 언급은 창세기 15:17 및 예레미야 34:18-19 등에 언급된 의식에 근거하여 "언약을 자르다"는 뜻임을 알 수 있다.[266] 언약이 있기 전에 사람들이 히브리어 단어 '베리쓰'를 사용하고 있었는데 하나

---

264 게할더스 보스, 『성경신학』, 2005, 172.
265 갈라디아서 3:15, 16; 피터 릴백, 『칼빈의 언약사상』, 199-200.
266 M. Karlberg, *The Mosaic Covenant and The Concept of Works in Reformed Hermeneutics: A Historical-Critical Analysis with Particular Attention to Early Covenant Eschatology*, 23-25; Peter Golden, ibid, 72; 게할더스 보스, 앞의 책, 2005, 353.

님께서는 이 단어를 차용하신 것이다.

이스라엘과 언약을 맺는 것을 가리켜 혼인하는 것으로 칭하는 것이 에스겔서 16:8에 처음 나타난다. 잠언 2:17도 혼인을 언약이라고 칭하며 말라기 2:14에도 마찬가지이다. 호세아가 오래전에 혼인을 언약으로 인식했다는 것은 의심할 것이 없다. 호세아는 언약 개념과 여호와와 이스라엘의 혼인 개념을 동일시했다. 언약은 혼인의 결속과 같은 것이다.[267] 예레미야서에서는 모세언약을 혼인으로 설명한다: "여호와의 말씀이니라 보라 날이 이르리니 내가 이스라엘 집과 유다 집에 새언약을 맺으리라 이 언약은 내가 그들의 조상들의 손을 잡고 애굽 땅에서 인도하여 내던 날에 맺은 것과 같지 아니할 것은 내가 그들의 남편이 되었어도 그들이 내 언약을 깨뜨렸음이라"(렘 31:31-32).

한편, 히브리 전통에서는 종이에 쓴 것보다 말이 더 큰 효력이 있다. 언약은 말의 약속이다. 믿음도 마찬가지이다. 언약을 믿고 기도하고 순종하는 것이다. 하나님은 우리의 혈육과 같은 분이기 때문에 믿는 것이다. 가족 간에는 말을 믿는다. 가족 관계에서 계약서를 작성하지 않는다. 그런 것처럼 하나님의 언약은 말씀으로 이루어진다. 가족관계에서 가장 신뢰하는 관계는 부모와 자식 관계이다. 부모와 자식 관계가 바로 언약관계이다. 언약관계는 믿음을 통해서 지속된다. 언약은 긴밀한 상호 인격적 관계이다. 하나님을 아버지로 대해야 한다. 끊을 수 없는 아버지와 자녀의 관계가 언약관계이다. 따라서 언약은 '그리스도 안에서 피로 맺은 결속'(bond)으로 이해해야 한다.

---

267 게할더스 보스, 앞의 책, 354-257.

구약 창세기 15장 및 예레미야 34장에 나타나는 동물을 자르는 언약은 피로 맺는 언약을 상징하며 이것은 죽음을 두고 맺어진 언약을 의미한다. 이것은 또한 예수 그리스도의 십자가 죽음을 암시한 것이다. 레위기 17:11과 히브리서 9:22은 '피로 맺은 언약'(bond-in-blood)을 의미한다.[268] 하나님께서 에덴에서 아담에게 '선악을 알게 하는 나무의 열매를 먹으면 반드시 죽으리라'는 말씀 역시 피의 언약을 말씀하신 것이다.[269]

언약 속에 신약과 구약의 통일성이 드러난다. 아담에서 언약을 시작하시고 그리스도에서 종결된다. 구약의 모든 예언은 그리스도 예수의 모든 사역 속에서 성취를 향하여 가고 있다. 하나님과 인간이 맺는 언약은 단계들이 있으며 연속성이 있다. 이것은 개혁주의 초기부터 언약신학자들이 분명히 한 것이었다. 그러나 세대주의자들은 아담-아브라함, 모세-다윗, 다윗-분열시대 등 시대별로 언약신약 및 구원의 방식이 달랐다고 주장하며 시대 사이에 연속성이나 통일성이 없다고 주장한다. 따라서 그들에게는 교회도 하나의 방편에 불과하다. 예를 들어 아브라함에 준 축복은 아브라함 시대에 유효하며 신약교회에서는 적용되지 않는다. 또한, 율법 이전에는 법이 없으니 적용할 수 없다고 세대주의자들은 주장한다. 이러한 관점은 언약의 기본인 통일성과 집행의 다양성을 인식하지 못한 데서 비롯된 것이다.

세대주의신학을 대변하는 구『스코필드』(C. I. Scofield, 1843-1921) 관주 성경(1909)은 '약속의 세대'를 언급하면서, 약속의 세대는 이스라엘이

---

268 Peter Golding, *op. cit.,* 77-78.
269 Richard D. Philips, "The Covenants of God," *Pittsburg Regional Conference on Reformed Theology, Reformed Presbyterian Theological Seminary,* (Pittsburgh, 2008), 4.

율법을 성급하게 받아들였을 때 끝났으며, "그들은 시내산에서 은혜와 율법을 교환하였다"라고 기술한다.[270] 시내산 사건에 대한 이러한 분석은 하나님의 언약관계에서 주권적인 성격을 정당하게 다루지 못한 것이다. 시내산에서 이스라엘이 율법을 성급하게 받아들였던 것이 아니었다. 하나님께서는 구속역사 과정의 질서 속에서 이스라엘 백성과 새로운 언약관계를 세우신 것이다.[271] 또한, 세대주의에서는 오직 믿음으로 구원을 얻는다는 것을 인정하지만, 구약의 믿음이 내용적으로나 질적으로 신약의 믿음과 달랐다고 주장한다. 구약시대 이스라엘 백성들은 다른 언약 하에 있었기 때문에 믿음의 내용도 다르다는 것이다. 세대주의에서는 칼빈주의의 5대 교리 중에서 두 번째 원리인 '오직 믿음으로만'을 사실상 다르게 해석하는 것이다.[272] 그러나 칼빈주의에서는 구약시대나 신약시대나 선택된 백성은 다 그리스도 안에 있으며 지체의 일부라는 점을 강조한다.

존 머레이(John Murray)는 언약과 행위는 대조적(antithetical) 개념이라면서 새로운 제안을 내놓았다. 그에 의하면, 언약신학자들 사이에 널리 알려진바, 율법언약에서 행위언약이 반복된다는 견해는 매우 잘못된 것이다. 이러한 관점은 율법언약을 잘못 세울 뿐만 아니라 아담과의 언약의 독특성을 이해할 수 없게 만든다는 것이다. 머레이는 율법언약은 성격상 현저히 구속적이며 아브라함 언약과 연속선상에서 이해해야 된다고 말한다.[273]

한편, 언약의 기원을 고찰할 때 명백한 사실은 이스라엘이 스스로 여

---

270 팔머 로버슨, 『계약신학과 그리스도』, 2000, 215; Scofield, A., *The Scofield Reference Bible,* (Oxford University Press, 1945), 20, n. 1.
271 팔머 로버슨, 앞의 책, 215.
272 김재성, 『개혁신학 전통과 유산』, 2012, 418-419.
273 John Murray, *Collective Writings,* vol. 2, (Carlisle: The Banner, 1982), 50.

호와 하나님께 자신을 드린 것이 아니었다는 점이다. 반대로 여호와께서 먼저 이스라엘을 찾으셨다. 신학적으로 말하면 언약의 기원은 하나님의 선택에 있는 것이다.[274] 따라서 하나님의 언약은 흔히 사람들 사이에 맺는 상호 간 약속이나 계약과는 매우 다르다. 상호합의가 아니라 하나님이 주권적으로 선포하시고 행사하신다. 하나님께서는 언약의 축복들(covenant blessings)과 언약의 요구들(obligations)을 주권적으로 이루어 가신다. 하나님은 창조하시고 주관하시는 분이시다. 따라서 자유의지로 에덴의 사건을 해석하려는 것은 인본주의적인 발상이다. 인간의 의지는 이차적이다. 이방종교의 세계에서는 신과 인간 사이의 관계성이 하나의 거래로 함축된다. 자신이 섬기는 신에 대하여 무엇을 했느냐에 따라서 신은 그 사람에게 어떤 보상을 주는 것이다. 그러나 기독교는 다르다. 창세기 첫 부분에는 완전히 다른 개념이 제시되었다. 하나님은 당신의 기쁘신 뜻에 따라서 주권적으로 언약을 세우신다.[275] 이러한 하나님의 언약은 사사기 2:1-2에도 잘 나타난다. "내가 너희에게 세운 언약을 영원히 어기지 아니하리니 너희는 이 땅 주민과 언약을 세우지 말며"(개역한글). 언약은 하나님께서 주권적으로 세우신 영원한 언약이다. 따라서 이 땅 주민과는 언약을 세우지 말라고 하나님은 주권적, 쌍무적 및 조건적 언약을 말씀하신 것이다.

언약의 주인은 하나님이시다. 하나님은 주권적으로 언약하시고 주도적으로 언약을 집행하신다. 조건도 하나님이 만드신다. 하나님이 통치자이며 주인이시다. 언약을 지키고 준수하는 자들에게 복을 주신다. 예수 그

---

274 게할더스 보스, 앞의 책, 357.
275 James Montgomery Boice, *Genesis,* 3 vols, (Grand Rapids: Zondervan, 2006), Vol. I, 302.

리스도 안에서도 동일하다. 예수께서 보여주셨고 우리가 믿고 의지하면 생명과 복을 주신다. 조건이 있으나 하나님이 주도하시는 것이다. 하나님은 언약을 제정하신 후에 철저히 자신을 숨기시고 드러내지 않으셨다. 그러나 방치하시는 것은 아니다. 언약은 비인격적 또는 기계적인 관계가 아니다. 하나님이 주권적으로 주관하시는 인간과의 인격적 관계 속에 언약이 존재한다. 쌍무적이지만 하나님이 먼저 주권적으로 행하시는 것이 언약이다. "먹지 말라 반드시 죽으리라"라는 아담과의 언약에서처럼 하나님께서는 언약의 규정을 만들어 주시고 총괄하신다(호 6:7). 상호 타협적, 상업적 또는 정치적 거래가 아니며 결혼관계와 같은 상호합의 관계도 아니다. 하나님께서 주도권을 가지시고 계획적으로 일방적으로 선포하신 것이다. 따라서 언약은 창조의 세계에 창조주와 피조물 사이에 내재적으로 잠재해 있었다고 보아야 한다.

또한, 하나님은 관계 속에 언약을 맺으신다. 아브라함과의 언약에서 하나님께서는 "나는 너희의 하나님이 되고 너희는 나의 백성이 되리라"고 말씀하셨다. 관계성을 잘못 이해하면 근대 초기 자연주의자들처럼 이신론(Deism)에 빠지게 된다. 이들은 관계성에 주목하지 못했다. 하나님은 사랑의 결속으로 언약을 맺으셨다. 잠언 23:26에서 잘 표현하고 있다: "내 아들아 네 마음을 내게 주며 네 눈으로 내 길을 즐거워할지어다." 하나님은 거룩하시고 의로우시며 은혜로우시다. 언약을 설명하려면 관계뿐만 아니라 하나님이 누구신가에 초점을 맞추어야 한다. 언약은 계약이 아니라 사랑의 관계이다.[276] 언약은 그 정점에 피의 언약이 있다. 대개 언약은 피로써 성립한다. 예수께서 피로써 구속의 언약을 다 이루셨다. 하나님의 언약은 그리스도 안에서 피로 맺은 약정(bond)이다.[277]

언약은 구약과 신약의 전체 역사를 통해서 전개되지만, 연속성이 있으면서 또한 통일성이 있다. 언약은 최종적으로 하나님의 아들 예수 그리스도를 통해서 성취된다. 언약은 그리스도께서 십자가에 피 흘려 죽으시고 부활하시고 승천하시고 다시 오심으로 만유를 통일하시고 하나님의 나라를 완성함으로 완결되는 것이다.

한편, 개혁주의 신학에서 언약신학에 대한 거론이 다소 어색하게 느껴질 수 있다. 그것은 하나님이 일방적으로 선수(先手)하여 인간을 대해주시는 것인데, 어떤 계약을 체결하시겠다는 것은 어떤 이상한 전제를 지니고 있는 것처럼 생각될 수 있기 때문이다. 이러한 불안을 덜어주는 한 가지 제안이 있는데, 미드웨스턴침례교신대원(Midwestern Baptist Theological Seminary)의 로이 허니커트(Roy L. Honeycutt Jr) 교수는 브로드만성경(Broadmann Bible) 주석의 출애굽기 서문에서 다음과 같이 설명하고 있다: "언약 중심의 성경 사상은 구약(옛언약)과 신약(새언약)에 꾸준하게 계시되어 있다. 언약의 전반적인 개념을 이해하기 위해서는 무엇보다 출애굽기의 중요성을 이해해야 한다." 허니커트 교수는 신구약은 언약신학이 주축을 이루고 있으며 출애굽기 19-20장 및 34장에 나타난 모세언약이 어

---

276 James Torrance, "Covenant or Contract: A Study of the Theological background of Worship in Seventh-Century Scotland," *The Scottish Journal of Theology* 23, 1970 51-76.

277 Peter Golding, *Covenant Theology: The Key of Theology in Reformed Thought and Tradition,* (Mentor, 2004), 77-79.

떤 언약보다 더 우월한 언약이라고 주장하고 있는 것이다.[278]

언약의 속성을 살펴보면 언약사상이 개혁주의적 관점과 충돌하지 않고 오히려 개혁주의 신학을 강화하고 심화하는 것임을 알 수 있다. 하나님은 주권적이면서 관계적이시다. 하나님께서는 주권적으로 인간과 상호교통을 시작하셨다. 그 내용은 언약적이다. 하나님께서는 피조물과 언약을 통해서 관계하신다. 따라서 언약적 존재론(covenantal ontology)으로 설명해야 한다. 하나님의 언약은 구두이며 또한 주권적 명령이며 주권적 약속이다. 하나님께서는 언약을 말씀하시고 반드시 성취하신다.

한편, 메리디스 클라인은 성경에는 구조적인 측면이 있다고 했다.[279] 성경의 구조는 단순히 언약 개념이 아니라 하나님께서 우리 역사 속에서 우리를 언약적으로 다루신다는 사실이 구체적으로 나타나 있다. 이것은 우리가 성경에 대해 다양성 속에서 통일성을 인식할 수 있도록 문맥을 제공해 준다. 성경에 대해 중심교리(centering dogma)를 가지고 시작하면 중심교리를 위해 성경을 쉽게 왜곡시킬 수 있고 성경 자체보다는 단지 논리적 추론에 따라 성경에 없는 다른 내용을 첨가하게 된다. 그러나 그리스도인에게 모든 성경 구절은 '우리의 구절'이다.[280] 성경에 기록된 모든 내용은 '우리의 이야기'이다.

성경 해석은 부분이 아니라 성경 전체와 일관성이 있어야 한다. 언약신학에 대한 구조적 접근으로서 언약신학은 이러한 문제를 극복하게 해

---

278 김재성, 강의노트, 2013년 1학기.
279 Meredith G. Kline, *The Structure of Biblical Authority,* (Grand Rapids: Eerdmans, 1975), 25.
280 마이클 호튼, 『언약신학』, 23

준다. 그리고 성경의 언약 구조를 이해하게 되면 분리되거나 혼합되는 것을 극복하고 통일성을 확보하게 된다. 구속언약을 통해서 삼위 하나님의 통일성을 알게 되며, 은혜언약을 통해서 하나님과 인간의 거리감을 극복하고, 창조언약을 통해 인간과 인간 외의 피조물의 통일성도 이해하게 된다. 또한, 하나님의 나라와 세상 나라를 섞어서 혼합시키지 않고 또 구별하지만 분리하지 않고 언약신학 안에서 통일시키게 된다.[281]

3. 신학의 정수 논쟁

개혁주의 언약사상의 발달과정에서 가장 중요한 분기점이 된 것이 17세기 영국에서 발발한 '신학의 정수'(Marrow Theology) 논쟁이었다. 신학의 정수에 관한 신학 논쟁은 이전의 언약신학을 더욱 심화 발전시키고 확고히 함으로써 언약사에서 새로운 이정표가 되었다. 또한 극단적 칼빈주의(Hyper-Calvinism)[282] 및 율법주의(Legalism)의 도전에 직면하여 전도와 선교가 자칫 소극적이 될 수 있는 당시 신학적 오류에 대항하여 언약신학을 새롭게 정립함으로써 교회에 복음전파의 열정을 불어넣었다는 점에서 또한 높이 평가된다.

---

281 발터 아이히로트(Walther Eichrodt)는 하나님에 대한 이스라엘 신앙의 독특성을 연구하기 위해서, 하나님과 하나님의 백성, 하나님과 세상, 하나님과 인간 등 세 가지 주요 범주를 제시하였다: 발터 아이히로트, 『구약성서신학』 (I), 박문재 옮김, (크리스챤다이제스트, 1994), 32.

282 하이퍼칼빈이즘(Hyper-Calvinism)은 의무를 방치하여 운명론으로 흘렀다고 비판받는다. 따라서 복음전도 및 선교도 무시한다. 하이퍼칼빈이즘은 성화도 무시하여 도덕률 폐기론주의로 간다. 1690-1790년 사이는 알미니안주의와 하이퍼칼빈이즘 사이에 논쟁과 충돌이 계속됐다. 양극단의 충돌이었다. 빌립보서 1:6만에 집착하면 하이퍼칼빈이즘으로, 빌립보서 2:12에만 집착하면 알미니안주의로 가게 된다. 하나님의 주권과 인간의 체험을 동시에 고려해야 한다. 18세기 개혁신학은 알미니안주의와 도덕율 폐기론주의에 대한 개혁 신학이었다.

신학의 정수의 모체가 된 것은 에드워드 피셔(Edward Fisher, 1590-1650)가 쓴 저서 『현대신학의 정수』(The Marrow of Modern Divinity)이다. 피셔는 청교도 서적에 대한 제재가 조금 완화되었던 1640년대에 여러 책들을 썼다. 대표적인 책이 『현대신학의 정수』이다. 이 책의 발간을 계기로 개혁신학에서 언약신학 논쟁이 크게 대두되었다. 이 책 제1장은 율법 또는 행위언약에 관하여(Of the Law of Works, or Covenant of Works)이고 제2장은 믿음의 법 또는 은혜언약(Of the Law of Faith or Covenant of Grace), 그리고 제3장은 그리스도의 법(Of the Law of Christ)로 구성되어 있다. 그의 글들은 주로 당시의 교회에 팽배하고 있던 율법주의 또는 무법(lawlessness)을 비판하는 글들이었으며, 또한 복음과 기독교적인 생활에 대한 성경적 이해를 추구하고자 하는 열망이 드러나 있다.

1) 신학의 정수 논쟁의 배경

1688년에 영국에서 개신교인 윌리엄(William) I세와 메리(Mary)가 왕좌에 오르면서 영국의 종교적 상황은 큰 변화를 겪게 되었다. 새로운 왕실 덕분에 스코틀랜드의 장로교단은 순식간에 자치적으로 운영되는 고백적 개혁교회(Confessional Reformed Church)로 재확립되었다. 이 새로운 자유의 축복을 누리고 있던 스코틀랜드의 많은 교회들은 17세기 말과 18세기 초에 복음에 조건을 거는 경향이 있었다. 이는 여러 가지 형태로 극단적 칼빈주의(Hyper-Calvinism)와 율법주의(legalism)가 교회 안에 팽배하게 되었기 때문이었다. 어떤 성직자들은 죄에 대한 충분한 확신이나 거룩함을 추구하는 정도를 척도로 하여 선택받을 자격이 있는지 없는지를 평가해야 하고 합당한 사람들에게만 예수님을 알게 해 주어야 한다고 주장하는 '율법적 준비'(legal preparation)를 설교하였다. 피셔는 이것은 인간이 첨가한 것들로 인해 완전하신 주님께서 우리에게 주신 복음을 흐리게 하는 것이라고 생각했다. 이 시점에 스코틀랜드교회에서 율법주의(legalism)는 영향력을 행사하고 있었기 때문에 예수 복음 그 자체를 사랑하고 복음적인 생각을 가지고 있던 이들은 이러한 신학적 기류에 대해 크게 우려하고 있었다.[283]

이와 같은 율법과 복음에 관한 신학적 갈등은 복음주의였던 악더라더(Auchterarder) 장로회가 스코틀랜드교회의 서임식에 한 가지 자격 요건을 추가하게 되면서 정점에 달했다. 그 내용은 예수께 가까이 다가가고 하나님의 언약에 속한 자가 되기 위해서 죄를 버려야 한다고 가르치는 것은 온전하거나 전통적이지 않다는 것이었다. 목적은 장로회로 하여금 율법적인 전도사들을 임명하지 않도록 하는 데에 있었다. 악더라더 장로회 사람들은 예수님께로 나온다는 것은 죄를 버리는 것을 포함하지만 예수님께로 오지 않고서는 죄 사함을 받을 수 없다는 것을 강조 하려던 것이었다. 그러나 한 후보가 새로운 서약이 생긴 것에 대해 1717년 『스코틀랜드교회 총회』(Church of Scotland General Assembly)에 항의를 하고 『악더라더 장로회의』의 신조(Auchterarder Creed)가 뒤집히게 되면서 문제가 발생하기 시작하였다. 율법주의와 극단적 칼빈주의에 의해 영향을 받은 총회는 이 새로운 신조가 부적절하며 혐오스럽기까지 하다고 선언하였다. 이 결정은 이 교파 내에서 점증하는 율법적인 성향에 대해 이미 우려하고 있던 이

---

283 William Vandoodewaard, "A Journal into the Past: The Marrow of Modern Divinity," *Edward Fisher, The Marrow of Modern Divinity,* (Fearn, Rossshire: Christian Focus Publications, 2009), 2: 21-32.

들을 더욱 경악하게 만들었다.[284]

　　1719년 무렵에 스코틀랜드 교회지도자들은『현대신학의 정수』에 나
타난 반율법주의(antinomianism)에 대해 정식으로 항의하였다. 토마스 보
스톤(Thomas Boston), 제임스 호그(James Hog), 에베니젤 어스킨(Ebenezer
Erskine, 1680-1754), 랄프 어스킨(Ralph Erskine, 1685-1752), 그리고 로버 리
칼툰(Rober Riccaltoun, 1691-1769)을 포함한 신학의 정수를 옹호하는 성직자
들은 힘을 모아 책과 그 교리들을 변호하였다. 그들은 정수군단(Marrow Men)
으로 불리게 되었다. 신학의 정수 논쟁은 스코틀랜드교회에서 1722년까
지 이어졌으며, 총회는 책 자체를 비난하였지만, 교파의 분열이 깊어지는
것을 막기 위해 정수군단에게 회개할 것을 요구하지는 않았다. 1726년에
토마스 보스톤은 책 본문을 설명하고 변호하는 동시에 귀중한 신학적 자료
로 남을만한 자세한 주석과 함께『현대신학의 정수』를 재출판하였다.[285]

2) 『현대신학의 정수』

　　에드워드 피셔(Edward Fisher)의 저서 『현대신학의 정수』에 나타
난 내용과 '정수군단'이 쓴 글들은 그리스도의 희생을 언약신학(covenant
theology) 또는 계약신학(federal theology)의 형태로 정의하고 있다. 이들은

284　William Vandoodewaard, "The True Knowledge of Jesus Christ and Him Crucified:
　　Christology of Marrow Theology," *The Beauty and Glory of Christ,* ed. By Joel R.
　　Beeke, (Reformation Heritage Books, Grand Rapids: Michigan, 2012), 157.
285　William Vandoodewaard, op. cit., 158; Edward Fisher, *The Marrow of Modern
　　Divinity, with notes by Thomas Boston,* (Philadelphia: Presbyterian Board of Pub.,
　　n.d). "Edward Fisher, Marrow of Modern Divinity with notes," *The Complete Works
　　of the Late Reverend Thomas Boston,* ed. Samuel M'Millian, (London: William Tegg
　　and Co., 1854), 143-489.

말씀 하나하나를 볼 뿐만 아니라 전체의 주요 주제들을 이해하고 있었고, 아담과 맺어졌고 아담에 의해 깨진 그 행위언약으로 인해 구원의 속죄가 필요하게 된 것에 관해 기술하였다. 두 번째 아담인 예수님만이 깨어진 언약을 성취하고, 예수님만이 새언약(New Covenant), 즉 인간이 죄악과 고통 속에 빠지게 되었을 때 에덴에서 약속하셨던 은혜언약을 새로 맺을 수 있는 분이라는 것이다. 신학의 정수는 아담언약으로서 행위언약과 은혜언약을 분명히 구분하였으며 그리스도 중심의 언약신학의 관점에서 성경 전체를 보는 신학사상을 강화하였다.[286]

에드워드 피셔는 예수님의 속죄사역(atoning work)의 필요성에 관해 말하면서, 인간이 행위언약을 파기했기 때문에 "인간은 두 배의 빚, 즉 지난 세월에 지은 죄에 대해 빚이 있을 뿐만 아니라 앞으로 이어졌어야 할 완벽하고 끊임없는 순종(perfect and perpetual obedience)에 대해서도 빚이 있게 되는 것인데, 문제는 인간은 그 둘 중 어떠한 것도 결코 갚을 수 없다"고 했다. 그는 "인간의 죄는 무한하고 영원한 하나님께 지은 것이기 때문에 그 대가 또한 무한하고 영원한 것이다."라고 기록했다.[287]

호그(Hog)는 "순종과 처벌에 대한 의무는 불가침"이라고 했고,[288] 토마스 보스톤은 인간에 의해 깨어진 행위언약이 계속해서 적용되고 있는 현실 앞에서 인간은 '스스로 회복할 수 없는' 상태에 놓이게 되었다고 설

---

286 William Vandoodewaard, *op. cit.,* 159.
287 Edward Fisher, *The Marrow of Modern Divinity,* (Fearn, Rossshire: Christian Focus Publications, 2009), 58-59.
288 James Hog, *A Vindication of the Doctrine of Grace from the Charge of Antinomianism: Contained in a Letter to a Ministry of the Gospel,* (Edinbourgh: Robert Brown, 1718), 8-12.

명하였다.[289] 또한, 에벤에셀 어스킨(Ebenezer Erskine)은 "법을 어긴 인간은 명예를 회복하거나 정의를 절대로 만족시킬 수 없다."라고 피력했다. 오직 어린양 그리스도의 구속만이 가능하다는 것이다.[290]

이와 같이 인간의 절박한 처지에 대한 신학적 인간 이해는 피셔의 『현대신학의 정수』(The Marrow of Modern Divinity)와 이를 지지하는 스코틀랜드 정수신학자들의 바탕에 깔려 있었다. 행위언약은 계속해서 작용하고 있지만, 인간이 어기고 스스로 죄의 지배 아래에 자신을 빠뜨렸기 때문에 절대 그 언약에 도달할 수 없다는 것이다. 결국, 죄 지은 인간은 영원히 지옥에 있으므로 무한하고 신성하고 완벽한 하나님의 정의를 실현할 수 있게 되는 것이다. 이것이 바로 신학의 정수(Marrow Theology)에서 없어서는 안 될 기독론의 배경이다. 정수신학자들은 하나님께서 어떻게 이러한 요구를 예수 그리스도 안에서 성립된 은혜언약을 통해 영광스럽고 아름답게 성취하시는지를 반복적으로 설명하고 있다. 그래서 예수님과 복음이 그들의 언약신학의 중심을 이루게 된 것이다.

토마스 보스톤은 "우리 주 예수님은 두 번째 언약에서 선택된 자들을 위한 보증(surety)이 된 것이며, 스스로 빚진 자들의 자리에 대신 서신 것이다"라고 했다.[291] 정수신학자들은 성경 말씀에서 강조되는 언약, 즉 모든 조건을 만족시키는 행위언약을 예수님이 하나님께서 택하신 모든 사람들

---

289 Thomas Boston, "Man's Fourfold State," *The Complete Works of the Late Reverend Thomas Boston*, ed., Samuel M'Millian, (London: William Tegg and Co., 1854), 8, 27, 97, 124.

290 Ebenezer Erskine, "The Assurance of Faith, Opened and Applied, Being the Substance of Several Sermons on Heb. x. 22," *The Whole Works of Ebenezer Erskine,* (Glasgow: Free Presbyterian Publications, 2004), 1: 207.

291 Thomas Boston, "Notes on the Marrow of Modern Divinity", 1854, 185.

을 위해 대신 만족시킨 것이라고 설명했다. 예수님께서 형벌을 감수하신 것에 대한 내용은 신학의 정수에서 쉽게 찾아볼 수 있다. 이것은 개혁신학에서 물론 중요한 부분이지만, 정수신학자들은 예수 그리스도께서 모든 의를 실현하신 것에 대해 특별히 강조했다는 점에서 차이가 있다. 예수님의 수동적인 순종과 능동적인 순종 둘 다 속죄사역에 속하는 것이다. 속죄의 이러한 이면성은 필수적이다. 아담이 죄를 짓고 이에 대해 심판을 받아야 할 뿐만 아니라, 그는 죄 속에서도 의롭지 못한 존재이기 때문이다. 더나아가 이미 죄에 빠진 세상에서 인간은 의로울 수 없을 뿐 아니라 의의 요구대로 결코 순종할 수도 없다. 은혜 아래에 있다 하더라도 인간은 의롭지 않고 순종할 수도 없는 것이다. 이것은 '신학의 정수'의 관점에서 예수님이 하신 일을 이해하는 데에 있어 필수적이다.[292]

예수님은 자신의 백성들을 위해 행위언약 아래에 있는 순종의 조건을 모두 충족시킨 것이다. 예수님은 죄의 형벌을 받으심으로 완전한 희생제물이 되셨고 완전한 희생제사를 드리셨다. 그리고 이를 통해서 모든 의를 충족시키시고 예수님의 의와 순종을 그의 백성들에게 은혜언약을 통해 전가할 수 있게 된 것이다.

에드워드 피셔는 그리스도의 구속사역을 시편 40:7-8의 말씀의 성취로 보았다: "그때에 내가 말하기를 내가 왔나이다 나를 가리켜 기록한 것이 두루마리 책에 있나이다. 나의 하나님이여 내가 주의 뜻 행하기를 즐기오니 주의 법이 나의 심중에 있나이다 하였나이다." 피셔는 예수님은 그것을 받아들인 것이고 인간의 형상으로, 인간의 이름을 가지고, 인간을

---

292 Vandoodewaard, *op. cit.*, 161.

대신하여 하나님 아버지께 순종하고 인간이 해야 했던 모든 것을 하기로 하나님과 약속하셨다고 했다.[293] 토마스 보스톤에 의하면, 인간은 형벌의 빚(debt of punishment)과 완전한 순종의 빚(debt of perfect obedience) 등 두 가지 빚이 있는데, 예수님께서는 이 두 가지 빚을 다 갚으시고 하나님의 공의를 완전히 이루셨다. 정수신학자들은 예수님이 믿음으로 의로워지고 하나님과 하나 된 그리스도인들이 하나님께서 보시기에 용서받고 의롭다 함을 인정받을 수 있게 하기 위하여 행위언약의 조건을 모두 충족시키고 새로운 은혜언약을 맺으신 것으로 이해한 것이다.[294]

또한 피셔, 보스톤, 그리고 다른 정수신학자들은 예수님에 대해 설명함에 있어서 언약(covenant)과 선택(election)의 관계에 대해 상세히 기술했다는 것은 매우 중요하다. 그들은 성경 말씀에 근거하여 속죄(atonement)는 제한적이며 특정하게만 적용된다고 믿었다. 그들은 예수님이 선택받은 자들만을 위해서 완전한 속죄를 통해 은혜의 언약을 맺으셨다는 제한 속죄를 믿었다. 루이스 벌코프(Louis Berkhof)는 스코틀랜드의 정수신학자들은 전통적으로 예수님이 선택받은 자들만을 위해 죽으셨다는 것을 믿었지만 다른 정수신학자들은 예수님의 속죄를 좀 더 일반적 의미로 표현하곤 했다고 말한다. 이들 정수신학자들은 예수께서 모든 사람을 위해 죽으시진 않았지만, 예수님의 속죄가 모든 사람에게 열려있다고 믿었다는 것이다. 하나님의 사랑은 보편적 사랑과 선택적 사랑 두 가지가 있는데, 하나님의 보편적 사랑은 모든 사람에게 이 선물을 허락하였고 이것이 바로 보편 속죄의 근거가 되는 것이다. 그러나 하나님의 특별한 선택적 사랑

---

293 Fisher, *op. cit.,* 64-65.
294 Thomas Boston, "Notes on the Marrow", 184.

은 선택된 자들만을 구원받을 수 있게 한다는 것이다.[295]

제사장으로서 그리스도는 자신을 희생제물로 내어드리고 그의 백성들을 위해 중보하셨다. 선지자로서의 그리스도는 자신을 내어 드리는 것과 자신의 대속죄를 통해 무엇을 하셨는지를 가르쳐준다. 왕으로서 예수님은 완전한 구원의 선물을 모든 사람에게 제공하셨다. 이것이 바로 정수신학자들이 일컫는바, '선물(gift)과 부여(grant)의 행위'는 유사하다. 즉 복음은 마치 왕이 문서로 확실한 약속을 하고 그 위에 왕의 옥새를 찍어 놓은 것과 같다. 이 약속은 그리스도의 지배 아래 선포되는, 누구든지 예수님께로 오면 완전하고 대가 없는 용서, 즉 완전한 구원을 위해 필요한 모든 것을 얻을 수 있다는 뜻이다. 정수신학자들은 말씀을 통해 예수님이 사역자, 대사, 그리고 천사들을 통해 이 왕실의 선물을 모든 인간에게 전하라 했다고 이해했다. 주님의 약속의 말씀은 수포로 돌아가지 않았다. 성령님께서 사역하심으로 선택받은 자들을 믿음과 회개로 이끄시고 죄로부터 구원해 내시며 모든 형벌을 없이 하시고 모든 대적을 물리친 것이다.[296]

에드워드 피셔의 신학의 정수 논점은 모세언약의 속성에 관한 것이라기보다는 설교와 가르침에 있어서 율법의 위치와 용도에 관한 것이었다. 즉, 하나님 앞에서 범법한 자로 하여금 죄인임을 알게 하고 그리스도의 은혜의 필요를 깨닫게 하는 데에 있어서 율법의 이차적 또는 논증적 사용에 관한 것이었다. 이와 관련한 논점의 배경은 이신칭의 교리에 대한 이해에 관한 것이었다. 피셔와 정수신학자들은 선행으로 의롭게 된다는 것

---

295 Louis Berkhof, *Systematic Theology,* (Grand Rapids: Eerdmann, 1999), 394.
296 VanDoodewaard, *op. cit.,* 164. 참조 Thomas Boston, "The Everlasting Espousals," *The Complete Works the late Reverend Thomas Boston,* ed. Samuel M'Millian, (London, William Tegg and Co., 1854).

을 분명히 반대했지만 이신칭의 교리에 대해서 모호한 입장을 보였다. 피셔의 글은 개혁주의 정통 입장을 웅변적으로 방어하는 것이 되었다.

행위의 개념은 이신칭의를 성경적으로 이해하고 모세율법이 하나님의 백성들을 이신칭의로 인도하는 데 있어서 어떻게 기능하는지를 이해하는데 있어서 매우 중요하다. 첫 번째는 행위언약과 은혜언약을 철저히 그리고 포괄적으로 이해하는 것이며 두 번째는 십계명을 이해해야 한다. 행위의 언약이 아담에 의해 파괴되어 다시 새롭게 할 수는 없다. 그러나 모든 사람은 율법의 저주 아래 있기 때문에, 행위의 언약은 여전히 모든 사람에게 영향을 미치고 있다. 모세를 통해 이스라엘 백성에게 전달된 십계명은 행위언약을 요약해 주고 있다. 그러나 피셔는 주어진 율법이 행위언약을 반복하는 것은 결코 아니라고 주장한다. 갈라디아서 3:19에서 범법함을 인하여 율법이 더해졌다고 하지만, 그러나 율법은 결코 은혜의 길을 대체할 수 없다. 모세언약 아래서 행위언약은 은혜언약에 대해서 두 언약을 상호 충돌하게 하는 주본질(ingrediency)로 작용하는 것이 아니라 더 나은 은혜언약으로 나가게 하는 보조(subserviency) 또는 참관(attendance)으로 작용하는 것으로 이해해야 한다.[297]

행위언약이 더 이상 인간에게 구원의 방법으로는 사용될 수 없지만, 행위언약의 율법은 회개하여 거듭난 자들에게는 새로운 순종으로 이끌어 주는 중요한 하나님의 인도하심이 되는 것이다. 그러나 이 행위언약의 역할은 중요하다. 은혜언약에 들어가기 전에 인간은 행위언약을 거치게 되

---

297 Mark W. Karlberg, "Reformed Interpretation of the Mosaic Covenant," *Covenant Theology in Reformed Perspective,* 35-36; Edward Fisher, The Marrow of Modern Divinity, with notes by Thomas Boston, 63-64.

어 있고 행위언약에서 자신의 부족함과 죄악을 깨닫고 회개하며 은혜언약으로 들어가는 것이다. 이 행위언약은 타락 전 원래 하나님과 인간 사이의 언약으로 아담에 의하여 깨졌으며 그 이후 아담의 후손들에게 전해진 것이다.[298]

이러한 모세언약의 보조적 관점으로 보면, 믿는 자나 불신자나 모두 다 축복과 저주의 이중적 제재의 행위언약 아래 놓여 있게 된다. 이렇게 행위언약은 은혜언약의 보조적 수단이 아니라 하나님의 율법에 대해 복종으로 인도하는 기반을 제공하는 것이 되는 것이다. 예를 들면, 모세와 아론은 약속의 땅으로 들어가지 못했는데, 그 이유는 불신과 불순종의 결과였다. 생명의 축복과 불행이 하나님의 사람들 위에 있는데 순종과 불순종에 의해 결정된다.[299]

영국의 언약신학은 바로 이어서 출간된 존 볼(John Ball)의 『A Treatise of the Covenant of Grace』에서 충분히 다루어진다. 그에 의하면, 하나님의 율법은, 비록 그것이 율법 또는 은혜라는 혜택의 방법이나 방식은 다르지만, 행위언약(창조언약)이나 은혜언약(구속언약)에서 생명을 위해 동일하게 역사한다. 행위언약이나 은혜언약이 모두 다 하나님의 선하심과 은혜로우심을 따라 하나님에 의해서 제정되었으나 죄인들에게 하나님의 은혜와 자비가 드러나는 절정은 구속적 협약, 즉 은혜언약에서만 속한 것이다. 볼은 은혜언약에 들어가기 위해서는 오직 이신칭의라는 전통적 가르침을 분명히 했다. 오직 믿음으로만 의롭다 여김을 받을 수 있다는 것이다. 은혜언약의 효과는 오직 선택받은 자에게만 제한되지만, 언약의 집행

---

298 원종천, 『청교도 언약사상: 개혁의 힘』, 1998, 50–51.
299 Mark W. Karlberg, op. cit., 36; Edward Fisher, *The Marrow of Modern Divinity*, 78.

은 더 폭넓게 작용한다.[300]

옛언약과 새언약의 차이는 약속(promise)과 성취(fulfilment)의 차이이다. 선택받은 자에 대한 은혜언약의 본질은 동일하게 남아있다.[301] 구약과 신약에는 오직 하나의 교회만 있을 뿐이다. 이스라엘과 교회 사이에 근본적이고 영속적인 구별이 있다고 하는 것은 옳지 않다.[302] 교사와 통치자들 아래 놓여 있던 이스라엘의 의미는 율법의 집행 아래 묶여 있었던 것으로 보기보다는 새로운 언약에로의 준비과정으로 이해해야 한다.[303]

3) 신학의 정수 평가

에드워드 피셔의 『현대신학의 정수』(1645)는 18세기 중반에 행위의 법(law of works)과 그리스도의 법(law of Christ) 사이에 구별에 관한 뜨거운 논쟁을 불러일으켰다. 그리스도의 법은 믿는 자들에게는 영속적인 생명의 법이 된다. 토마스 보스톤은 행위의 법과 그리스도의 법이 본질적으로 분리할 수 없는 하나의 법이라고 주장했다. 그는 그리스도의 법은 새로운 것이 아니며 오래되었고 처음부터 존재한 것이라고 했다. 피셔가 십계명을 행위언약으로 본 데 반해서 보스톤은 십계명을 은혜언약으로 보았다.[304]

상호 대립적(contrasting)인 행위(works)와 은혜(grace) 두 개념에 대한

---

300 Mark W. Karlberg, op. cit., 36-37. 참조 John Ball, *A Treatise of the Covenant of Grace*, (London: G. Miller, 1645), 24.

301 Mark W. Karlberg, op. cit., 37.

302 앤서니 후크마, 『개혁주의 종말론』, 이용중 옮김, 부흥과개혁사, 2012, 274.

303 Mark Karlberg, op. cit., 37. 참조 John Ball, op. cit., 34-35.

304 Mark W. Karlberg, "Moses and Christ: The Place of Law in Seventeenth-Century Puritanism," *Covenant Theology in Reformed Perspective*, 2000, 75-75.

이해는 율법(law)과 복음(gospel)을 이해하는데 있어서 기본적인 것이다. 오직 믿음으로 의롭게 된다는 개신교 교리와 개혁주의 언약사상은 율법과 복음처럼 난해한 문제이다.[305] 정수신학자 보스톤과 그의 동료들이 논쟁했던 신학의 정수의 핵심 문제가 바로 이것이었다. 도널드 맥로드는 이것을 본질적인 계약신학의 논쟁으로 보았다. 보스톤은 예수 그리스도를 둘째 아담으로 이해했으며, 첫째 아담과 둘째 아담의 대응 관계에서 크리스천 신앙을 이해하는 열쇠가 있다고 믿었다. 둘째 아담은 첫째 아담의 형벌을 다 짊어지시고 모든 의를 충족시키셨다. 행위언약과 은혜언약의 중심에는 그리스도가 계신다.[306]

이는 정수신학자들의 설교와 서신들의 내용에 잘 나타나 있다. 그들은 철저히 예수 그리스도 중심으로 설교하며 가르쳤다. 그들은 자신들의 삶과 사역 중에서 복음(gospel)을 올바르게 이해하려고 부단히 노력했으며 또한 어떻게 믿음(faith)으로 살아가야 할지, 또 어떻게 복음을 증거해야 할지를 끊임없이 고민했던 것이다. 그들은 이러한 해답을 이전 신학자

---

305 하이델베르크 교리문답의 저자이자 초기 언약신학자 자카리우스 우르시누스는 율법과 복음에 대하여 이렇게 기술했다: "교회 교리는 두 부분, 즉 율법과 복음으로 구성되어 있다. 우리는 율법과 복음 안에서 성경의 요약과 내용을 파악한다. 그러므로 율법과 복음은 가장 중요하고 일반적인 성경 구분 방법이며, 전 교리를 포함한다. 율법은 완전한 순종을 조건으로 생명을 약속한다. 그러나 복음은 그리스도를 믿는 믿음과 새로운 순종의 시작을 조건으로 생명을 약속한다. Zacharias Ursinus, *Commentary on the Heidelberg Catechism,* (Philipsburg, N.J.: Presbyterian and Reformed, 1985, from the 1852 Second American Edition), 1.

306 Mark W. Karlberg, *Covenant Theology in Reformed Perspective,* (Wipf and Stock Publishers: West Broadway, 2000), 145-146. 루이스 벌코프는 그의 저서 〈조직신학〉에서 "하나님의 말씀 안에 있는 율법과 복음, 아주 처음부터 개혁주의 교회들은 은혜의 수단인 하나님의 말씀의 두 부분으로서 율법과 복음을 구별하였다. 이 구별은 구약 성경과 신약 성경의 구별과 동일시되지 않고, 신구약 성경 모두에 적용되는 것으로 간주되었다. 구약에도 율법과 복음이 있으며 신약에도 율법과 복음이 있다. 율법은 명령 또는 금지 형태로, 복음은 구속사역, 예수 그리스도 안에서 하나님의 사랑을 추구하고 선포할 것을 선포하는 모든 것을 담고 있다: Louis Berkhof, *Systematic Theology,* (Grand Rapids: Eerdman, 1941), 612.

들이 쓴 책에서 찾은 것이 아니었다. 그들은 살아있는 하나님의 말씀을 살펴봄으로써 예수님과 주의 은혜, 그리고 주님의 귀중한 언약들을 더 잘 알게 되었던 것이다. 이렇게 그들은 예수님을 더 알아가고 예수님의 사역의 완전함을 알게 되었다. 또한, 그들은 '언약을 깨뜨린 자'(covenant breakers)로서 우리에게 주신 것들이 무엇인지를 깨닫게 되면서 주님은 그들에게 모습을 드러내시고 또 이들은 주님 안에서 넘쳐흐르는 기쁨으로 가득 찼던 것이다.

정수신학자들은 부단히 자유롭게 복음을 선포하는 일에 전심을 다했다. 그들은 결코 복음을 율법적으로 이해하지 않았다. '신학의 정수'는 철저히 그리스도 중심이었으며 따라서 복음 중심이었다. 그래서 그들은 열정적 복음전도자가 될 수 있었다. 신학의 정수는 그리스도 중심 언약신학으로 언약신학 안에서 상실할 수 있는 전도와 선교의 열정을 회복하였으며, 제한속죄를 가르치면서도 자칫 복음전도에 소극적일 수 있는 제한속죄설의 한계를 그리스도 중심 언약신학으로 극복하였던 것이다. 에드워드 피셔와 정수신학자들은 언약신학을 더욱 심화 발전시키고 확고히 하였다고 평가된다.

개혁주의 신학을 함에 있어서 하나님의 구속에 대한 지식이 여행자들의 신학(theologia viatorum, the theology of travelers)과 우리의 신학(theologa nosta, our theology)으로 가능하다. 〈역사의 의미〉에서 리차드 니버(Ricard H. Niebuhr)는 역사 연구와 기술에 있어서 외부자는 객관적 관찰자 입장에서 '남의 이야기'를 기술하지만, 내부자(insider)는 '우리의 이야기'를 기술한다는 것이다.[307] 따라서 내부자는 그 역사운동 안에 있기 때문에 비전과 열정

---

307 Richard H. Niebuhr, *The Meaning of Revealation,* (New York: Macmillan, 1941), 44 ff.

과 책임감을 가지고 헌신하며 행동한다. 정수신학자들은 내부자(insider)의 비전과 열정을 가진 진정한 개혁주의 신학자들이었다고 평가된다.

4. 하나님의 주권과 선교

언약교리는 하나님의 주권을 강조하며 예정론 또한 그렇다. 또한 교회론에서도 언약사상이 기초가 된다. 구원사역을 위해서 많은 노력이 행해지고 있는 곳이 교회이면서도 또한, 언약이 항상 머무르는 곳이 교회이기 때문이다.[308] 문제는 언약사상의 하나님의 주권과 칼빈의 예정론에 대한 오해가 선교적 교회로의 성장을 저해할 수 있다는 점이다. 경건주의자 필립 스패너(Philip Spaner)는 칼빈의 예정론 교리가 1618년 도르트회의에서 결정되었을 때 이를 '무서운 가르침'이라고 비난하였다. 예정론은 주경학적인 근거와 교리적인 근거에서보다는 하나님의 사랑에 대한 기독교의 확신과 신앙을 약화시켰다고 판단했던 것이다.[309]

1844년 알렉산더 슈바이처와 1847년 페르디난드 크리스천이 예정이란 칼빈 신학의 중심 교리이며 칼빈의 모든 가르침은 예정에서 비롯된다고 주장한 이후에 역사가들과 교의학자들은 예정을 마치 입증할 필요조차 없는 신앙의 주제처럼 주장하는 말을 지난 반세기 이상을 반복해 왔다.

---

308 John Calvin, *Institutes*, IV. i. 9.
309 필립 슈패너, 『경건한 열망』, 모수환 옮김, (크리스챤다이제스트, 1992), 33. 칼빈 이후에 나온 〈하이델베르크 요리문답〉에는 예정론이 전혀 나오지 않는다. 이에 대하여 하인리히 헤퍼(Heinrich Heppe)는 이 요리문답을 만든 우르시누스와 올레비아누스는 칼빈의 엄격한 예정론, 즉 어떤 사람은 택함을 받고 어떤 사람은 유기에 처해지는 하나님의 영원한 선택이 인간의 결정이나 행위에 의존하지 않고 완전히 하나님에게만 의존한다는 교리를 완화시키려고 시도했었다고 주장한다: 김재성, "하이델베르크 요리문답과 언약사상," 『국제신학』, 2013, 156.

그러나 칼빈이 구원받은 자에 대한 예정뿐만 아니라 버림받은 자에 대한 유기를 다 포함하는 이중예정(double predestination)[310]을 가르쳤으며 예정이 교의적으로나 실질적으로 중요하다고 가르쳤다고 해서 예정이 그의 가르침의 중심교리라고 말하는 것은 잘못이다.[311] 칼빈에게 있어서 예정론은 핵심교리가 아니었다. 그가 전 생애를 걸쳐 다룬 모든 주제는 결국 하나님의 주권과 영광이었다. 칼빈이나 베자(Theodore Beza) 등이 하나님의 예정을 강조한 것은 성도들의 영적인 유익을 위하여 주신 가르침이기 때문이었다.[312] 선택이 그리스도에 근거한다는 사실에서 칼빈은 구원의 확실한 보장을 발견하였다. 그리스도와 연합이 선택의 증거이다. 선택은 선택받은 자들의 삶 속에서 분명하고도 긍정적인 증거에 의해서 그 자체를 입증한다. 선택의 유효성과 확실성이 믿음에 의존하는 것이 아니다. 믿음이란 단지 선택을 드러내는 일을 하는 것이다. 선택의 은혜는 불가항력적이다.[313]

칼빈주의는 단지 예정론만을 강조하는 신학체계는 결코 아니다. 중세신학자들 가운데 토마스 아퀴나스, 피터 롬바르트, 보나벤튜라, 어거스틴, 미리니의 그레고리 등의 저술에도 예정론이 들어 있다. 그러나 중세 가톨릭교회는 현장에서 구원의 확신을 가르치는 것을 싫어했다. 칼빈은 로마 가톨릭은 구원의 대행자로서 권한을 행사하고자 하나님의 직접적인 결

---

310 존 웨슬리는 1739년 4월 29일 행한 그의 설교 〈무상은혜〉에서 칼빈의 이중예정론을 강하게 비판하였다. 웨슬리는 구원의 대상을 하나님께서 선택하셨다는 것을 인정하여 칼빈의 무조건적인 예정론을 따르면서도 버림 받은 자에 대한 유기가 창세 전에 결정되었다는 부분에 대해서는 비판적이었다. 그는 하나님의 무상은혜에 근거한 구원과 그 구원에 대한 인간의 선택과 책임을 강조하는 예지 예정론을 주장했다. 그러나 이러한 웨슬리의 주장은 인간의 구원에 있어서 인간의 선택을 강조함으로써 펠라기우스(Pelagius)적인 접근이라는 비판을 받고있다.

311 프랑수아 방델, 『칼빈: 그의 신학사상의 근원과 발전』, 김재성 옮김, (크리스챤다이제스트, 1999), 317-319.

312 김재성, 『Happy Birthday 칼빈』, (킹덤북스, 2012), 94.

313 프랑수아 방델, 앞의 책, 331-335.

정을 상세하게 가르치지 않고 있다고 격분했다. 예정론은 성도들로 하여금 구원의 확신을 주는 것이다. 종교개혁자 중에 루터와 쯔빙글리는 예정과 섭리를 강조했으며 필립 멜랑톤은 예정론을 매우 강하게 가르쳤다.[314]

그러나 칼빈은 하나님과의 언약관계에서 인간의 윤리적 측면을 강조하면서 인간의 역할을 중시한다. 인간의 책임은 성화와 윤리의 강조로 연결된다. 그는 은혜언약 아래 있는 인간이 하나님과의 언약관계에서 윤리적으로 올바르고 거룩해야 할 의무를 강조했다. 그럼에도 칼빈은 항상 하나님의 은혜와 주권을 우선시하였다.[315]

윌리엄 퍼킨스(William Perkins, 1558-1602)는 칼빈의 예정론 영향 아래 있음에도 불구하고 언약사상을 통해서 인간의 능동적인 참여를 강하게 유발시키려고 했다. 이것은 청교도의 반체제운동(classis movement)으로부터 탈피하여 개인경건을 도모하는 새로운 개혁방법이었다. 퍼킨스는 예정론의 부작용인 인간의 수동성과 운명론으로 인한 무기력증을 타파하고 언약사상을 통하여 인간의 책임과 의무를 강조하며 하나님 앞에서 윤리와 경건을 위한 최선의 노력을 촉구하는 것이었다.[316]

교회개혁을 추구하는 청교도들은 성도들의 참여가 필요하였으나 예정론만으로는 청교도의 강한 개혁의지를 영적으로 창출하기 어려웠다. 예정론은 영적으로 수동성과 나태성을 창출하기 쉬웠고 청교도들은 이것을 잘 인식하고 있었다. 물론 이들이 칼빈주의 예정론과 하나님의 주권 및 은혜사상을 양보한 것은 절대로 아니었다. 그러나 성경에 아울러 존재하

---

314 김재성, 앞의 책, 94.
315 원종천, 『청교도 언약사상: 개혁의 힘』, 1998, 26-29.
316 원종천, 앞의 책, 48.

고 있으면서도 예정론으로 말미암아 쉽게 가려질 수 있는 인간의 책임과 참여의 부분을 이들은 성경의 언약 개념을 강조하고 정리하려고 했던 것이다. 그들은 하나님의 은혜와 주권이 우선이지만 그것에 못지 않게 언약의 조건을 강조하면서 믿음을 강조하고 내면적 경건과 거룩한 삶을 역설하였다. 이렇게 언약의 가장 기초가 되는 개인언약에서부터 자발적 참여주의가 나타나게 되었던 것이다. 청교도들에게 참여의식을 더 자극한 것은 소명(calling)에 대한 가르침이었다. 윌리엄 퍼킨스는 소명을 강조하면서 하나님께서는 모든 사람에게 특별한 소명을 주셨다고 역설하였다. 존 프레스톤은 더 나아가서 성도들은 하나님의 도구로 만들어졌고 그렇게 쓰임을 받아야 한다고 말했다. 그는 하나님께서 보기에 더이상 쓸모가 없을 때는 그 도구를 버릴 수 있다고까지 했다.[317]

한편, 성경의 가르침을 종합해보면, 하나님의 선택과 주권을 통해서 구원이 계획되고 완성되고 적용된다는 것을 알 수 있다. 선택은 특정한 사람을 그 대상으로 삼지만, 그 사람들 자신이 선택의 근거나 기초는 아니다. 그것은 오로지 하나님의 은혜인 것이다. 여호와께서는 자신이 긍휼히 여길 자를 긍휼히 여기시고 자신이 불쌍히 여길 자를 불쌍히 여기시므로 원하는 사람으로 말미암음도 아니요 달음박질하는 사람으로 말미암음도 아니요 오직 긍휼히 여기시는 하나님으로 말미암는 것이다(롬 9:15-16). 믿음도 여기서는 해당하지 않는다. 믿음이란 선택의 결과 혹은 열매이지 선택의 조건이나 근거는 아니기 때문이다. 믿음은 결국 하나님의 선물이다

---

317 원종천, 『청교도 언약사상: 개혁의 힘』, 1998, 65. 참조, John Prestone, *Life Eternal or, treatise of the Knowledge of the Divine Essence and Attributes,* (London, 1634), 146-147.

(엡 2:8). 신자들은 창세 전에 그리스도 안에서 택하심을 받고 정하신 때에 믿음에 이르고 믿음으로 말미암아 하나님 앞에서 거룩하고 흠이 없이 되는 것이다(엡 1:4).[318]

에베소서 2:8에서 사도 바울은 이 점을 분명히 하고 있다: "너희가 그 은혜를 인하여 믿음으로 말미암아 구원을 얻었나니 이것이 너희에게서 난 것이 아니요 하나님의 선물이라, 행위에서 난 것이 아니니 이는 누구든지 자랑치 못하게 하려 함이니라". 우리에게 믿음을 주시는 분도 하나님이시다. 칼빈은 믿음은 성령께서 사용하시는 첫 번째 도구이며 열매라고 했다.[319] 믿음은 성령에 의해서 우리가 이해할 수 있도록 계시되고 우리의 마음에 인을 쳐서 우리를 향한 하나님의 선하신 뜻을 확실하고 분명히 알게 하는 지식이다.[320] 하나님의 예정에 대한 지식은 우리를 구원의 확신과 겸손과 경건으로 인도한다.

칼빈은 예정이란 "하나님께서 각 사람을 어떻게 대하실지를 결정하신 영원한 작정이다"라고 정의하였다.[321] 그러면서 성경에 비추어 볼 때 예정은 '그리스도 안에서의 선택'이라고 설명한다. 따라서 예정은 그리스도를 떠나서 설명할 수 없다. 예수님을 떠나서는 하나님의 작정을 알 수 없다. 칼빈은 하나님의 불변하는 작정과 계획을 말하면서 오직 그리스도만을

---

318 헤르만 바빙크, 『개혁교의학개요』, 2004, 327. 바빙크는 그리스도 자신도 하나님의 선택의 대상이라고 했다. 그리스도가 선택을 받으셨다는 것은 죄인으로서 선택을 받은 것이 아니라 창조의 중보자이셨던 그가 재창조의 중보자가 되시어 전적으로 자신의 고난과 죽으심으로 말미암아 그 일을 이루시는 것을 의미한다. 중보자로서 그는 아버지께 순종하셔야 하며 그가 성취하신 역사에 대한 상급으로 그 자신의 영광과 그의 백성들의 구원과 그리고 하늘과 땅의 최고의 권능을 받으시는 것이다(시 2:8; 사 53:10; 요 17:4, 24; 빌 2:9). 바빙크, 앞의 책, 328.
319 김재성, 『나의 심장을 드리나이다』, 2012, 224; John Calvin, *Institues,* III. i. 1.
320 John Calvin, *Institues,* III. ii. 7.
321 John Calvin, *Institues,* III. xxi. 5.

의존하여 설명하였다. 칼빈은 "만약 하나님을 그 아들과 단절하여 생각한다면 심지어 성부 하나님 안에서도 선택의 확신을 찾을 수 없다"라고 했다.[322]

성경적인 예정론을 잘못 이해하는 혹자는 기독교의 예정론을 숙명론(fatalism)으로 착각한다. 숙명론은 기독교 예정론과 유사한 부분이 있다. 그것은 사람의 길과 운명이 내가 아닌 다른 존재에 의해서 결정된다는 것이다. 그러나 그 구조상 비슷할 뿐이지 내용은 전혀 다르다. 동양적인 숙명론은 개인주의적이고 비관적이다. 서양철학에서 숙명론은 스토아 철학에서 발달하였다. 그리스 철학자들은 자연법칙, 섭리, 운명을 동일시하였다. 서양의 숙명론에는 인격적인 하나님이 없다. 기계론적이며 법칙적이다. 여기에는 의미도, 목적도, 방향도 없다. '맹목적인 운명'만 있을 뿐이다.[323] 그리스도인들 중에는 예정론을 기계론적 결정론(mechanical determinism)으로 생각하는 사람도 있다. 인간의 삶이 스스로의 참여와 책임으로 이어지는 것이 아니라 기계적인 프로그램에 의해 작동하는 것으로 오해하는 것이다. 따라서 결정론에는 선택의 자유가 없다. 칼빈은 인간이란 책임성을 가지고 있으며 어느 정도 자유로운 선택권과 재량권을 보장받은 존재임을 강조한다. 그렇지 않다면 하나님께서 아담과 하와에게 선악을 알게 하는 나무의 열매를 먹지 말라고 하지 않으셨을 것이다.[324]

이스라엘 민족의 역사가 나타나는 것같이 동시에 언약 개념도 동일

---

322 김재성, 앞의 책, 100; John Calvin, *Institutes*, Ⅲ. xxiv. 5.
323 하나님께서 목적없이 행동하신다고 생각하는 것은 어불성설이다. 심지어 하나님께서 당신의 기쁘신대로 다양하고 다채로운 형태로 창조하실 때에라도 하나님의 목적도 창조 사역에 존재한다. 벌코프(L. Berkhof)는 "신적 통치는 하나님께서 모든 만물을 목적론적으로 통치하셔서 신적 목적을 확실히 확립하여 당신의 이름에 영광을 돌리도록 하는 하나님의 지속적인 활동이라고 정의될 수 있다"고 하였다: Louis Berkhof, *Systematic Theology*, 1941, 175.
324 김재성, 앞의 책, 103-105.

한 역사 안에서 뚜렷이 나타난다.[325] 이에 대하여 발터 아이히로트(Walter Eichrodt)는 여호와와 이스라엘 사이의 언약 연대는 모든 원천들의 원초적 요소이며 언약의 약속적 특성은 '목표를 가진 삶과 의미를 가진 역사'를 제공해준다고 했다. 이스라엘이 적들에 대해 강인할 수 있었던 것은 민족적 열망때문이 아니었다. 하나님의 의지를 삶의 토대로 만들고 자연 종교에 대항하여 공동체를 지키게 했던 것은 언약의 개념이었으며 당연한 결과로서 선택의 개념이었다는 것이다.[326]

제임스 패커 역시 하나님의 절대 주권을 믿는 강인한 신앙이 오히려 인간으로 하여금 자신의 책임을 의식하지 못하게 방해한다는 의구심이 있는 것이 사실이라고 지적한다. 그러나 그는 하나님의 주권을 믿는 신앙이 결코 복음전도를 무기력하게 하지 않는다고 주장한다. 그런 신앙이 없을 때 오히려 복음전도는 지속적인 생명력을 상실한다는 것이다.[327] 이러한 오해는 성경이 행위에 대한 인간의 책임을 가르친다는 사실은 알고 있지만, 그것이 하나님의 주권과 어떻게 조화를 이루는지는 모르기 때문에 생긴다. 이는 하나님의 주권과 인간의 책임이라는 두 가지 진리가 서로 양립하도록 내버려두지 않기 때문에 나타난 오해인 것이다.[328]

---

325 모든 민족 가운데서 이스라엘은 하나님의 기업으로 인정된 민족이었고, 그리하여 요한복음 1:11의 말씀처럼 이스라엘은 태초에 하나님과 함께 계셨고 스스로 하나님이셨던 그 말씀의 소유자였다. 이스라엘은 "자기 백성", 즉 그 말씀의 소유된 백성이었고 따라서 그 말씀은 다른 사람들의 경우와는 다른 방식으로 이스라엘 중에 계셨던 것이다. 그는 의도적으로 수 세기 동안의 준비기가 지난 후에 이스라엘에 오셨다. 육체를 근거로 보면 그리스도께서는 조상들에게서 나오셨다(롬 9:5). 그런데 그분은 자기 백성에게 거절을 당하셨다: 헤르만 바빙크, 『개혁교의학개요』, 348-349.
326 Walter Eichrodt, *Theology of the Old Testament*, Trans., J. A. Baker, 2 Vols. OTL. (Philadelphia, 1961), 43.
327 제임스 패커, 『복음전도란 무엇인가?』, (생명의 말씀사, 2012), 13-14.
328 제임스 패커, 앞의 책, 26.

성경은 하나님이 왕으로서 그 영원한 목적에 따라 사람들의 행위를 비롯해 세상만사를 홀로 주관하시고 다스린다고 가르친다(창 45:8, 50:20; 잠 16:9, 21:1; 마 10:29, 행 4:27, 롬 9:20, 엡 1:1). 그와 동시에 성경은 하나님이 재판관으로서 인간으로 하여금 자신의 선택과 행동에 대해 책임을 지게 하신다고 가르친다(마 25장, 롬 2:1-16, 계 20:11-13). 따라서 복음을 듣는 자는 자신의 반응에 대해 책임을 져야 한다. 복음을 거부하는 것은 불신앙의 죄를 범하는 것이기 때문이다. 바울은 위탁받은 복음을 전할 책임을 다했다: "네가 복음을 전할지라도… 부득불 할 일이라 만일 복음을 전하지 아니하면 내게 화가 있을 것이로다"(고전 9:16). 성경은 하나님의 주권과 인간의 책임을 나란히 가르친다: "인자는 작정된 대로 가거니와 그를 파는 그 사람에게는 화가 있으리로다"(눅 22:22). 존 오웬은 "하나님께서는 은혜의 한 방편으로 우리 안에서 역사하시겠다고 약속하셨다. 이와 동시에 하나님께서는 우리들에게 의무의 한 방편으로서 요구하시는 것이 있다. 이 양면을 알지 못하는 사람은 성경을 결코 읽지 않았거나 성경을 믿지 않고 있는 것이다".[329]

하나님의 주권과 인간의 책임은 모두 다 신성한 권리를 지닌다. 따라서 둘을 대립적으로 볼 것이 아니라 하나로 결합해야 한다.[330] 인간은 하나님의 통제를 받지만 스스로 책임 있는 도덕적 존재이다. 하나님의 주권도 현실이고 인간의 책임도 현실이다. 이것은 마치 두 가지 명백한 진리 사이

---

329 존 오웬, 『개혁주의 성령론』, 이근수 옮김, (여수룬, 1988), 171.
330 사도행전 11장에서 베드로는 이방인에게 복음을 전하기를 원치 않았으나 성령 하나님께서 베드로를 설득하고 명하여 이방인들에게 나가도록 하는 장면이 나온다. 또한 구브로와 구레네 몇 사람이 안디옥의 이방인들에게 복음을 전함으로 안디옥교회가 설립되게 된다. 여기서 우리는 이방인 선교가 시작되는 기점에서 하나님의 주권과 인간의 책임이 동시에 나타나는 것을 볼 수 있다.

에 드러난 부조화처럼 보인다. 결국, 이율배반적이게 된다. 그러나 성경은 둘 다 굳건한 증거를 제공한다. 따라서 둘을 조화시키는 일은 그야말로 신비 그 자체이다. 실상은 이율배반적으로 보이는 이 둘은 우리가 이해할 수 없는 방법으로 서로를 보완한다. 따라서 우리는 두 가지 진리를 각각의 영역 안에서 자연스럽게 활용하고 적용해야 한다. 둘의 평화로운 공존을 인정하는 방법으로 대해야 한다.[331]

구원을 선포하는 것이 우리의 책임이다. 그러나 구원을 베푸시는 분이 하나님이심을 망각해서는 안 된다. 우리가 복음을 전파하지만, 그 결과를 만들어 내는 것은 하나님의 고유한 특권이라는 사실을 잊게 되면 그 결과까지도 우리의 책임으로 받아들일 가능성이 높다.[332]

찰스 스펄전은 "두 가지 진리를 어떻게 조화시킬 수 있습니까?"라는 질문을 받고 이렇게 대답했다고 한다: "나는 조화를 시도하지 않습니다. 나는 두 친구를 화해시킬 생각이 없습니다." 성경에 나타난 하나님의 주권과 인간의 책임은 서로 적이 아니다. 둘은 친구로서 서로 협력한다.[333]

언약신학은 하나님과 인간의 행동에 더 넓은 성경적 문맥을 제공해 준다. 언약은 두 당사자를 포함한다. 그래서 만일 우리가 추상적인 철학적 질문보다 언약으로 시작하면 전체 논의가 의미있게 변화된다. 종종 칼빈주의는 일련의 성경 구절들에서 하나님의 주권을 강조하고, 반면 알미니안주의(Arminianism)는 인간의 책임을 강조하는 다른 구절들을 강조한다고 한다. 그러므로 이러한 경쟁 관계는 단지 바른 성경적 균형을 가지고 하

---

331 제임스 패커, 앞의 책, 31-35.
332 제임스 패커, 앞의 책, 44.
333 제임스 패커, 앞의 책, 54.

나님의 주권과 인간의 책임 양자 모두를 가르치지 않는 결과에서 비롯된다. 분명 이러한 묘사에 부합되는, 즉 하나님의 주권에 대한 왜곡된 개념을 가지고 이 밖의 모든 것을 주변으로 몰아내는 '극단적 칼빈주의'(Hyper-Calvinism)가 있다.[334]

그러나 '극단적 칼빈주의'는 칼빈주의가 아니다. 언약신학은 성경이 하나님의 주권과 인간의 책임, 하나님의 선택과 보편적인 복음선포 모두를 가르치는 것을 볼 때, 심지어 하나님께서 어떻게 이 둘을 무대 뒤에서 조합하시는지를 잘 모른다고 고백하면서도 둘 다 인정한다. 또한, 알미니안주의는 극단적 칼빈주의와 같이 모든 것을 통제하는 전제를 가지고 시작하며, 이러한 전제로부터 가능한 성경해석을 이끌어 낸다. 알미니안주의의 중심교리는 인간의 책임은 외적인 강제로부터 자유로울 뿐만 아니라 내적인 욕구와 성향으로부터 자유로운 의지를 요구하는 분명 인간의 자유에 대한 자유주의 개념인 것처럼 보인다.[335]

그러나 우리가 언약의 문맥과 언약의 역사적 과정 안에서 이러한 하나님의 주권과 인간의 책임에 대한 구절들을 읽을 때, 추상적이고 관념적인 질문들은 구체적이고 역사적인 질문들로 변화된다. 하나님께서는 인간의 자유에 공간을 만들어 주기 위해 자신의 주권이나 하나님의 속성을 제한하지 않으신다. 오히려 하나님의 자유는 창조된 우리의 자유가 가능한 공간을 제공한다. 그러나 하나님은 독재권력을 행사하는 독재자가 아니시다. 오히려 하나님께서는 자신을 낮추셔서 창조하실 뿐만 아니라 언약관계 안에서 자신을 자신의 창조물과 연결시키신다. 하나님의 주권을

---

334 마이클 호튼, 『언약신학』, 2009, 28.
335 마이클 호튼, 『언약신학』, 29.

영원 전에 있었던 삼위일체 하나님 사이의 사랑의 문맥, 즉 구속언약, 하나님이 만드시는 모든 피조물과의 연대성, 즉 창조언약, 그리고 그리스도 안에서와 성령으로 하나님의 구원의 목적을 성취하시는 것, 즉 은혜언약의 관점에서 논함으로써 언약신학은 성경에 있는 하나님의 주권을 보여주는 구절만이 아니라 인간 행동의 의미를 강조하는 구절들에 적합한 자리를 줄 수 있다.[336]

하나님의 주권이 인간의 책임을 약화시키는 것이 아니다. 하나님의 주권은 오히려 인간의 선교적 책임을 더욱 강하게 요구하며 그것은 바로 언약신학이 가지고 있는 선교적 함축성이라고 할 수 있다. 언약은 우리에게 언약하시고 언약을 집행하시는 삼위일체 하나님, 즉 행동하시는 하나님에게로 인도하며 언약 안에서 우리로 종말론적 구속사의 역사운동을 따라 행동하게 한다.

제 2장 구약의 언약과 선교

구약에서 이스라엘 사람들은 민족주의나 정치적인 목적과 연결된 것이 아니라 언약에 의해 하나님께 속하도록 하나님에 의해 '부름 받은' 부족 연맹체로 자신들을 간주했다. 그러므로 하나님이 자신을 계시하시는 것은 추상적으로 파악되거나 교훈의 형식으로 나타나는 것이 아니라 하

---

336 마이클 호튼, 앞의 책, 29-30.

나님의 자기 계시는 하나님께서 자기 백성을 다루시면서 자기 백성들의 삶 속에 개입하실 때, 또한 그들에게 하나님을 아는 지식을 주시며 자신의 뜻에 따라 그들을 형성하실 때 이루어진다. 여호와 하나님과 이스라엘 사이의 언약적 연합은 단편적인 형태임에도 불구하고 모든 자료에서 본래적 요소이다.[337] 이러한 언약의 약속적 특성은 삶의 의미있는 목표와 역사를 제공해 준다. 이스라엘에서는 언약의 하나님에 대한 지식과 하나님의 구속 행위가 신적인 의지의 결과로서 처음에는 단지 제한적인 민족적 운명의 틀 안에서, 그러나 후에는 보편적으로 역사적 과정 속에 나타나는 것을 이해하고 참여할 힘을 얻게 된다.[338] 구약성경에서 하나님에 대한 신앙이 하나님의 민족 종교가 되는 것을 방지하고 민족주의 정서보다 여호와 하나님의 보편적 뜻을 강조하게 된 것은 주로 언약 개념 때문이었다.

구약성경에서 여호와 하나님의 뜻은 언약의 내용에서 가장 뚜렷이 나타난다. 구약의 여러 언약들에 뚜렷이 나타나는 내용은 하나님의 언약이 '영원한 언약'이라는 것과 각 언약에서 비록 강도는 다소 다르지만 일관되게 나타나는 것은 이스라엘 민족공동체를 넘어선 이방세계 및 열방 민족들을 향한 하나님의 '보편적 선교 비전'이다. 이러한 하나님의 열망은 이사야서에서 잘 나타난다: "그가 이르시되 네가 나의 종이 되어 야곱의 지파들을 일으키며 이스라엘 중에 보전된 자를 돌아오게 할 것은 매우 쉬운 일이라 내가 또 너를 이방의 빛으로 삼아 나의 구원을 베풀어서 땅 끝까지 이르게 하리라"(사 49:6).

---

337 Walther Eichrodt, *Theology of the Old Testament,* trans. J. A. Baker, (Philadelphia: Westminster, 1951), I, 36-37.
338 Walter Eichrodt, *op. cit.,* 38, 42.

본 장에서는 구약 성경에 나타난 주요 언약들, 즉 하나님께서 아담, 노아, 아브라함, 모세, 다윗 등과 맺은 언약들의 특성을 살펴보고 각 언약에 나타난 선교적 함의를 부각시킴으로써 종말론적 구속사와 역사운동의 구조 중심에 삼위일체 하나님의 선교가 있으므로 언약과 선교는 근본적으로 상호 분리될 수 없는 불가분의 관계에 있다는 것을 밝히려고 한다.

1. 아담언약과 선교

1) 아담언약의 특성

하나님께서는 창세기 1:26-28에서 '정복하고 다스리라'고 말씀하셨다. 이것은 아담에게 온 세상을 다스리는 통치 리더십, 즉 왕의 역할을 주신 것이다. 또한, 창세기 2:15에서는 특정 지역, 곧 에덴에 대해 아담에게 더욱 구체적으로 에덴동산을 '경작하고 지키도록' 명령하셨다. 이것은 아담이 왕의 역할뿐만 아니라 에덴동산, 즉 특별히 구별된 거룩한 성전을 지키도록 제사장의 역할도 주신 것이다. 구약성경에는 '일하다'라는 히브리어 단어와 '지키다'라는 히브리어 단어가 함께 사용되면 통상적으로 제사장의 사역을 가리킨다. 하나님의 명령은 더럽힐 수 있는 모든 것을 방비해서 에덴동산을 지키라고 명령하신 것이다.[339]

그러나 아담은 창세기 1:26-28의 통치명령을 위반했으며 자신이 맡

---

339 데이비드 반드루넨, 『하나님의 두 나라 국민으로 살아가기』, 윤석민 옮김, (부흥과개혁사, 2012), 52-54. 참조 Bryan D. Estelle, "The Covenant of Works in Moses and Paul", *Covenant, Justification, and Pastoral Ministry: Essays by the Faculty of Westminster Seminary California,* ed. R. Scott Clark, (Phillipsburg, NJ: P&R, 2007), 100-102; Beale, "The Temple and the Church's Mssion," op. cit., 66-69, 84-85.

은 왕으로서의 소임을 다하지 못하고 뱀이 하나님의 창조에서 왕이 되도록 방치했다. 또한 아담은 에덴동산을 경작하고 지키라는 창세기 2:15 말씀도 위반하여 자신이 받은 제사장의 직무를 멸시하고 정결하게 보존되어야 할 성소를 뱀이 더럽히도록 방치했다.[340]

마지막으로 하나님은 창세기 2:17에서 '선악을 알게 하는 나무'의 열매를 먹지 말라고 명령하셨다. 창세기 2:16-17은 하나님께서 아담에게 주시는 행위언약이다:[341] "여호와 하나님이 그 사람에게 명하여 이르시되 동산 각종 나무의 열매는 네가 임의로 먹되 선악을 알게 하는 나무의 열매는 먹지 말라 네가 먹는 날에는 반드시 죽으리라 하시니라"(창 2:16-17).

선악을 알게 하는 나무(the Tree of Knowledge of Good and Evil)는 '선악에 관한 지식의 나무' 또는 '선악의 지식의 나무'이다. 여기에는 '선악'과 '지식' 등 두 가지가 핵심 개념이다. 선과 악의 기준은 하나님께서 정하신다. 하나님의 말씀이 곧 선이다. 사람은 하나님의 입에서 나오는 모든 '말씀'으로 산다(마 4:4). 그러나 사탄은 아담과 하와에게 말씀을 버리고 '지식'으로 살라고 유혹했다: "네가 먹으면 눈이 밝아져 선악을 알게 되며 하나님과 같이 된다"(창 3:4-5). '선악'을 안다는 것은 도덕적 국면을 말해주지만[342] 동시에 히브리 개념에서 선악을 알게 된다는 것은 '모든 것'이나 '모

---

340 Mereth G. Kline, *Kingdom Prologue: Genesis Foundations for a Covenantal Worldview*, (Overland Park, KS: Two Age Press, 2000), 119-121.

341 웨스트민스터 신앙고백서 7장 2항에 이것을 사람과 맺어진 최초의 언약으로서 행위언약으로 칭하고 있다. 창세기 이 부분에 '언약'이라는 단어가 등장하지 않음에도 불구하고 개혁주의 신학자들은 이것을 하나님의 언약으로 설명한다. J.V. Fesko, *Justification: Understanding the Classic Reformed Doctrine*, (Phillipsburg, NJ: P&R, 2008), 108-122.

342 윌리엄 덤브렐,『언약신학과 종말론』, 장세훈 옮김, (CLC, 2002), 38.

든 종류의 일'을 알게 된다는 뜻이다.[343] 즉, 모든 것을 아는 지식을 소유하게 된다는 것이다(삼하 14:17-20). 사탄은 아담이 지식의 나무의 열매를 먹음으로 어떤 것을 알 수 있다고 주장했지만 실제로는 모든 것을 알 수 있다는 말이었다. 인간에 대한 하나님의 계획은 어떤 것을 아는 것이 아니라 하나님이 어떤 분이신 것을 알도록 하는 것이었다. 모든 것을 알고 하나님처럼 되려는 욕망이 거기 있었다. 그러나 그러한 체험을 추구하는 것은 금기 사항이었다.[344] 이 나무는 선악을 선택할 때 완전한 자유를 누릴 수 있는 권리를 상징하는 것이었다. 이것은 곧 피조물이 피조물이 되기를 거부하고 창조주 하나님이 되기를 원하는 것이다. 아담은 완전한 자유를 원했고 하나님이 되기를 원했다.[345] 뱀, 곧 사탄은 아담으로 하여금 하나님의 '말씀'을 의심하게 하고 또 그분의 선하심을 의심하게 하였다.[346]

아담은 말씀이냐 지식이냐 양자택일의 시험에서 하나님의 말씀을 거부했다. 이제 아담에게는 하나님의 말씀이 '선'이 아니라 인간 스스로 창안하고 개발한 인본주의적인 '지식'이 선이 된 것이다.[347] 아담은 하나님에게 불순종함으로 스스로 선과 악의 질서를 바꾸었다.

---

343 올리버 버스웰, 『조직신학』(1), 권문상 • 박찬호 옮김, (웨스트민스터출판부, 2005), 416.

344 말텐스, 「새로운 구약신학 하나님의 계획」, 김의원 옮김, 43.

345 윌리엄 라솔, 데이비드 앨런 허바드, 그리드릭 윌러엄 부쉬, 『구약개관』, (크리스챤다이제스트, 2009), 133.

346 윌리엄 라솔, 앞의 책, 133. 참조 D. Kidner, Genesis. *Tyndale Old Testament Commentaries*, (Downer Grove, 1967), 68.

347 윌리엄 에임스(William Ames, Amesius)는 자연적 지식과 하나님의 조명에 의한 지식을 철저히 구별하였다. 그는 이 두 가지 지식은 정도(degree)에서 뿐만 아니라 종류(kind)에서도 완전히 다르다고 하였다. 『신학의 정수』를 저술했으며 개혁교회 경건주의 최초의 신학자로 인정받는 윌리엄 에임스(아메시우스)는 "악마는 최고의 형이상학자이다"라고 하면서 자연신학을 철저히 거부했다. 그에게 있어서 이성은 신앙의 인도를 받아야 하고 하나님의 계시에 근거하여 활용되어야 한다: 에르네스트 슈투플러, 『경건주의 초기역사』, 송인설 • 이훈영 옮김, (솔로몬, 1993), 228-230.

이것은 금단의 시험이라는 점에서는 행위언약이며, 이는 하나님의 특별한 섭리라고 할 수 있다. 행위언약은 하나님과 아담 사이에 맺은 언약이다. 여기서 아담의 의무는 인류의 총대(總代, federal head)로서 하나님의 명령을 순종하는 것이었다.

하나님께서 아담에게 영원한 복종을 조건으로 언약을 하셨다. 이는 피조물인 인간이 창조주에게 절대복종할 것을 명령하신 것이다. 이것은 창조주와 피조물 간 창조질서에 관한 것으로 일반적인 섭리에 속한 것이다. 이것은 인간의 존재(ontology)에 대한 성경적인 존재론을 나타내는 것으로 하나님은 창조주이시고 인간은 피조물이다. 따라서 아담언약은 행위언약으로서 창조질서 및 하나님과의 관계질서에 기초한다.

하나님께서는 아담과의 특별한 창조언약을 통해서 에덴동산의 청지기로서 아담에게 창조질서와 관련된 근본적인 관계, 즉 하나님은 창조주이시고 인간은 피조물이라는 관계질서를 다시 확인하여 주셨다. 인간에게 있어서 하나님과의 관계질서는 영원한 창조질서에 속한 것이다. 인간의 창조목적은 하나님을 하나님으로 인정하고 찬양하며 예배하기 위함이다. 그러나 사탄의 유혹을 받은 아담과 하와는 '하나님처럼 되려는 의도'에서 창조언약을 깨고 말았다.[348] 어거스틴의 표현을 빌리면 "아담은 타락으로 말미암아 죄를 짓지 않을 수 있는 위치에서 떨어져 죄지을 수밖에 없

---

348 우르시누스(Ursinus)는 하나님과 아담 사이에 언약관계를 설명하면서 최초로 "자연언약"(foedus naturae)이라는 용어를 사용하였다. 인간의 의무는 하나님에게 순종하는 것이며 이것은 피조물의 하나님에 대한 자연스런(natural) 관계라는 것이다. Mark W. Karlberg, "Reformation Politics," 2000, 69. 참조 Zacharius Ursinus, *The Commentary of Dr Zacharias Ursinus on the Heidelberg Catechism*, tr. G. W. Williard, (Grand Rapids: Eerdmans, 1954), 612ff.

는 처지로 추락하였다.[349] 아담은 타락 전에는 자연스럽게 일반계시로 하나님을 알게 하셨다. 타락 후에 아담은 에덴에서 쫓겨났기 때문에 이제 하나님은 특별계시로 말씀해 주셨다. 호세아서에서는 아담이 선악을 알게하는 나무의 열매를 먹은 것을 '언약을 어겼다'고 분명히 적시하고 있다: "그들은 아담처럼 언약을 어기고 거기에서 나를 반역하였느니라"(호 6:7).

타락 후에도 동물을 피 흘려 잡고 옷을 만들어 주시고 보살펴 주셨다. 타락 후에도 여전히 아담과 하와에게 하나님의 은혜가 있었다. 하나님은 아담과 행위언약만 하신 것이 아니다. 은혜의 언약을 주셨다. 아담의 언약에는 행위언약과 은혜언약이 다 나타난다.[350] 언약은 본질적으로 은혜언약이기 때문이다. 그래서 하나님께서는 타락 후에 구원의 약속을 하셨다: "여호와 하나님이 뱀에게 이르시되 네가 이렇게 하였으니 네가 모든 가축과 들의 모든 짐승보다 더욱 저주를 받아 배로 다니고 살아 있는 동안 흙을 먹을지니라 내가 너로 여자와 원수가 되게 하고 네 후손도 여자의 후손과 원수가 되게 하리니 여자의 후손은 네 머리를 상하게 할 것이요 너는 그의 발꿈치를 상하게 할 것이니라"(창 3:14-15).[351]

창세기 3:15는 하나님의 언약이 특별은총이며 은혜언약임을 나타낸다. 모체가 되는 약속으로서 창세기 3:15에서 뱀은 징계받으며 뱀을 수단

---

349 J. Barton Pane, *The Theology of the Old Testamant*, (Grand Rapids: Zondervan, 1962), 216. 참조 John Murray, *The Imputation of Adam's Sin*, (Grand Rapids: Eerdmans, 1959).

350 은혜언약이 선택과 분리되면 결국 그것은 은혜언약일 수가 없고 다시 행위언약이 되어 버린다: 헤르만 바빙크, 『개혁교의학개요』, 2004, 334.

351 인류는 근본적으로 여자의 후손과 뱀의 후손으로 분류된다. 여자의 후손과 연합한 사람들은 뱀과 연합한 사람들과 서로 대적하는 원수 사이이다. 이 두 부류는 서로 다른 것을 믿고 다른 주인을 섬기며 다른 운명으로 향한다. 중간 입장이나 윤리적 중간 지대는 결코 존재하지 않는다. 각 사람은 이 주인에게 속하거나 다른 주인에게 속한다: 데이비드 반드루넨, 『하나님의 두 나라 국민으로 살아가기』, 101.

으로 사용했던 그 악한 세력도 정죄받았다. 하나님께서 아담 타락 직후에 여자의 후손이 사탄의 머리를 상하게 할 것을 선포하신 약속 속에 은혜언약의 선포와 제정이 내포되어 있는 것이다.[352] 또한 특별은총과 은혜언약은 오직 여자의 후손, 즉 그리스도 안에서 주어진다는 것을 말해준다.

하나님의 언약은 본질적으로 은혜언약이다. 언약에 있어서 기본과 집행은 다르다. 성경에 나타난 언약은 하나님 편에서 주도적이고 일방적이다. 그리고 집행은 시대마다 다양하게 다르게 하셨다. 그러나 그 기본은 항상 은혜이다. 언약은 근본적으로 은혜언약인 것이다.

한편, 언약신학의 구조적 원리(organizing principle)에서 볼 때 성경에서 가르치는 구원의 역사(history of salvation)는 통일된 원리를 가지고 있으며, 하나님의 언약은 구속역사 속에 담긴 하나님과 인간과의 특별한 언약적 관계(covenantal relationship)를 말하고 있다.

언약은 창조언약 또는 자연언약과 구속언약 또는 은혜언약으로 나누어 구분할 수 있다. 자연언약은 일반은총에 관한 것으로 재창조가 이루어진 노아언약에서 재설정 확정되며 그리스도의 재림까지 간다. 그리고 은혜언약은 특별은총에 관한 것으로 아브라함언약에서 구체화되고 영원한 언약으로 확증되며 그리스도의 초림에서 완성되지만 피로 세운 새언약에 기반하여 그리스도의 재림까지 간다. 따라서 특별은총과 관련된 구속언약 또는 은혜언약은 하나님의 구속사적 관점에서 보아야 한다. 구속사적 관점에서 볼 때 성경에 나타난 언약은 하나님의 주권하에 주시는 하나님의 선물이다. 은혜언약은 창세기 3:15 '여자의 후손'에 대한 구속언약에서

---

352 헤르만 바빙크, 『개혁교의학개론』, 2004, 332.

선포되었고, 이후 노아와 아브라함, 모세, 다윗 등을 거쳐 그리스도의 십자가를 통한 언약의 완성 및 새언약에 따른 성령님의 선교사역으로 이어진다.

선악을 알게 하는 나무의 열매를 먹지 말라는 말씀을 통해서 창조주와 피조물 사이에 금지와 요구, 명령과 순종의 관계를 맺게 되었다. 그러나 첫째 아담의 범죄로 인해서 하나님과 인간 사이에 자연적이고 필수적이고 본질적인 질서와 관계가 파괴되었다. 그러나 하나님은 멀리 떠나지 않으시고 다시 언약적 관계를 선포하시어 여자의 후손을 약속하셨다. 그리고 오랜 세월에 걸쳐서 아브라함과 모세와 이스라엘의 역사 시대를 걸쳐서 마침내 둘째 아담 예수 그리스도를 정점으로 하는 구원역사를 성취하셨다. 이후에 성부 하나님께서 약속하신 성령을 보내시어 모든 민족을 향한 선교사역을 수행함으로써 하나님의 은혜와 영광을 나타내셨다. 성경에 나타난 하나님의 언약과 집행에는 이와 같이 통일성(unity), 연속성, 점진성이 있으며 하나님의 은혜와 영광은 갈수록 뚜렷해지고 분명히 드러난다.

하나님은 아담의 타락 이후에 즉시 구속언약을 선포하셨다. 이 언약은 창세전에 성부 하나님과 성자 하나님 사이에 작정된 것이었다. 요한복음 17장은 이 구속언약이 언약들 이전에 존재한 언약(Covenant before covenants)임을 분명히 나타낸다: "아버지께서 내게 하라고 주신 일을 내가 이루어 아버지를 이 세상에서 영화롭게 하였사오니 아버지여 창세 전에 내가 아버지와 함께 가졌던 영화로써 지금도 아버지와 함께 나를 영화롭게 하옵소서"(요 17:4-5). "아버지여 내게 주신 자도 나 있는 곳에 나와 함께 있어 아버지께서 창세 전부터 나를 사랑하시므로 내게 주신 나의 영광을 그들로 보게 하시기를 원하옵나이다"(요 17:24). 요한복음 17장을 통해서 창세 전에 성부와 성자 사이에 '영원한 언약'으로서 구속언약이 있었음을 알 수 있다.

삼위일체 하나님의 언약으로서 구속언약은 누가복음 24장에도 나타난다. 예수님은 부활 이후 승천하시기 전에 성부 하나님께서 약속하신 성령에 대하여 말씀하셨다: "또 이르시되 이같이 그리스도가 고난을 받고 제삼일에 죽은 자 가운데서 살아날 것과 또 그의 이름으로 죄 사함을 받게 하는 회개가 예루살렘에서 시작하여 모든 족속에게 전파될 것이 기록되었으니 너희는 이 모든 일의 증인이라 볼지어다 내가 내 아버지께서 약속하신 것을 너희에게 보내리니 너희는 위로부터 능력으로 입혀질 때까지 이 성에 머물라 하시니라"(눅 24:46-49). 여기서 성부 하나님이 미리 약속하신 성령을 성자 하나님께서 보내실 것이라고 말씀하신다. 이는 구속언약이 창세 전에 성부, 성자, 성령 사이의 삼위일체 언약이었음을 나타내고 있는 것이다.

삼위일체 하나님의 언약에는 성자 예수님을 보내시고 성령을 보내시는 '파송'의 사역이 내포되어 있다. 이는 하나님의 언약에 선교적 함의가 처음부터 있었음을 나타내는 것이다. 성육신 자체가 예수님의 신분과 사역을 단적으로 보여주는 것이다. 예수께서는 자신의 사역을 통하여 예언된 선교적 사역을 수행할 자로 오셨음을 분명히 말씀하셨다. 누가복음 4:18-19에서 자신의 소명을 이사야 61:1의 예언과 연계함으로써 기름부음 받은 종의 소명의 성취로 선포하였는데 이 이사야 예언의 소명은 구원자요 선교사적 사명자의 부르심을 말하고 있다. 또한, 예수님은 자신이 하나님으로부터 보냄을 받은 자임을 분명히 하셨다(막 1:38, 눅 4:18, 요 20:21).[353]

---

353 이현모, 『현대선교의 이해』, (침례신학대학교출판부, 2003), 64.

예수님이 성육신하셨다는 것은 삼위일체 하나님의 언약과 언약의 집행에 있어서 종의 사명을 가지고 이 땅에 오신 "보냄 받은 자"라는 선교적 함의를 강조하는 것이다.

선교는 창조 때부터 시작된 하나님의 중심적 계획이다.[354] 성령님의 강림은 창세 전에 삼위일체 하나님 사이에 작정된 것이다. 또한, 선교는 기본적으로 '보냄을 받는다'는 말에서 나왔다. 선교는 하나님께서 사명을 주어 보낸다는 뜻이다.[355] 선교의 핵심 개념은 '파송'이다. 창세 전에 작정하신 대로 성부 하나님께서 성자 예수님을 보내시고 또 성자 예수님은 성부 하나님께서 약속하신 성령님을 보내셨다. 창세 전부터 삼위 하나님의 '보내심'과 '보내심을 받음', 즉 파송의 영적 메커니즘이 작동하고 있는 것이다.

이렇게 볼 때 특별은총과 관련한 삼위일체 하나님의 언약은 구속언약이면서 은혜언약이며 동시에 선교언약(Covenant of Mission)인 것이다.[356] 창조언약 또는 자연언약은 창조질서 및 하나님과 인간과의 관계질서에 초점이 맞춰진 용어이며, 구속언약이 성부 하나님과 성자 하나님 사이에 영원한 작정에 따른 그리스도의 구속사역에 초점이 맞추어진 용어이고, 행위언약이 하나님의 말씀에 대한 순종의 시험이 강조된 것이고, 그리고 은혜언약이 하나님의 한없는 사랑과 은혜가 강조되는 용어라면, 선교언약은 창세 전에 '보내신 이'와 '보내심을 받은 이', 즉 '파송'이 언약되었다는 것을 강조하는 것이다.

---

354 이현모, 앞의 책, 52.
355 이승구, 『교회란 무엇인가?』, (나눔과 섬김, 2010), 341.
356 창세기 1:28 문화명령과 마태복음 28:18-20 선교명령을 합해서 '언약명령'이라고 할 수 있다. 선교언약이란 용어는 삼위일체 하나님의 언약 개념에 내포되어있는 '파송'의 의미를 포함하면서 동시에 언약명령의 측면을 강조하여 필자가 고안한 용어이다.

'파송'은 삼위일체 하나님의 언약에 뚜렷이 나타나는 '낮아지심' (condescension)으로 이해된다. 하나님의 '낮아지심'은 〈웨스트민스터 신앙고백〉제 7장 1절에는 "오직 그가 언약의 방식으로 표현하기를 기뻐하신 하나님의 편에서의 어떤 자발적인 낮추심에 의해서뿐이다."라고 기록하고 있다. 웨스트민스터 신앙고백서에 나타난 언약사상은 은혜에 의해서 출발하기보다는 먼저 '자발적 낮아지심'이 강조되고 있다.[357] 죄인인 인간에게 찾아오신 예수 그리스도는 곧 하나님의 낮아지심이며 이는 하나님의 성품과 속성과 인격성에서 나오는 것이다.[358] 이런 의미에서 선교는 성육신의 선교(incarnational mission)라 할 수 있다. 은혜언약이 하나님의 무조건적인 선택과 은혜를 강조하고 구속언약이 하나님의 주권과 그리스도 중심을 강조한 것이라면 선교언약은 삼위일체 하나님의 '낮아지심'과 죄인들을 구원하기 위한 보내심을 받음, 즉 '파송'을 강조한 것이다.

전통적으로 언약은 구속언약과 행위언약으로 구분된다. 창조언약은 인간타락 이전의 언약을 말하며 구속언약은 인간 타락 이후 언약이다. 구속언약은 그 속성상 은혜언약이다. 또한, 하나님의 언약에 대한 표현들로 넓은 의미 혹은 좁은 의미에 따라서 또는 강조점에 따라서 창조언약, 자연언약, 평화언약, 시작언약(covenant of commencement), 완성언약(covenant of

---

357 김재성, "하이델베르그 요리문답과 웨스트민스터 고백서의 언약 사상,"『한국개혁신학』, 2013, 68~69. 웨스트민스터 총회회원으로서 회의에 참석했던 청교도신학자 안토니 버게스 (Anthony Burgess, 1600~1663)는 아담과 맺은 행위언약을 하나님께서 자신을 부정하지 않으시고, 하나님 자신의 엄위와 다스리심을 잃지 않으시면서, 자비롭게 자신을 낮추시고, 계시하시면서 아담과 언약을 맺으신 것이라고 설명했다: 김홍만, "웨스트민스터신앙고백서 7장의 행위언약과 은혜언약의 구분" (발간예정, 2014). 참조, Anthony Burgess, *Vindiciae Legis: or A Vindication of the Morall Law and The Covenants, From the Errors of Bapists, Arminians, Socinians, and more especially, Antinomians* (London: James Young, 1646), 123.

358 Peter Golding, Covenant Theology, (Feam: Mentor, 2004), 106.

consummation) 등의 용어들도 사용된다.[359] 구속언약 용어는 언약의 그리스도 중심성을 강조하고 그리스도 사역의 핵심을 잘 표현해주는 것이지만, 그 개념이 협의적이며 은혜언약은 언약의 다양성을 다 포함하는 것은 장점이 되나 신약시대의 예수 그리스도의 새언약과 새언약의 집행으로서의 성령 하나님의 사역을 충분히 반영하기 어렵다는 점도 있다.

구속언약은 그리스도의 십자가 죽음과 부활로 완성되며 새언약으로 이어진다. 전통적 개념의 구속언약은 '새언약'의 이행과 이를 통한 하나님의 나라의 완성이 충분히 고려되지 않고 있다. 구속언약은 그리스도의 십자가와 부활을 통한 옛언약의 성취로 이해된다. 그러나 종말론적 구속사는 그리스도의 피로 새언약 위에 계속된다. 옛언약과 새언약은 단절된 것이 아니고 언약의 집행이라는 측면에서 그리스도의 구속사에서 계속 이어진다. 그러나 그리스도의 십자가 구속사역에 초점을 맞춘 구속언약 용어는 종말론적 구속사 관점에서 특히 오순절 성령강림 이후 전개되는 새언약의 집행의 관점을 경시하는 제한성을 가지고 있다.

조나단 에드워드는 구속과정은 그리스도의 성육신, 죽음, 그리고 부활로 말미암은 구속의 취득을 위해 적절히 행해진 예비적 활동 또는 구속을 적용시키고 그 효력을 성취시키는 일과 같은 하나님의 모든 활동을 포함하는 것으로 보았다. 그는 구속의 사역은 하나님께서 인간의 타락 이후부터 세상 끝날까지 수행하시는 활동으로 보았다.[360] 삼위일체 하나님의 사역에서 성부, 성자, 성령의 시대를 구분하는 것은 옳지 않다. 이런 점에

---

359 '시작언약'은 타락 이후 아담과 더불어 맺은 언약을, '완성언약'은 그리스도의 구속언약 완성을 의미하는 것으로 게할더스 보스가 사용한 용어이다.
360 조나단 에드워드, 『조나단 에드워드 전집 제3권 구속사』, 존 스미스 편집, 김귀탁 옮김, (부흥과개혁사, 2007), 60, 169.

서 선교언약 용어는 언약의 기본과 언약의 집행에 있어서, 즉 종말론적 구속사의 전개 과정에서 언약의 집행과 이행을 강조한 표현으로 이해될 수 있을 것이다.[361]

　　아담언약의 선교적 함의는 창세기 3:15에서도 분명히 나타난다. 하나님께서는 "여자의 후손", 즉 그리스도를 보내시어 사탄을 멸하심으로 인간을 구원할 것을 약속하셨다. '여자의 후손은 사탄의 머리를 상하게 하심으로 인류를 구원하실 것이다. 여기에는 어떤 특정 개인이나 특정 민족만을 위한 것이 아니다. 모든 사람을 위한 그리스도의 사역이다. 따라서 이 말씀은 원시복음으로 인류를 위한 구속언약을 선언하신 것이며 동시에 장차 보내심을 받아 파송되어 오실 그리스도의 선교언약을 선포하신 것이다. 창세기 3:5에서 '발꿈치를 상하심'은 그리스도께서 장차 십자가에서 피 흘리심으로 인간을 구속하실 것을 말씀한 것이다. 이는 선교언약의 이행에 있어서 그리스도와 사탄의 세력 간에 영적 대립이 계속될 것을 암시하는 것이다.

　　아담과 하와가 죄를 범한 이후에 여인의 후손과 뱀의 후손 사이에 영원한 원수관계가 설정되었다. 이것이 전쟁이요 대립이요 다툼이다. 그 누구도 예외 없이 세상에 태어난 사람은 모두 다 이 전쟁에 개입하게 되었다. 아담과 하와가 죄를 범하기 전에는 하나님께 영광을 돌리는 일에만 초점을 맞춰서 살았다. 하나님은 창조주시기 때문이다. 이제는 두 가지 권세가 대립적으로 싸우게 되었다. 하나는 전능하신 하나님의 권세와 영광이

361　칼빈은 언약을 말하면서 다양한 표현을 사용하였다. 칼빈이 사용한 용어들은 다음과 같다: 옛언약, 새언약, 영적 언약, 공통적 언약, 평화언약, 양자언약, 복음언약, 은혜언약, 자비언약, 율법언약, 영생언약, 할례언약, 믿음언약 등. 참조. 피터 릴백, 앞의 책, 204.

요, 다른 하나는 사탄과 그 세력들이 지배하려고 하는 힘이다. 사탄의 세력이나 권세는 하나님과 비교할 수 없다. 결코 하나님과 동등한 세력이 아니다. 그렇지만 이 싸움은 역사가 종결될 때까지 지속되면서 심각한 대가를 치르게 될 것이다.

아서 글라서(Arthur F. Glasser)는 "하나님의 주권적 통치는 혹독한 저항과 반대를 받게 될 것이다"라고 하였다.[362] 안토니 후크마는 '세계사 속에 지속되어온 하나님의 나라와 악의 세력 사이의 긴장을 제대로 취급하지 않고 있다. 역사에는 그런 지속적인 긴장이 존재했었으며 앞으로도 그럴 것이다. 창세기 3:15에서 하나님은 역사를 관통하는 대립, 즉 여자의 후손과 뱀의 후손 사이의 적의를 예고 하셨다. 이 대립관계는 역사가 끝나는 순간까지 지속될 것이다'라고 설명했다.[363]

창조언약에 있어서는 적대세력이 없었으나 인류를 구원하시는 선교언약의 성취에 대하여서는, 비록 그것이 하나님께서 주권적으로 역사하시는 사역이지만, 저항하고 대적하는 세력이 있음을 하나님께서 처음부터 창세기 3:15을 통해서 적시하셨다. 창세기 3:15 언약대로 사탄 마귀는 그리스도의 십자가 구속 사건으로 패배했다. 그러나 소멸되지는 않았다. 이미(already) 그러나 아직(not yet)인 것이다. 사탄은 계속해서 끝까지 하나님의 은혜의 구속사를 방해할 것이다. 그러나 주님이 재림하시면 사탄은 완전히 멸망하며 마귀의 역사는 영원히 소멸될 것이다.

성자 예수님은 '여자의 후손'으로 성육신하시어 최초의 선교사로 오

---

362 아서 글라서, 『성경에 나타난 하나님의 선교』, 37.
363 앤서니 후크마, 『개혁주의 종말론』, 254.

셨다. 그러나 이미 하나님께서 말씀하신 대로 사탄, 즉 세상 임금은 온갖 방법을 동원하여 성자 예수께 저항하였다. 사탄은 아기 예수를 살해하기 위하여 로마 정치권력을 동원하였으며 아기 예수를 죽이기 위해 같은 해에 태어난 남자아이들을 집단 살육하는 끔찍한 일을 벌였다. 그리고 예수님을 죽이기 위해 로마 정치권력은 물론이고 유대 종교권력 및 사회권력까지 동원하여 마침내 예수님을 십자가에 못 박아 죽였다. 그리고 예수님의 부활 승천 후에도 예수님의 열두 제자들 역시 대부분 박해를 당했으며 살해당했다.

창세기 3:15는 복음의 첫 선포이며 또한 앞으로 전개될 하나님의 구속사의 개요(synopsis)이다. 하나님은 죄의 저주를 반전시키기 위하여 그의 아들을 여자의 씨로부터, 그리고 죄 된 육체의 모습으로 보낼 것이라는 목적과 계획을 선포하였다. 하나님은 또한 여자의 씨와 사탄의 씨 사이의 적대성을 미리 내다보셨다. 이것은 유혹하는 자의 머리를 부서트림으로써 해결될 것이다. 하지만 그때가 될 때까지 구속의 길에는 장애가 많고, 또한 이미 무너질 것들이지만 현재 실재하는 방해요소가 산재해 있을 것이다. 그러나 어떠한 것도 하나님의 목적을 방해할 수 없으며 "그리스도 안에 있는"(in Christ) 하나님의 목적은 가장 확실히 보장된 일이다. 그리스도와 그의 왕국은 반드시 승리할 것이다. 하나님의 구속 계획과 성취를 기록한 성경에는 극심한 저항과 어려움이 자주 나타나는데, 그 이유는 그리스도 나라의 진보와 성취, 그리고 교회는 결코 좌절될 수 없는 진리임을 더욱 드러내는 데 그 목적이 있기 때문이다. 하나님은 자신의 다양한 섭리를 작동시키시고 드러내시면서, 서로 다른 방법들을 사용하시어 그의 목적

을 분명히 이루신다.[364]

그리스도의 몸, 즉 교회에 대한 사탄 세력의 공격은 우리 주님이 재림하실 때까지 계속될 것이다. 이 세상은 예수께서 재림하시어 자신의 나라에서 악을 완전히 제거하시기 전까지는 악으로 남아 있을 것이다. 바로 이것이 그리스도의 재림이 성경신학에 있어서 그렇게도 중요한 이유가 된다. 예수님의 승리에 찬 재림 없이는 죄와 사탄과 사망에 대한 궁극적인 승리는 있을 수 없기 때문이다.[365] 이런 이유로 주님은 사탄의 공격을 제어하고 선교언약을 수행하도록 교회에게 음부의 권세가 이기지 못하는 천국의 권세를 부여하셨다: "내가 이 반석 위에 교회를 세우리니 음부의 권세가 이기지 못하리라"(마 16:18).

선교언약은 여자의 후손으로 오신 성자 예수께서 십자가에서 피 흘려 죽으시고 부활하신 이후에 더욱 뚜렷이 드러난다. 예수님은 부활하신 후에 누가복음 24:44-45에서 구약성경을 풀어 제자들로 깨닫게 하시면서 고난과 죽으심과 부활을 통한 구속언약의 성취를 설명하셨다. 예수님은 이어서 그리스도의 피로 세워진 새언약 위에 앞으로 전개될 종말론적 구속사의 이행에 대해 선언하셨다: "내 이름으로 구원을 얻게 하는 회개의 복음이 모든 민족에게 전파될 것이다." 그리고 이 선교언약의 이행을 위해 아버지께서 약속하신 성령을 보낼 것이라고 약속하셨으며 제자들에게 '너희는 이 모든 일의 증인이라'고 하셨다(눅 24:48-49). 이는 사도행전 1:8 말씀처럼 성령께서 제자들 안에 임재하시어 땅끝까지 증인이 되는 사역

---

364 Michael Barrett, "The Outporring of the Spirit: Anticipated, Attained, Available," The Beauty and Glory of the Holy Spirit, (Grand Rapids: Reformation Heritage Books, 2012), 69.
365 조지 래드, 개혁주의 종말론 강의: 마지막에 될 일들, 이승구 옮김, 이레서원, 2000, 135.

을 감당케 하시기 위함이다. 마침내 성령께서 오순절에 불과 바람으로 임하시어 여러 민족들의 난 곳 방언과 언어로 말씀하시면서 선교사역을 본격적으로 시작하셨다.

이와 같이 선교언약은 삼위일체 하나님의 직접적인 참여와 주도하에 성취되어 간다. 오순절 성령강림과 더불어 본격적으로 시작된 신약시대 선교사역은 삼위일체 하나님의 사역이다. 사도행전 2:33에는 오순절 사건이 성부, 성자, 성령 삼위일체 하나님의 사역임을 분명히 하고 있다: "하나님이 오른손으로 예수를 높이시매 그가 약속하신 성령을 아버지께 받아서 너희가 보고 듣는 이것을 부어 주셨느니라." 따라서 삼위일체 하나님의 선교사역은 창세 전에 성부, 성자, 성령 삼위일체 하나님 사이에 맺어진 '영원한 언약' 안에 포함된 선교언약의 집행과 이행으로 이해된다.

2. 노아언약과 선교

1) 노아언약의 특성

노아는 당대의 의인이었다. 하나님께서는 그에게 특별한 약속을 주셨다. 당시 인간의 강포가 가득하여 그들에게 종말의 날이 다가왔다(창 6:13). 하나님께서 심판하시기로 작정하신 것이다. 그리고 하나님은 노아에게 언약을 주셨다: "내가 홍수를 땅에 일으켜 무릇 생명의 기운이 있는 모든 육체를 천하에서 멸절하리니 땅에 있는 것들이 다 죽으리라 그러나 너와는 내가 내 언약을 세우리니 너는 네 아들들과 네 아내와 네 며느리들과 함께 그 방주로 들어가고 혈육있는 모든 생물을 너는 각기 암수 한 쌍씩 방주로 이끌어들여 너와 함께 생명을 보존하게 하되 새가 그 종류대로,

가축이 그 종류대로, 땅에 기는 모든 것이 그 종류대로 각기 둘씩 네게로 나아오리니 그 생명을 보존하게 하라"(창6: 17-20).

아담에게는 "먹지 말라 먹는 날에는 정녕 죽으리라"고 조건적 언약을 말씀하셨는데, 노아에게는 무조건적 언약을 말씀하셨다. 하나님께서는 세상을 심판하시고 멸하실 것이며 노아와 그의 가족들을 구원해 주시고 홍수 이후에 그들을 새로운 역사를 이루는데 참여시키겠다는 일방적이고 무조건적인 약속을 주신 것이다. 왜냐하면, 노아언약은 사람의 마음으로 생각하는 모든 것이 어려서부터 악한 것을 충분히 알고 있었음에도 맺어졌기 때문이다.[366] 그런데 노아는 이 언약을 믿음으로 받아들였고 놀라운 순종을 보였다(히 11:7, 창 7:5,9,16).

노아는 심판 후에 구원해주신 것을 감사하며 단에 번제를 드렸다. 하나님은 그 향기를 흠향하시고 노아언약으로 응답하셨다(창 8:20-21). 그것은 하나님의 무조건적인 약속이었다: "내가 너희와 언약을 세우리니 다시는 모든 생물을 홍수로 멸하지 아니할 것이라 땅을 멸할 홍수가 다시 있지 아니하리라"(창 9:11). 베드로후서 3:7에는 이와 관련하여 "하늘과 땅이 심판의 날까지 보존되었다"고 기록되어 있다. 하나님께서는 언약의 증거로 구름 속에 무지개를 두시겠다고 하셨다(창 9:11). 그 증거는 하나님과 노아와 모든 육체를 가진 땅의 모든 생물 사이의 영원한 언약이다(창 9:16). 하나님께서는 무지개를 보시고 당신의 맹세를 지킬 것을 기억하시겠다는 것이다. 이런 점에서 무지개에는 화살이 자신을 향하는 자기 저주적인 맹

---

366 Dennis J. & McCarthy S. J., *Treaty and Covenant: A Study in the Ancient Oriental Documents and in the Old Testament,* (Rome: Biblical Institute Press, 1963), 101-102.

세가 함축되어 있다고 할 수 있다. 노아언약은 '선물언약'이며(창 6:8-9), 일 방적인 신적 맹세이다.[367] 이 언약은 하나님께서 인간과 새로운 관계를 시 작하신 것을 의미하지만 결국 그 관계는 '새 하늘과 새 땅'까지 이르게 될 것이다(계 21:1).

노아언약은 단순히 노아와 가족에 대한 언약으로만 이해하면 안 된 다. 하나님께서 언약의 증거로 구름 속에 무지개를 두시겠다고 하셨는데 "그 증거는 하나님과 노아와 모든 육체를 가진 땅의 모든 생물 사이의 영 원한 언약이다"고 말씀하셨다(창 9:13,16). 노아언약은 노아 가족뿐만 아니 라 육체를 가진 모든 생물 및 하늘과 땅을 포함하는 것이다(벧후 3:7). 노아 언약은 재창조 언약이며 우주적 창조질서에 대한 새로운 선언으로 보아 야 한다. 창세기 1장의 창조에 홍수가 부어졌다. 노아의 언약을 통해 물을 부어 심판하심으로 재창조하신 것이다. 노아 가족에 대한 특정한 구속적 약속이라기보다는 피조계에 대한 하나님의 통치를 선언하신 것이다. 우 주적 피조세계에 대한 질서를 주관하시는 하나님 당신을 선언하신 것이 다. 노아언약에는 조건이 없다. 언약의 상징으로 무지개를 주셨다. 자연질 서에 대한 주권선포이다.

하나님께서는 노아언약에서 기본적으로 두 가지를 약속하셨는데, 그 것은 자연질서의 보존(창 8:21-22, 9:8-17)과 인간사회 질서의 보존(창 9:1-7)이 다. 하나님께서는 노아언약을 세우시면서 "땅이 있는 동안에는"(창 8:22) 노

---

367 마이클 호튼, 『언약신학』 , 2009, 61.

아언약이 지속될 것을 말씀하셨다.[368] 이것은 일반은총에 대한 약속으로 주님의 재림까지 계속되는 것이다. 예수님이 재림하시면 더 이상 땅은 지속되지 못하며 노아언약은 종결된다.[369] 그리스도의 십자가 구속사역을 통해서 옛언약, 즉 모세언약은 종결되고 새언약으로 이동하지만, 그러나 노아언약에서 재설정되고 재확증된 일반은총으로서 창조언약 또는 자연언약은 변함없이 예수님의 재림까지 계속 보존되고 이어진다.

여기에는 사회질서와 관련된 두 제도, 즉 가족과 국가도 포함된다. 국가와 위정자들은 일반 나라의 일부로 존재한다. 국가는 은혜언약 아래 있는 구속의 나라가 아니라 노아언약 아래 있는 일반 나라에 속한 것이다.[370] 하나님께서는 두 번에 걸쳐서 '생육하고 번성하라'고 말씀하셨는데 이것은 일반 나라에서 가족 제도를 말하는 것으로 이해된다. 또한, 악행에 대한 처벌을 명시하셨는데, 이는 국가사회의 정치제도와 사법제도를 의미하는 것이다. 예수님께서 가족제도나 결혼 제도를 세우셨다고 말하지 않는다. 이는 창조에서 세우신 것이다(창 2:20-24). 노아언약에서 지속적으

---

368 칼빈은 노아에게 주신 언약에서도 역시 무지개를 보전의 약속으로 제시하였으니 이것도 성례의 본질과 같다고 해석하였다. 무지개를 보여주시면서 하나님께서 생명을 보전해준다거나 영생을 주신다고 하신 적은 없으시지만, "하나님의 말씀으로 그들에게 새겨진 표시와 같은 것이므로 그의 언약의 증거요 보증이다". 김재성, "칼빈과 종교개혁자들의 언약사상," 『언약신학과 구속사적 성경해석세미나』, (국제개혁신학대학원대학교, 2014), 23-24. 참조 Calvin, *Institutes*, IV, xix. 2.

369 데이비드 반드루넨, 『하나님의 두 나라 국민으로 살아가기』, 2012, 155.

370 신약성경은 사회 질서나 정치 질서를 구속의 나라인 천국에 적합하게 만들어야 할 책임이 국가 권력자에게 있다고 결코 말하지 않는다. 그리스도인이 국가로부터 기대할 수 있는 것은 "고요하고 평안한 생활"을 영위할 수 있도록 국가가 정의를 시행하는 것뿐이다(딤전 2:2, 롬 13:3-4). 노아언약 아래에 존재하는 일반 국가들의 제도에서 우리가 기대할 수 있는 것도 이것이다. 국가를 일반 나라가 아닌 구속의 나라와 연관시키려는 태도는 매우 위험한 것이다. 국가는 정의를 시행하기 위하여 불의한 자에 대하여 '칼'을 가지고 사용할 의무가 있지만, 구속의 나라에 속한 그리스도인들은 왼 뺨도 돌려대야 하는 것이다. 그러나 그리스도인이 세상에서 믿음 때문에 받는 핍박과 박해를 감내해야 하지만, 일반적 범죄의 동기 때문에 사람들이 우리에게 악을 행할 때에는 사회문제로서 국가의 사법제도를 통해서 스스로를 보호하고 배상을 청구할 수 있는 것이다: 반드루넨, 앞의 책 158, 282.

로 복을 주시기로 언약하신 것이다(창 9:1,7). 노아언약에서 정의를 실현하기 위한 사회제도가 존재하도록 규례로 정하셨다(창 4:15, 9:5-6).[371] 그러나 신자와 불신자가 똑같이 누리는 일반 제도이기는 하지만 하나님의 나라, 구속의 나라가 구원의 영원한 축복을 수여하는 일에서 하나님께서는 종종 가족을 특별하게 '축복의 통로'로 사용하신다(행 17:7, 행 2:39, 엡 6:4).

노아언약에서 자연계와 자연환경, 그리고 인간의 일반적인 정치사회 및 문화 활동 등은 신자와 불신자에게 똑같이 일반적인 과제가 되도록 규정되었다. 사도 바울은 교회가 구별되고 거룩해지기를 바라지만 그리스도인이 세상 밖으로 나가기를 바라지 않는다. 예수님도 요한복음 17장에서 십자가 고난을 앞두고 겟세마네 동산에서 땀이 피가 되도록 기도하실 때, 우리가 세상에 있지만(IN the world) 그러나 세상에 속하지 않도록(Not OF the world) 기도하셨다. 세상은 노아언약 아래서 지속적으로 존재하기 때문에 성경은 그리스도인이 세상에서 불신자와 함께 노동이나 정치 및 사회 활동에 관여하는 것을 금하지는 않는다. 그러나 전제가 있다. 세상에서 소금과 빛이 되는 것이다. 만일 소금이 맛을 잃으면 아무 쓸 데 없어 다만 밖에 버려져 사람들에게 밟힐 뿐이다(마 5:13). 예수님은 우리를 구속하시고 천국의 백성이 되게 하신 다음 다시 세상에 보내셨다: "내가 세상에 속하지 아니함과 같이 그들도 세상에 속하지 아니하였사옵나이다 그들을 진리로 거룩하게 하옵소서 아버지의 말씀은 진리니이다 아버지께서 나를 세상에 보내신 것 같이 나도 그들을 세상에 보내었고"(요 17:16-18).

---

371 반드루넨, 앞의 책, 154-159.

2) 노아언약의 선교적 함의

하나님께서는 물의 심판과 더불어 노아의 가족을 건져 내시고 구원하셨다. 여기에 택함 받은 자를 구원하시는 구원의 모티브가 있으며 선교적 함의가 나타난다. 성경은 구원론적 관점에서 이해해야 한다. 또한, 하나님은 노아를 통해서 노아의 아들들에 대해 예언하시면서 야벳 족속들이 셈의 장막에 거할 것을 말씀하셨다: "이에 이르되 가나안은 저주를 받아 그의 형제들의 종이 되기를 원하노라 하고 또 이르되 셈의 하나님 여호와를 찬송하리로다 가나안은 셈의 종이 되고 하나님이 야벳을 창대케 하사 셈의 장막에 거하게 하시고 가나안은 그의 종이 되게 하시기를 원하노라 하였더라"(창 9:25-27).

구약에서는 노아언약에 나타난 이러한 선교적 모티브가 무엇인가에 대해 구체적으로 설명되어 있지 않다. 그러나 신약에서는 노아언약에 나타난 이방인 무리들을 향한 선교적 모티브가 유대인들에게 먼저 주었던 복음을 통해서 거대한 이방인의 무리가 예수께 모여들 것이라는 선교적 비전으로 구체화되어 나타난다(마 8:11, 롬 1:16, 엡 3:6, 계 5:9-10). 실제로 노아는 하나님의 이름 여호와를 사용하여 장차 구원자가 셈 지파를 통해서 이루어질 것을 예언하고 있는 것이다. 또한, 야벳에 대한 예언에서 야벳의 족속들이 셈의 장막에서 살 것을 예언하는데 이것은 신약시대에 셈족, 즉 유대인에게 주어진 복음을 통해서 거대한 이방인의 무리가 예수께 모여 올 것을 예언하고 있는 것이다. 이러한 예언의 성취는 예수께서도 확증하셨다: "또 너희에게 이르노니 동서로부터 많은 사람이 이르러 아브라함과 이삭과 야곱과 함께 천국에 앉으려니와"(마 8:11). 노아언약은 이방 야벳 족속들이 셈의 장막에 거하게 된다는 것을 언약하시는 하나님의 선교언약인 것이다. 이와 같이 노아언약에 나타난 구원과 선교적 모티브는 이후 아브라함, 모세, 다윗과 선지서 등 언약에서도 일관되게 나타난다.

창세기 10장에는 열방의 목록이 나열되어 있다. 이것은 하나님께서 노아에게 열방의 비전, 즉 선교적 언약을 주셨음을 잘 나타낸 것이다. 또한, 창세기에 열방의 목록이 있다는 것은 구약 시대 이스라엘의 여호와 하나님의 경험이 신화와는 근본적으로 다르다는 것을 의미하는 것이다. 하나님은 실제 역사 가운데 말씀하시고 주권적으로 역사하시고 성취하시는 전능하신 분이시다.

한편 전통적 유대교는 유대인들이 선민이라는 주장 자체가 하나님께서 이방인들을 거절하셨음을 의미하는 것이 아니라고 오랫동안 주장해 왔다. 유대교에서는 이방 나라 사람들을 '노아의 자손들'이라고 불렀다. 이것은 그들 이방인들도 하나님 앞에서 노아처럼 의롭게 여김을 받을 수 있다는 것을 간접적으로 인정하는 것이다. 노아가 하나님으로부터 의인이라고 인정을 받는데 그렇다면 그들도 의인으로 인정받을 수 있는 개연성이 충분히 있는 것이다. 그 후 이러한 인식들은 랍비들에 의해서 '이방인을 위한 토라'로까지 확대되었다. 여기에는 우상숭배, 근친상간과 간음, 피 흘림, 신성모독, 불법과 부정, 도둑질, 살아있는 동물의 살을 먹는 것과 잔인한 행동 등이 포함되어 있다. 랍비들은 인류 보편윤리를 다룰 때 노아 전통을 기본 틀로 사용한 것이다. 랍비 전통에도 노아언약이 계속 반영되어 있는 것이다.

노아언약에는 종말론적 함의가 강하게 나타난다. 방주가 완성되면 심판이 임하는 것이다. 이는 하나님께서 심판의 때와 관련하여 조건을 설정하고 있으시다는 점에서 마태복음 24:14 말씀과 유비된다: "천국복음이 모든 민족에게 증언되기 위하여 온 세상에 전파되리니 그제야 세상의 끝이 오리라"(마 24:14). 이 말씀은 인류 종말에 대하여 예수님께서 직접 선언하신 절대적 계시의 말씀이다. 이 말씀과 이어지는 예수 그리스도의 재림과 심판에 대한 경고의 말씀과 더불어 주어지는 '노아 때'를 상기하라는 예수님의 경고의 말씀은 노아언약과 신약시대 종말론적 선교의 유비적 상관관계를 나타내고 있는 것이다. 이러한 관점은 예수님께서 마지막 하신 지상명령의 말씀과 더불어 그 의미가 더욱 분명해진다: "예수께서 나아와 이르시되 하늘과 땅의 모든 권세를 내게 주셨으니 그러므로 너희는 가서 모든 민족으로 제자로 삼아 아버지와 아들과 성령의 이름으로 세례를 베풀고 내가 너희에게 분부한 모든 것을 가르쳐 지키게 하라 볼지어다 내가 세상 끝날까지 너희와 항상 함께 있으리라 하시니라"(마 28:18-20).

모든 민족에 천국복음이 증거되면 세상의 끝이 올 것이며 하나님의 역사와 하나님의 나라는 완성될 것이다. 이것이 선교사역이며 하나님은 노아를 통해서 물의 심판을 준비시키셨듯이 주님의 제자들, 즉 교회를 통해서 주님의 재림을 준비하게 하실 것이다. 예수께서 마태복음 28장에서 "세상 끝날까지 항상 함께 있으리라"고 약속하신 대로 예수께서 성부 하나님께 구하시어 보내시는 성령께서 오시어 새언약 교회와 함께 하나님의 나라를 완성하고 주님의 재림을 예비하는 이 사역을 주권적으로 이행해 나가실 것이다.

한편, 오직 노아만 '하나님 앞에서 의로운 자'였지만 하나님의 은혜로 노아뿐만 아니라 그의 가족까지도 구원을 받았다는 사실 또한 중요하다(행 16:31, 벧전 3:20). 사도행전을 보면 노아와 같이 한 사람이 예수님을 믿고 나서 온 집안이 믿고 세례를 받은 경우가 나온다.[372]

3. 아브라함언약과 선교

1) 아브라함언약의 특성

바벨 사건 이후에 하나님께서 아브라함을 불러 약속하셨다: "너는 너의 고향과 친척과 아버지의 집을 떠나 내가 네게 보여줄 땅으로 가라 내가 너로 큰 민족을 이루고 네게 복을 주어 네 이름을 창대케 하리니 너는 복이 될지라 너를 축복하는 자에게는 내가 복을 내리고 너를 저주하는 자에게는 내가 저주하리니 땅의 모든 족속이 너로 말미암아 복을 얻을 것이라"(창 12:1-3). 이 약속은 아브라함을 복으로 삼아 땅의 모든 족속을 축복하시겠다는 선교적 비전이 중심을 이루고 있다.

이후에 하나님은 창세기 13:14-17에서 땅을 약속하셨다: "너는 눈을 들어 너 있는 곳에서 북쪽과 남쪽 그리고 동쪽과 서쪽을 바라보라 보이는 땅을 내가 너와 네 자손에게 주리니 영원히 이르리라". 이 땅의 약속은 창세기 15:7과 15:18에서 언약을 다시 확증해 주셨다: "그 날에 여호와께서 아브람과 더불어 언약을 세워 이르시되 내가 이 땅을 애굽 강에서부터 그 큰 유브라데까지 네 자손에게 주노니". 창세기 15장 언약은 대개 땅과 자손에 대한 약속으로 구성되어 있어서 '약속의 언약'이라고 불리기도 한다.

---

372 Harry Boer, *Pentecost and Mission,* (Grand Rapids: Eerdmans, 1961), 161-185.

아브라함언약은 창세기 17장에서 다시 언급된다: "내가 내 언약을 나와 너 사이에 두어 너를 크게 번성하게 하리라 하시니 아브람이 엎드렸더니 하나님이 또 그에게 말씀하여 이르시되 보라 내 언약이 너와 함께 있으니 너는 여러 민족의 아버지가 될지라… 내가 내 언약을 나와 너 및 네 대대 후손 사이에 세워서 영원한 언약을 삼고 너와 네 후손의 하나님이 되리라…하나님이 또 아브라함에게 이르시되 그런즉 너는 내 언약을 지키고 네 후손도 대대로 지키라…너는 포피를 베어라 이것이 나와 너희 사이의 언약의 표징이니라"(창 17:2-11).

아브라함은 창세기 15장 언약 이후에 그 언약의 표시로 염소, 숫양을 드리되 그 중간을 쪼개고 드렸다(창 15: 9-10). 아브라함언약은 '잘라지지 않고 세워진' 노아언약과는 달리 '자르는(cut)'는 언약이다. 또한 창세기 17장에서는 언약의 표시로 할례를 했다. 이는 피로 세운 언약을 의미한다. 그러나 노아언약과 마찬가지로 아브라함언약도 일방적이다.

하나님께서 비록 이스마엘 계보를 축복하셨다 할지라도 언약은 이삭과 그의 계보를 통해 세워진다는 것이다(창 17:19-21). 이 약속이 창세기 19:16에서 사라에게 다시 반복된다는 것은 이 언약이 이스마엘(에돔, 미디안 등)을 통해 나타난 아브라함 자손을 의미하지 않는다는 것을 강하게 암시하는 것이다.

창세기 17장 아브라함언약은 "영원한 언약"이 강조되었다(창 17:8). 하나님과 아브라함과의 관계는 이제 '영원한 언약'의 관계가 되었다.[373] 이 영원한 언약은 이스라엘 역사를 초월해 있는 상황들을 평가하고 적용할 수 있는 길을 제공한다. 창세기 17:4-6과 창세기 22:17에는 셀 수 없는 아브라함의 자손들에 대해 언약이 언급되어 있는데 이는 아브라함이 열국의 아비가 될 것이라는 언약이다. 하나님은 아브라함의 이름을 아브람(높임을 받는 아버지)에서 이제는 아브라함(열국의 아버지)로 바꾸셨다. 창세기 17:7에 나타난 아브라함의 자손들에 대한 이 언약은 로마서 4:16-17에서 아브라함을 믿음의 조상으로 삼고 있는 모든 믿음의 후손들을 지칭하는 것이다.

창세기 17장 아브라함언약에 대하여 루터는 이것이 유대인만을 위한 언약이라고 했다. 이것은 이방인과는 상관이 없다는 것이다.[374] 따라서 루터는 이 언약이 일시적인 언약으로서 이스라엘 땅에 있는 동안만 유효하다고 주장했다.[375] 루터는 아브라함의 언약에는 물질적인 것과 영적인 것 두 가지가 있으며 할례는 물질적인 것으로 중단되었으나 영적인 것만 그리스도에 의해 지속되었다는 것이다.[376] 그러나 불링거는 창세기 17장 언약은 하나님께서 모든 시대에 걸쳐 당신의 교회와 체결하신 영원한 언약의 첫 표현이라고 했다. 불링거는 성경 전체를 통해서 오직 하나의 언약이

---

373 개혁주의에서는 아브라함언약의 주된 계승자는 그리스도이며, 영적 이스라엘로 이해한다. 그러나 세대주의에서는 아브라함언약의 주된 상속자는 이삭이며 문자적인 이스라엘 사람들을 위한 언약이며 삼위일체 내에서 '영원한 구원의 언약'은 없다고 주장한다; 김재성, 『개혁신학 전통과 유산』, 2012, 421

374 Luther's Works, Ⅲ, 127. 참조 WA XLⅡ, 638-639.

375 Luther's Works, Ⅲ, 90-91. 참조 WA XLⅡ, 612-613.

376 Luther's Works, Ⅲ, 162. 참조 WA XLⅡ, 663-664.

있다고 주장했다.[377] 불링거는 할례는 언약의 성례로 보았다.[378]

루터의 주장과는 달리, 아브라함언약 이후 등장하는 여러 종족들에 관한 기사들은 아브라함, 이삭, 그리고 야곱이라는 세 인물이 그들 시대 및 그 주변 세계를 위해 축복의 전달자가 될 것임을 말해준다. 아브라함 계보의 각 족장은 아브라함 언약의 상속자가 된다(창 26:2-5, 창 28:13-15). 그리고 족장들의 삶이 끝날 때 그 약속은 재확증된다(창 22:15-18, 창 26:4, 창 35:9-12). 이 언약의 약속들은 이삭을 통해 계속 이어져 간다. 아브라함이 아들 이삭을 바치며 순종한 것은 구원의 기초를 얻은 것이 아니라 축복이 아브라함의 후손에게 전달되는 수단이 되었던 것이다.[379]

또한, 창세기 18장에 나오는 소돔과 고모라를 위한 아브라함의 중보기도는 언약이 구조적으로 어떻게 바깥세상과 연결되고 중재 되고 있는지를 잘 보여준다.

하나님께서 창세기 12:1-3에서 아브라함에게 주신 첫 약속과 이후 창세기 17장에서 하나님은 언약을 확증하기 위해 그의 이름을 "열국의 아버지" 뜻을 가진 아브라함으로 바꾸시는 것, 그리고 창세기 22:15-18을 고찰해 볼 때 아브라함언약은 땅의 약속을 넘어서 "그 씨로 말미암은" 모든 민족을 향한 선교언약임을 알 수 있다. 그뿐만 아니라 아브라함 언약은

377　Peter A. Lillback, *The Binding of God: Calvin's Role in the Development of Covenant Theology,* (Ph.D. Dissertation, Westminster Theological Seminary, 1985), appendix, paragraph 12, 512; Charles S. McCoy & J. Wayne Baker, *Fountainhead of Federalism: Heinrich Bullinger and the Covenantal Tradition,* (Louisville: Westminster/John Knox Press, 1991), 117-130.

378　Peter Lillback, *op. cit.,* appendix, pratgraph 20, 522-524.

379　마이클 호튼, 『언약신학』, 65. 참조 Mereth G. Kline, *Kingdom Prologue,* vol. 3, S. Hamilton, MA: (self-published, 1986), 325.

영원한 언약이다. 영원한 언약은 이스라엘의 경험을 통해 이루어질 언약의 역사적 영속성을 주며 이스라엘 역사를 초월해 있는 상황들을 평가하고 적용할 수 있는 길을 제공해준다.[380]

아담과 노아의 언약은 보편적이었으나, 아브라함과 언약은 너와 네 후손, 즉 "특정한 한 백성들에 대한 언약"이었다. 하나님은 아브라함과 그 후손들에게 새로운 땅을 약속하셨다. 그러나 이것은 더 나은 천국을 바라보는 아브라함을 의미하는 것으로 이해해야 한다(창 17:8-16): "내가 너와 네 후손에게 네가 거류하는 이 땅 곧 가나안 온 땅을 주어 영원한 기업이 되게 하고 나는 그들의 하나님이 되리라"(창 11:8), "내가 그에게 복을 주어 그가 네게 아들을 낳아 주게 하며 내가 그에게 복을 주어 그를 여러 민족의 어머니가 되게 하리니 민족의 여러 왕이 그에게서 나리라"(창 11:16).

이와 관련하여 하나님은 창세기 22장에서 동일한 언약을 다시 한 번 더 확증하셨다: "내가 네게 큰 복을 주고 네 씨가 크게 번성하여 하늘의 별과 같고 바닷가의 모래와 같게 하리니 네 씨가 그 대적의 성문을 차지하리라 또 네 씨로 말미암아 천하 모든 민족이 복을 받으리니 이는 네가 나의 말을 준행하였음이니라 하셨다 하니라"(창 22:17-18).

창세기 22장 약속은 창세기 12장 "너로 말미암아 모든 민족이 복을 받으리라"는 첫 약속과 일맥상통하는 것으로 아브라함과 그 씨를 통한 선교언약의 성취를 선포한 것이다. 역사적으로 언약 관계를 예견한 후에 언약 수립의 공식적인 의식이 수반되는 이런 전후 관계는 성경에서 자주 나타난다. 하나님은 갈대아 우르에서 아브라함을 불러 언약에 속한 모든 약

---

380 뎀브렐, 『언약신학과 종말론』, 49.

속을 말씀하셨다(창 12:1-4). 그러나 하나님이 아브라함과 공식적인 언약을 세운 것은 그 후의 일이었다(창 15:15-18). 그리고 그 언약의 의미를 분명하게 알게 하신 것은 창세기 22장이다. 다윗의 경우 언약관계가 수립되는 공식적인 인가가 이루어지기 훨씬 전에 하나님은 이스라엘의 기름 부은 왕으로 지명하셨다(삼상 16:12, 삼하 7:1).[381]

창세기 22장에서 아브라함언약에 나타난 씨는 그리스도를 특별히 지칭하는 것이다. 사도 바울은 갈라디아서에서 이점을 분명히 하고 있다: "이 약속들은 아브라함과 그 자손에게 말씀하신 것인데 여럿을 가리켜 그 자손들이라 하지 아니하시고 오직 한 사람을 가리켜 네 자손이라 하셨으니 곧 그리스도라"(갈 3:16).

따라서 아브라함에게 주신 언약 역시 땅이었으나 이는 영원한 약속의 땅, 즉 거룩한 나라, 하나님의 나라로 이해해야 한다(창 15:6, 롬 4장, 히 11:8-19).[382] 하나님의 모든 축복은 예수 그리스도 안에서만 주어지기 때문이다. 예수 그리스도의 사역은 궁극적으로 영원한 하나님의 나라를 위한 것이다. 그리스도의 왕국은 임시적인 왕국이 아니라 영원한 왕국이며 따라서 하나님의 나라와 연속되어야 한다. 구약에 나타난 '이 땅의 약속'은 그리스도의 연속성에서 재해석되어야 한다.

아브라함언약의 특성은 다음과 같이 요약할 수 있다:

첫째, 아브라함언약은 영원하다: "내가 내 언약을 나와 너 및 네 대대 후손 사이에 세워서 영원한 언약을 삼고 너와 네 후손의 하나님이 되

---

381 팔머 로버슨, 『계약신학과 그리스도』, 38.
382 데이비드 반두르넨, 앞의 책, 132.

리라"(창 17:7). 아브라함 이후에 나타난 모든 언약은 아브라함의 언약을 계승한 것이다: "이것은 주께서 예로부터 거룩한 선지자의 입으로 말씀하신 바와 같이 우리 원수에게서와 우리를 미워하는 모든 자의 손에서 구원하시는 일이라 우리 조상을 긍휼히 여기시며 그 거룩한 언약을 기억하셨으니 곧 우리 조상 아브라함에게 하신 맹세라"(눅 1:70-73), "너희는 선지자들의 자손이요 또 하나님이 너희 조상과 더불어 세우신 언약의 자손이라 아브라함에게 이르시기를 땅 위의 모든 족속이 너의 씨로 말미암아 복을 받으리라 하셨으니"(행 3:25), "내가 이것을 말하노니 하나님께서 미리 정하신 언약을 사백삼십 년 후에 생긴 율법이 폐기하지 못하고 그 약속을 헛되게 하지 못하리라"(갈 3:17).

둘째, 아브라함언약은 제한적이다. 아브라함의 믿음의 후손들에게만 주신 것이다(창17:7). 그리스도를 믿고 따르는 자들은 아브라함의 후손이 된다. 그리스도를 믿음으로 아브라함의 언약에 참여하게 되는 것이다: "그런즉 믿음으로 말미암는 자들은 아브라함의 자손인 줄 알지어다"(갈 3:7).

셋째, 아브라함언약은 행위가 아니라 믿음으로 받는 것이다: "아브라함이 여호와를 믿으니 여호와께서 이를 그의 의로 여기시고"(창 15:6), "아브라함이나 그 후손에게 세상의 상속자가 되리라고 하신 언약은 율법으로 말미암은 것이 아니요 오직 믿음의 의로 말미암은 것이니라"(롬 4:13). 믿음은 그리스도 안에서 믿는 믿음이다: "그러므로 그것이 그(아브라함)에게 의로 여겨졌느니라 그에게 의로 여겨졌다 기록된 것은 아브라함만 위한 것이 아니요 의로 여기심을 받을 우리도 위함이니 곧 예수 우리 주를 죽은 자 가운데서 살리신 이를 믿는 자니라"(롬 4:23-24).

넷째, 아브라함언약의 외적인 상징은 할례이다: "너희 중 남자는 다 할례를 받으라 이것이 나와 너희와 너희 후손 사이에 지킬 내 언약이니라"(창 17:10). 이런 이유로 아브라함언약을 사도행전에서는 '할례의 언약'이라 불렀다: "할례의 언약을 아브라함에게 주셨더니 그가 이삭을 낳아 여드레 만에 할례를 행하고 이삭이 야곱을, 야곱이 우리 열두 조상을 낳으니라"(행7:8). 그러나 이것은 마음의 할례로 이해해야 한다: "유대인과 예루살렘 주민들아 너희는 스스로 할례를 행하여 너희 마음 가죽을 베고 나 여호와께 속하라 그리하지 아니하면 너희 악행으로 말미암아 나의 분노가 불같이 일어나 사르리니 그것을 끌 자가 없으리라"(렘 4:4).

로마서에서 사도 바울은 이것을 마음의 할례로 설명하고 있다: "무릇 표면적 유대인이 유대인이 아니요 표면적 육신의 할례가 할례가 아니니라 오직 이면적 유대인이 유대인이며 할례는 마음에 할지니 영에 있고 조문에 있지 아니한 것이라 그 칭찬이 사람에게서가 아니요 다만 하나님에게서니라"(롬 2:28-29). 이에 대하여 히브리서는 마음에 기록하는 법으로 설명하고 있다: "또 주께서 이르시되 그 날 후에 내가 이스라엘 집과 맺을 언약은 이것이니 내 법을 그들의 생각에 두고 그들의 마음에 이것을 기록하리라 나는 그들에게 하나님이 되고 그들은 내게 백성이 되리라"(히 8:10). 사도 바울은 이것과 관련하여 세례가 외적인 표현이라고 설명하였다: "너희가 다 믿음으로 말미암아 그리스도 예수 안에서 하나님의 아들이 되었으니 누구든지 그리스도와 합하기 위하여 할례를 받은 자는 그리스도로 옷 입었느니라. 너희는 유대인이나 헬라인이나 종이나 자유인이나 남자나 여자나 다 그리스도 예수 안에서 하나이니라 너희가 그리스도의 것이면 곧 아브라함의 자손이요 약속대로 유업을 이을 자니라(갈 3:26-29). 세례

받은 자는 그리스도로 옷 입은 것이다. 그리고 아브라함의 후손이 되어 영원한 언약 안에 있는 것이다. 아브라함언약에서 할례를 새언약에서 세례로 설명하고 있는 것이다.

하나님께서 아브라함에게 언약의 증표로 할례를 말씀하셨는데, 할례를 받은 사람이 아브라함의 가족뿐만 아니었다. 할례받은 사람들은 "집에서 생장한 모든 자와 돈으로 산 모든 자 곧 아브라함의 집 사람 중 모든 남자"가 포함되어 있었다(창 17:23). 하나님께서 아브라함에게 언약하신대로 언약의 증표를 받은 사람들은 아브라함 직계 혈통뿐만 아니라 아브라함에게 속한 모든 남자였다는 사실은 앞으로 전개될 아브라함언약의 집행과 관련하여 매우 의미있는 예언적 사건이다. 이것을 통해 우리는 아브라함언약의 징표에서 모든 민족을 향한 선교적 메시지가 내포되어 있다는 사실을 알 수 있다. 이에 대하여 사도 바울은 분명하게 선포한다: "너희가 그리스도께 속한 자면 곧 아브라함의 자손이요"(갈 3:29). 이러한 사실은 아브라함언약이 선교언약적 성격을 강하게 내포하고 있음을 보여주는 것이라 할 수 있다.

한편, 아브라함언약에도 조건성이 있다. 하나님은 아브라함을 택하시고 부르시어 '열국의 아비'가 되게 하셨다(창 17:5). 하나님의 선택과 언약이라는 두 가지 활동은 '아하바'(ahava)와 '헤세드'(hesed) 개념을 통해서만 이해할 수 있다. 아하바는 선택적 사랑을 말하고 헤세드는 언약적 사랑을 말한다. 노먼 스나이스(Norman Snaith)는 이 용어들 사이에 개념 차이가 있다는 것을 알아냈다. 이스라엘을 위한 하나님의 선택적 사랑을 표현하는

'아하바'는 '주권적 사랑이며 무조건적이다.'[383] 하나님이 이스라엘을 택하신 것은 하나님이 원하셨기 때문이다(신 7:6-8). 그러나 '헤세드'는 언약적 사랑으로 조건적이다. 하나님은 아브라함을 통하여 이스라엘에게 약속하셨다. 그 약속은 다음과 같은 가정을 기초로 하고 있다. 하나님은 이스라엘이 존재하시기 전에도 계셨다. 이것은 하나님이 예전에 이스라엘이 없이도 존재하셨기 때문에 다시 이스라엘 없이도 존재하실 수 있다는 것을 의미한다. 만일 하나님이 이스라엘을 택하셨다면 버릴 수도 있는 것이다. 아브라함의 하나님은 자기 백성들에게 언약의 조건으로 요구한 내용이 모든 다른 신들과 달랐다.[384] 헤세드라는 단어는 '자비 또는 사랑이 깃든 친절함'으로 번역할 수 있다. 이 단어가 인간의 행동에 관해 사용될 때에는 하나님을 향한 사랑이나 하나님의 백성으로서 하나님의 뜻을 따라 살아가는 책임을 의미한다.[385]

2) 아브라함언약의 선교적 함의

바벨의 사악한 무리는 벽돌 제조 기술을 개발하고 문명을 구축함으로 강력한 중앙집권 제국을 건설하려고 시도했다. 그러나 하나님은 그들을 철저하게 흩으셨다. 바벨의 무리는 '위대한 인간중심 사회'를 건설하기 위해서 기술문명을 기반으로 거대한 정치집단의 형성을 시도하였다. 그러나 그 결과는 힘의 논리가 지배하는 인간운동으로 점철되었다. 그리고

---

383 Norman H. Snaith, *The Distintive Ideas of the Old Testament*, (London: Epworth, 1944), 134.
384 Norman H. Snaith, *op., cit.*, 108.
385 아서 글라서, 『성경에 나타난 하나님의 선교』, 2006, 87.

세월이 흘렀으나 인간의 역사는 인간 스스로의 제국을 만들어 보려 투쟁하는 과정에서 공허한 희생들로 점철되었다. 하나님을 불신하며 불순종하여 대항 제국을 건설하려는 타락한 인간의 노력은 결과적으로 인간성을 심각히 파괴하여 인간을 짐승처럼 만들어 갔으며 인간사회를 힘의 논리가 지배하는 끝없는 경쟁의 약육강식의 정글집단으로 만들어 갔다.

하나님께서는 바벨 반란사건에 대한 대응으로 새로운 사회 건설의 비전을 선포하셨다. 이를 위해서 하나님께서는 저주의 역사에 대응하는 축복의 역사를 시작하셨다. 하나님께서는 바벨 반란 이후에 아브라함을 택하시고 부르시고 아브라함에게 축복의 약속을 하셨다. 하나님께서는 순종하는 믿음의 사람 아브라함을 통하여 새로운 역사를 시작하시기를 원하셨다. 그것은 믿음과 순종의 사람 아브라함과 그 후손으로 말미암아 모든 민족으로 복을 받게 하는 것이었다.

하나님은 바벨을 진압하실 때 언어소통을 혼잡하게 하심으로 흩으시고 결국은 여러 민족으로 나뉘게 하셨다. 이것은 그 중대한 구속 계획을 위해 가장 적절한 조처였으며 특별히 하나님은 민족들 가운데 복음이 전파되는 미래를 바라보고 계셨다.[386] 하나님은 자기 백성을 만드시는 새로운 운동을 시작하신 것이다. 하나님은 민족들에게 하나님의 구속 목적을 계시하시고 그 목적을 성취하기 위해 하나님의 도구가 될 민족을 필요로 하셨다. 이를 위하여 하나님은 아브라함을 택하셨다. 구속사는 이렇게 시작되었다.[387] 아담이 언약을 깨뜨리고 타락한 이후 인간은 도시를 건설하

386 조나단 에드워드, 『조나단 에드워드 전집 제3권 구속사』, 존 스미스 편집, 김귀탁 옮김, 부흥과개혁사, 2007, 206.

387 아서 글라서, 앞의 책, 85.

는 사람들과 여호와 이름을 부르는 사람들(창 4:17-26)로 두 개의 구별된 노선을 발전시켰다.[388] 그리고 아브라함 이후 인류역사는 경쟁적으로 문명과 제국을 형성하는 세속 인간운동과 하나님의 백성을 모으시는 하나님의 거룩한 구속운동으로 나뉘어 경쟁적으로 전진하게 되었다.

이러한 사실은 창세기 11:1-4과 창세기 12:1-4의 구조적 유사성과 내용의 뚜렷한 대조에서 잘 드러난다. 창세기 11:4에는 "또 말하되 자, 성읍과 탑을 건설하여 그 탑 꼭대기를 하늘에 닿게 하여 우리 이름을 내고 온 지면에 흩어짐을 면하자 하였더니"라고 기록되어 있다. 바벨 반란자들의 의도는 다음과 같다: (a) 시날 땅 바벨에 도성을 건설하고, (b) 자신들의 이름을 내며, (c) 전 세계로 흩어짐을 막는 것이다.

이와는 대조적으로 하나님은 창세기 12:1-3에서 아브라함을 부르시어 다음과 같이 말씀하셨다: "여호와께서 아브람에게 이르시되 너는 너의 고향과 친척과 아버지의 집을 떠나 내가 네게 보여 줄 땅으로 가라 내가 너로 큰 민족을 이루고 네게 복을 주어 네 이름을 창대하게 하리니 너는 복이 될지라 너를 축복하는 자에게는 내가 복을 내리고 너를 저주하는 자에게는 내가 저주하리니 땅의 모든 족속이 너로 말미암아 복을 얻을 것이라 하신지라 이에 아브람이 여호와의 말씀을 따라갔고 롯도 그와 함께 갔으며 아브람이 하란을 떠날 때에 칠십오 세였더라"(창 12:1-4).

이 언약의 말씀을 요약하면 다음과 같다: (a) 본토 고향을 떠나서 다른 곳 약속의 땅으로 가라, (b) 크고 위대한 민족을 이루어 바벨의 건축가들이 추구했던 그 위대한 이름을 아브라함에게 주겠다, (c) 전 세계로 나감

---

388 마이클 호튼, 『언약신학』, 2009, 27.

으로 오히려 아브라함은 모든 민족의 축복의 중심이 될 것이다.

여기서 하나님은 바벨의 사악한 무리가 시도했던 것과는 대조적인 처방과 비전을 제시하신다. 창세기 12:2에서 "내가 너로 큰 민족을 이루고"에서 '민족'은 창세기 11장의 바벨에 모여든 집단과는 전혀 다른 정치적 대안을 제시해준다. 이것은 바벨 사람들이 기술문명을 개발하며 기술문명의 힘으로 자신들의 이름을 내려고 했던 것과는 전혀 다른 것이다. 이것은 진정한 인류의 정치적 통일이 세상에서 인간의 인본주의적인 노력으로 자체의 물질적 힘으로 성립되는 것이 아니라 하나님으로부터 주어지는 영적인 것임을 말해준다. 하나님은 아브라함을 부르실 때 장차 도래할 궁극적인 통치구조, 즉 하나님의 나라를 염두에 두셨을 것이다.

지상 통치의 중심을 바벨에 두려던 인간들의 시도는 하나님의 개입으로 실패하고 말았다. 하나님께서는 의사소통, 즉 커뮤니케이션 시스템을 해체하심으로 사악한 무리의 시도를 저지하셨다. 그리하여 하나님께서는 새로운 영적 통치의 중심으로 아브라함을 택하신 것이다. 그리고 구속받은 하나님의 백성들이 창대케 되어 새로운 중심, 즉 아브라함과 그 씨에게로 모여들 것이다. 이는 장차 나타날 새로운 하나님의 백성 이스라엘을 말하는 것이며 동시에 그리스도 중심의 영원한 하나님의 나라를 말하고 있다.

바벨 반란 이후에 하나님은 노아에게 언약하신 대로 하나님께 집단 반란을 도모하는 바벨의 사악한 무리에 대하여 멸하시는 심판을 내리지 않으셨다. 아브라함을 축복하시고 그 후손을 축복하심으로 마침내 모든 민족을 축복하시는 선교적 비전을 말씀하셨다. 하나님께서는 믿음의 조상 아브라함과 그 후손들을 통해서 적극적으로 선교언약을 이행하실 것을 선포하신 것이다.

창세기 12:1-3이나 창세기 22:15-18을 볼 때 아브라함언약은 내용상 구속과 선교, 두 관점을 동시에 내포하고 있다. 하나님께서는 아브라함에게 먼저 선교적 측면에서 "땅의 모든 족속이 너로 말미암아 복을 받을 것이다."라고 말씀하셨다. 그리고 아들 이삭을 바치는 시험을 통과한 후에 하나님은 아브라함에게 선교적 측면과 더불어 그리스도의 구속사역적 측면을 드러내시면서 언약을 주셨다. 하나님은 마치 희생제물로 바쳐진 이삭을 염두에 두신 듯이 "네 씨가 대적의 문을 취할 것이다. 네 씨로 말미암아 모든 민족이 복을 받을 것이다"고 언약하셨다. 여기서 아브라함을 축복하신 하나님은 '네 씨', 즉 아브라함의 계보를 통해서 이 땅에 오실 그리스도를 언약하시고, 그로 말미암아 대적의 문을 취할 것, 즉 사탄의 세력을 제어할 것과 또 모든 민족이 복을 받을 것을 말씀하신다. 하나님께서는 이 모든 것을 "네 씨", 즉 그리스도로 말미암아 주도적으로 성취하실 것을 말씀하신 것이다.

사도 바울은 하나님께서 아브라함에게 말씀하신 '복'을 '복음'이라고 불렀다: "또 하나님이 이방을 믿음으로 말미암아 의로 정하실 것을 성경이 미리 알고 먼저 아브라함에게 복음을 전하되 모든 이방이 너를 인하여 복을 받으리라 하였으니"(갈 3:8). 복음이 모든 민족 가운데 증거됨으로 하나님께서 택하신 자가 듣고 주께 나와 구원을 얻는 것이다. 구속사 가운데 하나님 나라 운동의 중심에는 모든 민족을 향한 복음전파, 즉 선교가 있다. 인류를 위해 하나님께서 예비하신 복음은 오직 하나뿐이다. 그것은 유대인이나 이방인을 구별하지 않는다.[389] 복음은 피로 세운 그리스도의 새언약에 기초하고 있다. 구원은 오직 예수 그리스도 안에서, 그분을 통해서만 가능하다. 복음은 그리스도의 복음이며 곧 그리스도 예수이시다. 예수 그리스도를 믿음으로 하나님을 찾는 사람은 하나님을 만나게 되고 '하나님의 아들', '아브라함의 자손이요 약속대로 유업을 이을 자'가 된다(갈 3:26-29).

한편, 아브라함 소명기사 가운데 아브라함이 큰 민족을 이룰 것이라는 언약은 이 세상의 헤아릴 수 없이 많은 '족속들'을 염두에 두고 있는 것이다. 이는 하나님께서 아브라함을 통한 선교적 비전을 제시하신 것이다. 이스라엘이 아브라함 안에 있으므로 구원은 먼저 유대인을 통해 온 세상에 퍼져나갈 것이다:[390] "내가 복음을 부끄러워하지 아니하노니 이 복음은 모든 믿는 자에게 구원을 주시는 하나님의 능력이 됨이라 먼저는 유대인에게요 그리고 헬라인에게로다"(롬 1:16).

구약에서 '민족'이라는 단어는 일반적으로 '실패한 이스라엘'이라는 손상된 의미로 이스라엘에게 적용된다(신 32:28, 삿 2:20, 사 1:4, 사 10:6, 렘 5:9). 따라서 구약에서 '민족'은 보통 이스라엘 바깥 백성에 대한 정치적, 윤리적, 또는 지리적 서술로 볼 수 있다. 전형적으로 이스라엘에게 적용된 단어는 가족적 용어인 '백성'이다. 이 단어는 '구별된, 선택된'이라는 의미를 지닌다.[391] 이는 아브라함의 언약은 이방 민족들을 포함하는 것임을 암시한다.

---

389 중세 유럽인들은 전통적으로 유대인들을 멸시하였다. 그러나 독일 경건주의자 스패너는 로마서 11장을 해석하면서 유대인 선교를 강조하였다. 대체로 청교도인들은 유대인 선교를 강조했다. 한편, 청교도의 영향을 받은 조나단 에드워드는 이스라엘 선교를 강조하고 이슬람 선교도 생각했다. 조나단 에드워드와 개혁주의 청교도 사상에 영향을 받아 19세기 이후에 타문화권 선교사상이 널리 전파되었다.
390 덤브렐, 앞의 책, 46-47.
391 덤브렐, 앞의 책, 46.

창세기 12:1-3에 축복이라는 단어가 세 번 등장한다. 죄의 만연을 소개하는 성경기사들 속에 다섯 차례 등장하는 "저주"라는 단어와 예리한 대조를 이룬다(창 3:14, 17, 창 4:11, 창 5:29).[392] 비록 저주는 관계를 소원하게 하지만 축복은 그 관계를 연합시킨다. 아브라함의 언약은 바벨사건으로 이어지는 인류의 불행에 대한 하나님의 적극적 반응이다. 언약에서 나타난 아브라함의 소명에 등장하는 "축복하다"라는 단어의 궁극적인 용법은 종말론의 쟁점, 곧 이스라엘의 이방족속 선교와 관련된 의문사항을 불러일으킨다. 그리고 "땅의 모든 족속이 너로 인해 복을 받을 것이니라"(3절)에 나타나는 바 어떻게 땅의 족속들이 아브라함에게 연결될 수 있는가? 어떻게 선교가 아브라함과 이스라엘을 통해 그들에게 미치게 되는가? 이와 같은 논의는 "축복하다"라는 단어의 번역에 달려있다. 이 단어는 수동형(NIV성경)인가, 아니면 "너를 통해 온 땅의 족속이 자신들을 축복할 것이다." 라는 뜻의 재귀형(RSV성경)인가? 창세기 18:18 및 28:14에서는 수동형으로 되어 있는 반면, 창세기 22:8과 26:4에서는 재귀형으로 되어있다.

극적인 의미를 가져다주는 3절의 마지막 부분은 아브라함을 축복의 주모자로 소개한다. 하지만 아브라함을 복의 근원보다는 모델로 제시하는 재귀형은 극적인 절정을 이루지 못한다. 두 해석을 합쳐서 해석함이 필요하다: '그들 스스로를 위해 복을 쟁취하다.' 이것은 후에 이 세상 민족들이 아브라함의 자손들에게 나아옴으로써 그 축복을 발견하게 될 것임을 말해 준다. 그리고 이 해석은 구약의 선교방식, 즉 '열방이 순례여행을 통

---

392 H. W. Wolff, "The Kerygma of the Yahwist," *Interpretation: A Journal Bible and Theology,* 20, 1966, 145.

해서 이스라엘의 하나님께로 나아올 것이다.'라는 개념과 일치한다.[393] 신약교회의 선교가 원심적 선교(centrifugal)라면, 구약의 이스라엘 민족교회의 이방선교는 대체로 구심적 선교(centripetal)였다. 벵트 선드클러(Bengt Sundkler)는 다음과 같이 언급하고 있다: "원심적 선교는 보편성을 가지며 메신저들이 경계선을 넘어 하나님의 소식을 먼 곳에 사는 사람들에게 전해 줌으로써 이루어진다. 구심적 선교는 자석이 가진 자력과 같이 먼 곳에 있는 사람들을 중심에 서 있는 사람들에게로 이끄는 것이다".[394]

이스라엘 구약 역사상 이방인들이 이스라엘에 합류하여 하나님의 축복을 함께 누리는 경우는 종종 발견되지만, 이스라엘이 이방 민족들에게 하나님에 대한 지식을 힘써 전하려고 했던 경우는 거의 보기 힘들다. 구약의 이스라엘은 아브라함언약에 대해 매우 수동적이었으며 구심적 선교 패러다임에 갇혀 있었다. 구약의 족장시대나 왕정시대에 아브라함언약이 그 자손들에 의해서 원심적 선교 형태로 추진된 것은 거의 보기 힘들다. 출애굽기에 '제사장 나라'의 선교사상이 민족적 선교비전으로 선포되었지만, 이스라엘 백성들은 이를 원심적 선교로 이해하지 못했다(출 19:6).

예외적으로 요셉은 비록 원치 않게 노예로 팔려서 애굽에 들어갔으나 그곳에서 하나님의 사람으로서 적극적인 역할을 수행하였다. 하나님은 요셉을 통해서 이방 민족인 애굽을 축복하셨다. 우리는 애굽의 요셉을 통해서 하나님은 애굽과 모든 이방 민족들을 향한 소명을 이스라엘에게 주셨음을 유추할 수 있다. 그럼에도 요셉은 자신의 봉인관을 애굽에 매장하지 말고 애굽에 있는 이스라엘 가운데 매장하여 보관하라고 요청했

---

393 덤브렐, 앞의 책, 47–48.

394 Bengt Sundkler, *The World of Mission,* (London: Lutterworth, 1965), 14-15.

다. 그것은 이스라엘 사람으로서 그의 최종 목적지가 애굽이 아니라 약속의 땅임을 극적으로 표현한 것이다: "믿음으로 요셉은 임종 시에 이스라엘 자손들의 떠날 것을 말하고 또 자기 해골을 위하여 명하였으며"(히 11:22). 수백 년 후 이스라엘 사람들이 애굽 땅을 떠날 때 그들은 요셉의 관을 가지고 가서 그 뼈를 세겜에 장사하였다(출 13:19, 수 24:32). 이러한 요셉의 유언과 그 후손들의 행동에는 구약시대 이스라엘이 갖는 '약속의 땅'에 대한 끝없는 소망과 그들 가운데 깊게 내재되어 있는 원심적 선교의 언약사상이 나타나 있는 것이다.

한편, 아브라함 언약의 선교적 함의는 창세기 22장에서 더욱 뚜렷이 나타난다: "여호와의 사자가 하늘에서부터 두 번째 아브라함을 불러 이르시되 여호와께서 이르시기를 내가 나를 가리켜 맹세하노니 네가 이같이 행하여 네 아들 네 독자도 아끼지 아니하였은즉 내가 네게 큰 복을 주고 네 씨가 크게 번성하여 하늘의 별과 같고 바닷가의 모래와 같게 하리니 네 씨가 그 대적의 성문을 차지하리라 또 네 씨로 말미암아 천하 만민이 복을 받으리니 이는 네가 나의 말을 준행하였음이니라 하셨다 하니라"(창 22:15-18).

여기서 18절 "네 씨로 말미암아 천하 만민이 복을 받으리니"라는 말씀은 창 12:3 "땅의 모든 족속이 너로 말미암아 복을 얻을 것이라"는 말씀과 같은 것이다. 창세기 12:3 '민족'은 '가족, 종족'을 의미하는 히브리어 משפחה(mishpachah)가 사용되었고 창세기 17:4와 22:18에서 '민족'은 '이방 민족'을 의미하는 히브리어 גוי(gowy)가 사용되었다. 이로 보건대 창세기 12장보다 창세기 17장 및 22장이 보다 분명하게 아브라함언약의 내용을 구체적으로 밝혀주고 있다고 할 수 있다. 창세기 22:18에 비추어 창세기

12:3 '너로 말미암아'는 '네 씨로 말미암아'로 이해해야 한다. 또한, 창세기 17:4 및 22:18에 비추어 창세기 12:3을 해석할 때, '가족(family), 종족(tribe)'은 '이방 민족 (Gentile)'으로 이해해야 한다. 따라서 창세기 12:3은 장차 '네 씨', 즉 그리스도로 말미암아(In Christ) 모든 이방 민족들을 포함하는 이 땅의 모든 민족이 복을 받을 것임을 말씀하신 것이다. 창세기 12장은 물론이고 창세기 17장 및 18장은 아브라함언약이 이방 모든 민족에게까지 미치는 선교언약임을 나타내고 있다.

이에 대하여 사도행전에서는 아브라함 및 선지자들에 행한 언약들에 대한 신약적 해석을 제시하고 있다: "너희는 선지자들의 자손이요 또 하나님이 너희 조상과 더불어 세우신 언약의 자손이라 아브라함에게 이르시기를 땅 위의 모든 족속이 너의 씨로 말미암아 복을 받으리라 하셨으니"(행 3:25). 여기서 사도 베드로는 유대인들을 향하여 언약의 자손이라는 사실을 상기시키면서 그럼에도 이 언약은 단순히 유대인들에게만 국한된 것이 아니라 예수 그리스도로 말미암아 땅 위의 모든 민족에게 미치는 축복임을 분명히 하고 있다. 사도행전의 이 말씀에 비추어 볼 때 아브라함의 언약에 따라 하나님께서 아브라함과 그 후손들에게 언약하시는 것이 "이 땅의 축복"만이 아니라 모든 민족을 향한 선교언약임을 알 수 있다. 따라서 일관성의 원리에 비추어 볼 때 아브라함언약뿐만 아니라 이후 모세 등 모든 구약 선지자들에게 하신 언약의 핵심은 모든 민족이 '너의 씨', 즉 그

리스도로 말미암아 복을 받는 것으로 보아야 할 것이다.[395]

아브라함언약에서 이방 모든 민족을 향한 선교적 함의는 갈라디아서 3장에도 잘 나타난다: "아브라함이 하나님을 믿으매 그것을 그에게 의로 정하셨다 함과 같으니라 그런즉 믿음으로 말미암은 자들은 아브라함의 자손인 줄 알지어다 또 하나님이 이방을 믿음으로 말미암아 의로 정하실 것을 성경이 미리 알고 먼저 아브라함에게 복음을 전하되 모든 이방인이 너로 말미암아 복을 받으리라 하였느니라 그러므로 믿음으로 말미암은 자는 믿음이 있는 아브라함과 함께 복을 받느니라 무릇 율법 행위에 속한 자들은 저주 아래에 있나니 기록된 바 누구든지 율법 책에 기록된 대로 모든 일을 항상 행하지 아니하는 자는 저주 아래에 있는 자라 하였음이라 또 하나님 앞에서 아무도 율법으로 말미암아 의롭게 되지 못할 것이 분명하니 이는 의인은 믿음으로 살리라 하였음이라 율법은 믿음에서 난 것이 아니니 율법을 행하는 자는 그 가운데서 살리라 하였느니라 그리스도께서 우리를 위하여 저주를 받은 바 되사 율법의 저주에서 우리를 속량하셨으니 기록된 바 나무에 달린 자마다 저주 아래에 있는 자라 하였음이라 이는 그리스도 예수 안에서 아브라함의 복이 이방인에게 미치게 하고 또 우리로 하여금 믿음으로 말미암아 성령의 약속을 받게 하려 함이라"(갈 3:6-14).

여기서 사도 바울은 하나님께서는 모든 이방인이 아브라함으로 말미암아 복을 받을 것을 미리 정하셨다고 말하고 있다. 이는 창세기 12:1-3과

---

395 하나님께서 아브라함을 택하시고 부르신 것과 관련하여, 데렉 카드너는 (a)하나님의 선택받은 백성들을 선택하신 것, (b) 하나님께서 예비하신 땅을 소유하게 하신다는 것, (c) 그리고 그들을 통하여 이방 나라들에게 축복을 가져다주신다는 것 등 세 가지를 나열하였다. 참조 Derek Kidner, *Psalm 1-72: An Introduction and Commentary on Books I and II of the Psalms,* (London: InterVarsity Press, 1973), 41.

창세기 22:15-18을 근거한 것으로 보아야 할 것이다. 하나님께서는 율법이 아니라 믿음으로 말미암는 자가 아브라함의 믿음을 가진 자가 아브라함의 자손이며 또 이방 민족들도 믿음으로 말미암아 의롭다 하실 것을 정하신 것이다(갈 3:7-8). 이는 그리스도 안에 있는 믿음으로 의롭게 되는 아브라함의 복이 이방인에게 미치게 하기 위함이다(갈 3:14). 여기서도 아브라함언약이 모든 민족을 향한 선교언약임이 드러난다. 또한, 갈라디아서 3:14에서는 "선택받은 유대인에게는 믿음으로 말미암아 성령의 약속을 받게 하신다"고 함으로써 유대인과 모든 이방인이 믿음으로 말미암아 의롭다함을 받으며 성령 안에서 하나 될 것을 말하고 있다.

따라서 믿음의 조상 아브라함, 이삭, 야곱의 후예로 하나님의 백성이 된 이스라엘 민족에게는 미래가 있다. 그들의 미래는 이방 민족들을 위한 하나님의 구속 목적과 관련된 것이다. 하나님께서 모든 민족을 축복하시려는 목적을 성취하기 위하여 이스라엘이 중심적 역할을 감당해야 한다는 암시를 받는다. 역사는 세상 많은 나라의 흥망성쇠를 다룬다. 역사는 그들이 유대인들을 어떻게 취급하는가에 따라 국가의 운명이 결정되었다는 증거들로 가득하다.[396]

이사야도 이스라엘의 거룩한 자의 구속사역을 따라 하나님의 나라가 올 것을 예언하였다. 그 날에 모든 민족이 시온으로 나올 것이다.[397] 이와 같이 열방을 향한 선교비전은 이사야서에서 다음과 같이 극적으로 표현되어 있다: "네가 내 눈에 보배롭고 존귀하며 내가 너를 사랑하였은즉 내가 네 대신 사람들을 내어 주며 백성들이 네 생명을 대신하리니 두려워하

---

396 아서 글라서, 앞의 책, 93.
397 아서 글라서, 앞의 책, 28.

지 말라 내가 너와 함께 하여 네 자손을 동쪽에서부터 오게 하며 서쪽에
부터 너를 모을 것이며 내가 북쪽에게 이르기를 내놓으라 남쪽에게 이르
기를 가두어 두지 말라 내 아들들을 먼 곳에서 이끌며 내 딸들을 땅 끝에
서 오게 하며 내 이름으로 불려지는 모든 자 곧 내가 내 영광을 위하여 창
조한 자를 오게 하라 그를 내가 지었고 그를 내가 만들었느니라"(사 43:4-7),
"이제 여호와께서 말씀하시나니 그는 태에서부터 나를 그의 종으로 지으
신 이시요 야곱을 그에게로 돌아오게 하시는 이시니 이스라엘이 그에게
로 모이는도다 그러므로 내가 여호와 보시기에 영화롭게 되었으며 나의
하나님은 나의 힘이 되셨도다 그가 이르시되 네가 나의 종이 되어 야곱의
지파들을 일으키며 이스라엘 중에 보전된 자를 돌아오게 할 것은 매우 쉬
운 일이라 내가 또 너를 이방의 빛으로 삼아 나의 구원을 베풀어서 땅 끝
까지 이르게 하리라"(사 49:5-6), "내가 나의 모든 산을 길로 삼고 나의 대로
를 돋우리니 어떤 사람은 먼 곳에서, 어떤 사람은 북쪽과 서쪽에서, 어떤
사람은 시님 땅에서 오리라"(사49:11-12).

하나님은 아브라함을 선택하시고 그와 언약을 맺으셨다. 이것은 모
든 민족을 향한 하나님의 구속적 관심을 처음으로 표현하신 것이라 할 수
있다. 결과적으로 아브라함은 '선교의 선구자'가 되었다. 모든 민족 가운
데 흩어진 택하신 하나님의 백성들에게 영적인 조상이 된 것이다. 아브라
함의 소명에 관하여 벵트 선드클러(Bengt Sundkler)는 그것은 "저주의 사슬
을 끊고 이해와 조화로 대치하는 선교사업이다"라고 설명하였다. 그리고
그는 "아브라함이 갈 바를 알지 못하고 믿음으로 고향을 떠났을 때 그는

결정적으로 이 선교사역을 위해 첫발을 내디딘 것이다."라고 했다.[398]

한편, 창세기 22:17에서는 하나님께서 다시 한 번 아브라함을 축복하는 말씀과 더불어 "네 씨가 그 대적의 성문을 차지하리라"라고 말씀하셨다. 이는 장차 오실 그리스도께서 사탄의 권세를 멸할 것을 말씀하신 것으로 "여자의 후손이 네 머리를 상하게 할 것이다."라는 창세기 3:15과 같은 맥락이다. 대적의 성문은 gatecity(히. sha`ar) of enemies(히. 'oyeb)로서 '대적의 관문도시', 즉 문명의 도성을 의미한다. 이는 바벨도성 건설 사건에서 보여준 하나님에 대한 사악한 무리의 도시건설을 통한 대항의 시도를 연상케 하는 것으로 그러한 악의 행태를 무찌를 것을 예고한 것이다. 바벨의 무리들이 "우리의 이름을 내자"고 한 데 대하여 하나님께서는 아브라함에게 "너의 이름을 창대케 하리라"고 하신 대조적 대응의 맥락이 나타나는 것을 볼 수 있다. 이 말씀은 구속사 과정에서 전개될 하나님의 나라와 사탄의 나라 사이에 지속되는 영적 긴장을 예고한 것이다.

후크마(Hoekma)는 역사에 대해 지나치게 낭만적으로 단순화하는 것을 비판하면서 다음과 같이 말했다: "세계사 속에 지속되어온 하나님의 나라와 악의 세력 사이의 긴장을 제대로 취급하지 않고 있다. 역사에는 그런 지속적인 긴장이 존재했으며 앞으로도 그럴 것이다. 하나님의 나라가 성장하는 한 그리스도가 다시 오실 때까지 사탄의 왕국(나라)도 계속해서 존재하며 성장할 것이다. 신약성경은 큰 환란, 배교, 적그리스도의 등장에 대해 말할 때, 세상 끝날까지 악의 왕국의 힘이 지속될 것을 암시한다.[399] 그리스도는 분명 죄와 사탄에 대해 결정적인 승리를 얻으셨고, 따라서 이

---

398 Bengt Sundkler, *The World of Mission,* (London: Lutterworth, 1965), 12.
399 앤서니 후크마, 『개혁주의 종말론』, 254.

싸움의 최종 결과는 결코 의심할 수 없다. 그러나 그리스도와 그리스도의 대적들 사이의 대립은 끝까지 계속될 것이다".[400]

성경은 창세기 3:15과 창 22:17을 통해서 단순히 그리스도의 구속에 관한 언약의 일관성을 보여주는 것이 아니라 구속사 전개에 있어서 나타나는 영적 메커니즘을 일관성 있고 통일성 있게 암시하고 있다는 점에서 주목된다.

한편, 창세기 14장에 나타나는 아브라함과 멜기세덱의 조우는 매우 특별하고 놀라운 일이다. 멜기세덱은 이방 가나안의 왕이며 제사장이었다. 그러나 놀랍게도 예수님은 멜기세덱의 반차를 따르는 영원한 대제사장으로 오셨다(히 5:6,10,11; 6:20).[401] 그의 이름과 직함은 그가 정의의 왕국에서 왕의 신분을 가진 사람이며 하나님을 만나고 경배하는 영역에서 제사장 직분을 가지고 있었음을 보여준다.[402] 멜기세덱은 아브라함을 축복하였다. 아브라함은 멜기세덱의 영적 권위가 하나님에게서 온 것임을 직감하였고 자진해서 십일조를 멜기세덱에게 바쳤다(창 14:20). 이 사건은 아브라함이 열방을 향한 하나님의 선교언약을 실제로 신앙화하고 세계관화하고 있었음을 암시하는 중요한 사건이다. 이와 유사한 사건은 사도행전 10장에서 고넬료 사건에서도 나타난다. 고넬료는 멜기세덱 같이 이방 중에 하나님을 경외하는 사람이었다.

---

400 앤서니 후크마, 앞의 책, 254.
401 구약시대에 기름부음을 받은 자는 왕, 제사장, 선지자 등 오직 세 직분자들뿐이었다. 이 들은 하나님의 구원사역의 대행자들로 거룩한 기름을 부어서 구별된 직임을 맡게 하였다 (출 30:22-32). 이 기름은 하나님을 위해서 거룩하게 쓰임을 받는다는 구별의 상징이었다. 예수님은 세 가지 직분의 완성자가 되셨다. 이 세 가지 직분은 "메시아 직분"(요 1:41, 요 4:25)으로 예표되는 것이다: 김재성, 『구원의 길』, 2014, 109-110. 참조, Herman Ridderbos, *Het Woord is vless geworden* (the Word became flesh), 1979. 9.
402 아서 글라서, 앞의 책, 97.

창세기 18장에서 아브라함이 멸망하기로 예정된 소돔과 고모라를 위한 기도에서도 이방을 향한 선교가 아브라함에게서 어떻게 실천되는가를 잘 알 수 있다. 아브라함은 여호와 하나님을 열방과 세계를 통치하시며 또 구원하시는 하나님으로 알고 있었다. 소돔과 고모라를 위한 아브라함의 중보기도는 일종의 선교언약의 이행이었다.

모든 민족을 향한 하나님의 선교적 언약은 단순히 신약시대에 예수님에 의해서 처음 나타난 것도 아니고 신약성경에서만 표현된 것이 아니다. 구약성경에서도 유대민족 공동체를 넘어서 이방 모든 민족을 향한 하나님의 열망은 계속 드러난다.

4. 모세언약과 선교

1) 모세언약의 특성

출애굽 이후에 하나님께서는 시내산에서 모세에게 언약을 주셨다: "이스라엘 자손이 애굽 땅을 떠난 지 삼 개월이 되던 날 그들이 시내 광야에 이르니라 그들이 르비딤을 떠나 시내 광야에 이르러 그 광야에 장막을 치되 이스라엘이 거기 산 앞에 장막을 치니라 모세가 하나님 앞에 올라가니 여호와께서 산에서 그를 불러 말씀하시되 너는 이같이 야곱의 집에 말하고 이스라엘 자손들에게 말하라 내가 애굽 사람에게 어떻게 행하였음과 내가 어떻게 독수리 날개로 너희를 업어 내게로 인도하였음을 너희가 보았느니라 세계가 다 내게 속하였나니 너희가 내 말을 잘 듣고 내 언약을 지키면 너희는 모든 민족 중에서 내 소유가 되겠고 너희가 내게 대하여 제사장 나라가 되며 거룩한 백성이 되리라 너는 이 말을 이스라엘 자손에게

전할지니라"(출 19:1-6).[403]

모세언약의 목적은 선택받은 이스라엘 민족에게 하나님의 특별한 은 혜와 자비를 나타내시는 것이다. 모세의 율법에 의해서 이스라엘 백성은 언약의 민족으로 세워졌다. 이것은 국가언약의 성립을 의미한다. 역사적 으로 볼 때 이스라엘 국가는 아브라함 언약에 기초한다. 하나님은 출애굽 기 2:24에서 이스라엘의 고통을 들으시고 "아브라함과 이삭과 야곱에게 세운 언약을 기억하실 때"라고 하셨다.[404] 그러나 국가언약은 "새 언약이 라 말씀하셨으매 첫 것은 낡아지게 하신 것이니 낡아지고 쇠하는 것은 없 어져 가느니라"라는 히브리서 8:13 말씀처럼 낡아져 가고 사라져 간다.[405]

모세언약은 출애굽기 24장에서 더 구체적으로 나타난다: "또 모세에 게 이르시되 너는 아론과 나답과 아비후와 이스라엘 장로 칠십 명과 함께 여호와께로 올라와 멀리서 경배하고 너 모세만 여호와께 가까이 나아오 고 그들은 가까이 나아오지 말며 백성은 너와 함께 올라오지 말지니라 모 세가 와서 여호와의 모든 말씀과 그의 모든 율례를 백성에게 전하매 그들 이 한 소리로 응답하여 이르되 여호와께서 말씀하신 모든 것을 우리가 준 행하리이다 모세가 여호와의 모든 말씀을 기록하고 이른 아침에 일어나 산 아래에 제단을 쌓고 이스라엘 열두 지파대로 열두 기둥을 세우고 이스

---

403 안토니 버게스는 시내산에서 모세에게 주어진 율법이 언약의 방식으로 주어졌으며, 율법 은 언약으로서 하나님께서 이스라엘 백성과 맺는 것이라고 하였다: 김홍만, "웨스터민스 터 신앙고백서 7장." 2004. 참조, Anthony Burgess, *Vindiciae Legis: or A Vindication of the Morall Law and The Covenants, From the Errours of Papists, Arminians, Socinians, and more especially, Antinomians, 232.*

404 팔머 로버슨, 『계약신학과 그리스도』, 175.

405 Mark W. Karlberg, "Reformed Interpretation of the Mosaic Covenant," Covenant *Theology in Reformed Perspective,* 37. 참조, John Ball, *A Treatisw of the Covenant of Grace,* (London: Miller, 1645), 92-93.

라엘 자손의 청년들을 보내어 여호와께 소로 번제와 화목제를 드리게 하고 모세가 피를 가지고 반은 여러 양푼에 담고 반은 제단에 뿌리고 언약서를 가져다가 백성에게 낭독하여 듣게 하니 그들이 이르되 여호와의 모든 말씀을 우리가 준행하리이다 모세가 그 피를 가지고 백성에게 뿌리며 이르되 이는 여호와께서 이 모든 말씀에 대하여 너희와 세우신 언약의 피니라"(출 19:1-8).

모세언약의 중심은 율법이다. 그러나 모세언약은 아브라함언약을 보충한 것으로 그 율법을 통해서 구원받는다는 것이 아니라 이미 구원받은 이스라엘이 복종을 통해 그 운명을 성취하는 수단으로 주어진 은혜언약이다. 그럼에도 모세언약은 아담, 아브라함, 다윗과 맺은 언약과 다소 다른 측면이 있다. 모세언약은 율법이라는 측면에서는 아브라함에서 퇴보했으나 다양한 그리스도의 모형을 나타내고 있다는 점에서는 발전적이다. 이후 다윗 시대에는 더 발전하였다. 다윗 때는 일국의 통치체제 및 왕권의 최대치를 보여주고 있다. 언약은 시간이 갈수록 실제로 예수님을 향해 더욱더 발전한 것으로 이해해야 한다.

모세는 하나님께 맹세했는데 그는 중보자였다. 그는 백성들에게 하나님의 언약을 말하고 피를 뿌렸다(출 19:4-8). 모세는 이 피를 '언약의 피'라고 했다(출 19:8). 히브리서에서는 모세언약을 피로 세운 언약이라고 칭했다: "이러므로 첫 언약도 피 없이 세운 것이 아니니 모세가 율법대로 모든 계명을 온 백성에게 말한 후에 송아지와 염소의 피 및 물과 붉은 양털과 우슬초를 취하여 그 두루마리와 온 백성에게 뿌리며 이르되 이는 하나님이 너희에게 명하신 언약의 피라 하고 또한 이와 같이 피를 장막과 섬기는 일에 쓰는 모든 그릇에 뿌렸느니라"(히 9:18-21).

언약의 피는 그리스도의 구속사역의 핵심 모형이다. 둘째 아담이며 참된 이스라엘인 예수님은 이 율법언약을 다 성취하셨으며 자신이 흘리신 피로서 언약을 성취 확정하셨다: "또 잔을 가지사 감사 기도 하시고 그들에게 주시며 이르시되 너희가 다 이것을 마시라 이것은 죄 사함을 얻게 하려고 많은 사람을 위하여 흘리는 바 나의 피 곧 언약의 피니라"(마 26:27-28).

한편, 모세언약은 아브라함 언약의 확장이다. 한 민족과 땅으로 확장이다: "내가 아브라함과 이삭과 야곱에게 주기로 맹세한 땅으로 너희를 인도하고 그 땅을 너희에게 주어 기업을 삼게 하리라 나는 여호와라 하셨다 하라"(출 6:8), "주의 종 아브라함과 이삭과 이스라엘을 기억하소서 주께서 그들을 위하여 주를 가리켜 맹세하여 이르시기를 내가 너희의 자손을 하늘의 별처럼 많게 하고 내가 허락한 이 온 땅을 너희의 자손에게 주어 영원한 기업이 되게 하리라 하셨나이다"(출 32:13), "나는 너희 중에 행하여 너희의 하나님이 되고 너희는 내 백성이 될 것이니라"(레 26:12).

이스라엘이 애굽의 속박으로 인해 하나님께 부르짖었을 때 "하나님이 그 고통 소리를 들으시고 아브라함과 그 언약을 이삭과 야곱에게 세운 그 언약을 기억하사"라고 성경은 기록하고 있다(출 2:24). 하나님께서는 아브라함언약과 약속에 근거하여 모세를 통해서 이스라엘을 구원하려고 하셨던 것이다.

존 머레이(John Murray)는 출애굽기 3:16,17 및 6:4-8, 시편 105:8-12, 42-45 및 106:45 등을 근거로 "애굽으로부터 이스라엘을 구원하여 약속의 땅으로 이끄는 것은 가나안 땅 소유에 관한 아브라함과 약속이 성취

되는 것으로써 이 구절에 대한 유일한 해석을 내릴 수 있다"라고 했다.[406]
출애굽기 6:4-8과 같은 구절은 모세 하에서의 이스라엘과 하나님과의 관계가 시작되는 배경을 갖고 있으며, 특히 아브라함과 모세의 언약을 통합시키고 있다.[407]

아브라함언약은 모세언약이 세워지는 역사적인 동기를 제공해준다. 하나님은 아브라함과의 언약을 기억하시고 이스라엘을 위해서 행하는 것이다.[408] 시내산에서의 언약 수립과 관련해서 모세가 세운 제단은 모세언약이 아브라함언약과 불가분의 관계가 있다는 증거를 보여준다. 모세는 "이스라엘의 열두 지파대로 열두 기둥으로" 단을 쌓았다(출 24:4). 족장시대의 부족 구성이 모세언약이 이루어지는 때에 잘 나타나고 있음을 알 수 있다.[409]

가나안 땅 소유에 관한 약속의 성취는 모세 율법이 세워진 후에 나타난다. 이 사실은 400년 후에 생긴 율법이 하나님이 미리 정하신 약속을 폐하게 하지 못한다는 사도 바울의 언급을 뒷받침하고 있다(갈 3:17).

하나님은 시내산에서 모세언약에서는 언약만 말씀하신 것이 아니고 하나님의 영광스러운 임재를 드러내셨다. 하나님께서 모세에게 준 언약은 율법언약이며 옛언약이다. 그러나 모세의 율법은 선한 것이며 그 근원이 은혜이다: "이로 보건대 율법은 거룩하고 계명도 거룩하고 의로우며 선하도다"(롬 7:12). 율법은 복음과 충돌하지 않는다: "그런즉 우리가 무슨 말을 하리요 율법이 죄냐 그럴 수 없느니라 율법으로 말미암지 않고는 내

---

406 John Murray, *The Covenant of Grace,* (Tyndale Press, 1954), 20.

407 팔머 로버슨, 『계약신학과 그리스도』, 37.

408 팔머 로버슨, 앞의 책, 39.

409 팔머 로버슨, 앞의 책, 39.

가 죄를 알지 못하였으니 곧 율법이 탐내지 말라 하지 아니하였더라면 내가 탐심을 알지 못하였으리라"(롬 7:1). 오히려 율법은 초등교사가 되어 우리를 그리스도께로 인도한다: "이같이 율법이 우리를 그리스도께로 인도하는 초등교사가 되어 우리로 하여금 믿음으로 말미암아 의롭다 함을 얻게 하려 함이라"(갈 3:24).

모세의 율법은 태초에 아담에게 부여된 요건을 이스라엘에게 상기시키며 아직 등장하지 않은 마지막 아담을 이스라엘 자손에게 미리 가리켰다. 부분적으로 모세의 율법은 정의에 대한 요구가 여전히 충족되지 않았음을 상기시키는 역할을 한다.[410]

루터는 "그리스도인에게 율법을 무시하고 율법이 없는 것처럼 하나님 앞에서 살라고 가르치는 것은 대단한 것이다"라고 했다.[411] 루터는 그리스도인이 율법에 대하여 무지하도록 했고 복음만 우선시했다고 평가받는다. 그는 행함을 강조한 야고보서를 지푸라기 서신으로 취급하며 폄하했다고 한다. 루터는 모세의 언약을 잘못 해석한 것이다. 예수님은 율법을 완성하신 것이지 폐하신 것이 아니다: "내가 율법을 폐하려 온 줄 생각하지 말라 폐하려 온 것이 아니요 완전하게 하려 함이라"(마 5:17). 복음의 요소가 율법에 수반되며 율법 이후에 뒤따라오는 계시에만 포함되었던 것이 아니고 율법 그 자체 속에 있었다. 율법 체계(legal system)라고 하는 그것 자체 속에 복음과 은혜와 믿음이 섞여 있는 것이다. 특히 의식법에는 그것이 풍부하게 들어 있다. 희생 제사와 정결 예식 하나하나마다 은혜의 원리를 선포하는 것이다. 그렇지 않았다면 긍정적이며 본질적인 연속성

---

410   데이비드 반두르넨, 앞의 책, 281, 미주 9.
411   피터 릴백, 『칼빈의 언약사상』, 2009, 97; *Luter's Works*, XXVI, 6.

의 관념은 완전히 폐기되고 그 대신 모순과 갈등이 그 자리를 차지하게 될 것이다. 그러나 그런 것은 구약 자체의 견해도, 바울의 견해도, 교회의 신학의 견해도 아니요, 영지주의적 입장일 뿐이다.[412]

율법은 언약의 필수적인 부분이며 하나님께서 인간을 외면하지 않으셨다는 것을 증거하는 증표이자 보증이다.[413] 아브라함과 그 후손들에게 주신 율법은 인간을 구원하기를 원하시는 하나님께서 섭리적으로 준비하신 첫 단계이다. 율법은 의롭고 거룩한 삶의 규칙을 보여주는 십계명뿐만 아니라 모세를 통해서 선포하신 신앙의 형식이다.[414] 율법은 유대인에게 주신 은혜의 선물이며 장차 율법에 암시된 바와 약속된 것이 성취됨으로써 그리스도의 오심을 미리 적시해 주는 것이다.[415] 율법의 목적은 이스라엘 백성을 그리스도에게 인도하는 것이다.[416]

2) 모세언약의 선교적 함의

모세언약은 율법언약임에도 선교비전이 나타나 있다. 시내산 언약에서 이스라엘을 향한 하나님의 말씀에는 이스라엘을 제사장 나라로 하여 열방을 구원할 것임을 선언한다: "모세가 하나님 앞에 올라가니 여호와께서 산에서 그를 불러 말씀하시되 너는 이같이 야곱의 집에 말하고 이스라

---

412 게할더스 보스, 『성경신학』, 2005, 182.
413 John Calvin, *Institutes*, II. vii. 1.
414 John Calvin, *Institutes*, II. vii. 1.
415 김재성, 『나의 심장을 드리나이다』, 2012, 219.
416 Mark W. Karlberg, "Reformed Interpretation of the Mosaic Covenant," (The Westminster Theological Journal 43, 1980: 1-57), *Covenant Theology in Reformed Perspective, 28.* 참조 *The Works of the English Reformers: William Tyndale and John Frith,* ed. T. Russel, (London, 1831), 1.21-2.

엘 자손들에게 말하라 내가 애굽 사람에게 어떻게 행하였음과 내가 어떻게 독수리 날개로 너희를 업어 내게로 인도하였음을 너희가 보았느니라 세계가 다 내게 속하였나니 너희가 내 말을 잘 듣고 내 언약을 지키면 너희는 모든 민족 중에서 내 소유가 되겠고 너희가 내게 대하여 제사장 나라가 되며 거룩한 백성이 되리라 너는 이 말을 이스라엘 자손에게 전할지니라"(출 19:3-6).

하나님께서 시내산 언약을 주신 목적은 바로 이스라엘이 모든 민족 중에 하나님의 소유가 되며 열방 중에 제사장 나라가 되는 것이다. 특히 모세언약이 아브라함언약의 확장이라고 볼 때, 아브라함언약에서 '모든 민족 가운데 복이 되는 것'과 시내산 모세언약에서 '모든 민족 가운데 제사장 나라가 되는 것'은 같은 맥락으로 이해해야 할 것이다. 아브라함언약에서는 아브라함과 그 후손들을 언급했으나 모세언약에서는 '그 후손들'을 이스라엘로 구체화하고 또한 '제사장 나라'라는 표현으로 그들의 선교적 책무를 더욱 구체적으로 나타내고 있다. 아브라함언약에 모든 민족을 향한 선교언약이 포함되어 있다면 아브라함언약에 기초한 모세언약 역시 그러할 것이다.

출애굽기 19:6은 하나님께서 모든 민족을 전제로 하여 이스라엘을 제사장의 나라로 택하셨음을 알 수 있다. 시내산 모세언약에 선교적 의미가 분명하게 나타나 있다. 그럼에도 불구하고 이스라엘 백성은 시내산 언약을 율법의 준행으로만 이해하였다. 하나님께서는 시내산 모세언약을 통해서 선교적 비전을 주셨음에도 유대인들은 이를 충분히 이해하지 못하고 율법에만 집착했다.

출애굽기 19장에 나타난 시내산 모세언약과 관련하여 요하네스 블라우(Johannes Blauw) 는 다음과 같이 말한다: "제사장들은 백성을 위하여 존재한다. 이스라엘 백성은 세계를 위해 존재한다".[417]

전통적으로 유대교에서는 혼동이 있다. 시내산 모세언약이 마치 아브라함언약보다 우월한 것처럼 생각하는 것이다. 일부 기독교인들도 이런 생각을 한다. 이것은 매우 잘못된 생각이다. 모든 유대인들은 아브라함을 그들의 조상으로 믿는다. 그래서 "땅"에 대한 약속을 고집스럽게 붙잡고 있다. 그리고 하나님께서 아브라함과 맺으신 언약의 증표로 할례를 고집하고 있다. 그럼에도 불구하고 하나님과 개인적인 관계에 대한 순종에 대해서는 시내산 율법이 결정적으로 작용한다.[418] 시내산 모세언약이 아브라함언약에 종속된 것이라면 율법 언약으로서 모세언약은 왜 필요하겠는가? 이에 대하여 사도 바울은 이렇게 대답하고 있다: "율법이 무엇이냐 범법함을 인하여 더 한 것이라"(갈3:19), "율법이 가입한 것은 범죄를 더하게 하려 함이라"(롬 5:20). 시내산 율법 언약은 아브라함언약의 약속을 위하여 추가로 보충한 것이다. 그러나 시내산 언약 형태는 예수 그리스도의 구속적 십자가와 온전한 계시의 말씀으로 대체될 것이다. 결국, 아브라함이 믿음으로 받았던 은혜를 그들도 구하게 될 것이다(창 15:6). 그래서 우리는 새 언약의 약속을 깊이 묵상해야 한다(렘 31:31-37). 시내산 모세언약이 아브라함 언약을 넘어서는 것이 아니다. 아브라함언약을 위하여 모세언약이 있는 것이다. 아브라함언약에는 모든 민족 중에 율법이 아니라 믿음으로 구

---

417 Johannes Blauw, *The Missionary Nature of the Church,* (New York: McGraw-Hill, 1962), 24.
418 아서 글라서, 앞의 책, 140.

원언는 새언약이 있으며 모든 민족을 향한 선교비전이 있다. 시내산 모세언약에 나타난 "제사장 나라"에 대한 이스라엘의 비전은 아브라함언약을 승계한 것이다.

5. 다윗언약과 선교

1) 다윗언약의 특성

시내산 모세언약과 다윗언약은 조건적인 것과 무조건적인 것의 관점에서 명백한 차이가 있다. 다윗은 하나님을 위하여 집을 짓기를 원했다. 그러나 다윗언약은 다윗을 위해 집을 지어 주기 위한 일방적인 하나님의 약속이었다. 본질적으로 다윗언약을 구성하고 있는 것은 이러한 영원한 왕위 계승의 약속이다.[419] 다윗언약의 중심은 영원한 왕권이다. 다윗의 왕권은 영원할 것이다. 다윗의 후손에게 보좌는 영원할 것이다.

하나님은 열왕기상 11장에서 다윗에게 언약을 주셨다: "그러나 내가 택한 내 종 다윗이 내 명령과 내 법도를 지켰으므로 내가 그를 위하여 솔로몬의 생전에는 온 나라를 그의 손에서 빼앗지 아니하고 주관하게 하려니와 내가 그의 아들의 손에서 나라를 빼앗아 그 열 지파를 네게 줄 것이요 그의 아들에게는 내가 한 지파를 주어서 내가 거기에 내 이름을 두고자 하여 택한 성읍 예루살렘에서 내 종 다윗이 항상 내 앞에 등불을 가지고 있게 하리라 내가 너를 취하리니 너는 네 마음에 원하는 대로 다스려 이스라엘 위에 왕이 되되 네가 만일 내가 명령한 모든 일에 순종하고 내 길로

---

419 Steven L. McKenzie, *Covenant,* (St. Louis: Chalice, 2000), 66.

행하며 내 눈에 합당한 일을 하며 내 종 다윗이 행함 같이 내 율례와 명령을 지키면 내가 너와 함께 있어 내가 다윗을 위하여 세운 것 같이 너를 위하여 견고한 집을 세우고 이스라엘을 네게 주리라 내가 이로 말미암아 다윗의 자손을 괴롭게 할 것이나 영원히 하지는 아니하리라 하셨느니라 한지라"(왕상 11:34-39).

하나님께서는 다윗 이후에도 다윗언약을 상기하시면서 후손들에게 호의를 베푸셨다: "여호와께서 그의 종 다윗을 위하여 유다 멸하기를 즐겨하지 아니하셨으니 이는 그와 그의 자손에게 항상 등불을 주겠다고 말씀하셨음이더라"(왕하 8:19), 또 "그러므로 여호와께서 앗수르 왕을 가리켜 이르시기를 그가 이 성에 이르지 못하며 이리로 화살을 쏘지 못하며 방패를 성을 향하여 세우지 못하며 치려고 토성을 쌓지도 못하고 오던 길로 돌아가고 이 성에 이르지 못하리라 하셨으니 이는 여호와의 말씀이시라 내가 나와 나의 종 다윗을 위하여 이 성을 보호하여 구원하리라 하셨나이다 하였더라"(왕하 19:32-34). 시내산 모세언약에는 자비가 없다. 하나님이 자비를 베풀어 주실 때마다 그런 자비의 기초는 모세언약이 아니라 언제나 아브라함언약 또는 다윗언약이었다(왕하 13:24).

다윗의 후손들은 바벨론 포로로 잡혀가는 어려움에도 불구하고 다윗에게 준 언약으로 말미암아 믿음을 잊지 않았다: "그의 하나님 여호와께서 다윗을 위하여 예루살렘에서 그에게 등불을 주시되 그의 아들을 세워 뒤를 잇게 하사 예루살렘을 견고하게 하셨으니"(왕상 15:4), "내가 나와 나의 종 다윗을 위하여 이 성을 보호하여 구원하리라 하셨나이다 하였더라"(왕하 19:34), "너는 다시 그들에게 이르기를 여호와의 말씀에 보라 내가 이 땅의 모든 주민과 다윗의 왕위에 앉은 왕들과 제사장들과 선지자들과 예루살렘 모든 주민으로 잔뜩 취하게 하고"(렘 13:13).

한편, 하나님께서는 다윗언약에서 예루살렘 중심의 언약을 지속적으로 말씀하고 계신다: "그의 아들들에게는 내가 한 지파를 주어서 내가 거기서 내 이름을 두고자 하여 택한 성읍 예루살렘에서 내 종 다윗이 항상 내 앞에 등불을 가지고 있게 하리라"(왕상 11:36), "옛적에 여호와께서 이 성전에 대하여 다윗과 그의 아들 솔로몬에게 이르시기를 내가 이스라엘의 모든 지파 중에서 택한 이 성전과 예루살렘에 내 이름을 영원히 둘지라"(왕하 21:7).

하나님은 왜 예루살렘 성역을 중심으로 다윗언약을 세우셨는가? 왜 이스라엘의 왕권이 예배와 통치의 중심지인 한 성역을 중심으로 발전하게 되는 것인가? 한 성역으로 집중되는 이 변화는 다윗의 정치적인 리더십 때문이라 이해해서는 안 된다. 오히려 중앙집권적인 성소(a centralized sanctuary)에 대한 모세율법의 결과로 보아야 한다. 다윗언약에 나타난 이 중요한 발전은 이전에 맺어진 모세언약에 근거하고 있다. 다윗은 모세가 그런 발전을 예견했기 때문에 예배의 장소를 예루살렘에 영구적으로 세우게 된다. 또한, 예루살렘으로 법궤를 가지고 올 때의 다윗의 노래는 놀랍게도 이 사실을 아브라함에 대한 하나님의 약속이 성취되는 것으로 보고 있다는 사실을 나타낸다:[420] "그는 여호와 우리 하나님이시라 그의 법도가 온 땅에 있도다 너희는 그의 언약 곧 천 대에 명령하신 말씀을 영원히 기억할지어다 이것은 아브라함에게 하신 언약이며 이삭에게 하신 맹세이

---

420   팔머 로버슨, 앞의 책, 41.

며 이는 야곱에게 세우신 율례 곧 이스라엘에게 하신 영원한 언약이라 이르시기를 내가 가나안 땅을 네게 주어 너희 기업의 지경이 되게 하리라 하셨도다"(대상 16:15-18).

따라서, 시온의 왕으로서 하나님의 대관식은 아브라함에게 주어진 하나님의 약속이 성취되는 것으로 이해해야 한다. 약속의 땅에 하나님의 왕권이 수립됨을 상징하는 다윗시대의 역사는 아브라함에게 주신 약속의 땅과 직접적으로 연관되는 것이다. 다윗언약은 아브라함언약, 즉 약속언약의 토양 위에 자라난 것이다.

다윗 이후에 이스라엘 왕권은 여러 이방제국으로 말미암아 멸망하게 된다. 왜 그런가? 여호와께서 이스라엘과 다윗과 다윗의 아들을 통하여 모든 나라를 통치하게 하신다고 그렇게도 자부하였는데 왜 이스라엘은 멸망했는가? 당시 이스라엘은 외견상 놀라운 황금기였다(왕상 4:20-21, 왕상 5:13). 그러나 이스라엘은 무너졌다. 그 이유는 통치자들, 제사장들, 그리고 백성들이 모세의 율법을 떠나 타락했기 때문이다. 이스라엘국가의 멸망은 모세언약에 의해서만 해석되고 이해될 수 있다. 다윗의 언약도 실제로 효력을 가지나 결정적으로 이스라엘 백성들이 바벨론의 포로가 될 수밖에 없었던 것은 모세언약의 규례를 어겼기 때문이었다. 모세 율법에 따라 하나님의 명령과 규례를 지키지 않았기 때문에 바벨론 유수가 생기게 된 것이다. 이 사실은 열왕기하 17장에 나타난다:[421] "여호와께서 각 선지자와 각 선견자를 통하여 이스라엘과 유다에게 지정하여 이르시기를 너희는 돌이켜 너희 악한 길에서 떠나 나의 명령과 율례를 지키되 내가 너희 조상

---

421 팔머 로버슨, 앞의 책, 42.

들에게 명령하고 또 네 종 선지자들을 통하여 너희에게 전한 모든 율법대로 행하라 하셨으나…..그들의 하나님 여호와의 모든 명령을 버리고 자기들을 위하여 두 송아지 형상을 부어 만들고 또 아세라 목상을 만들고…여호와 보시기에 악을 행하여 그를 격노하게 하였으므로 여호와께서 이스라엘에게 심히 노하사 그들을 그의 앞에서 제거하시니 오직 유다 지파 외에는 남은 자가 없으니라"(왕하 17:13-18).

이스라엘 백성들은 아주 중요한 것을 놓치고 있었다. 그것은 이스라엘을 민족공동체로 부르시는 시내산 언약에 대한 것이었다. 이 언약을 맺으시기 전에 하나님은 백성들이 하나님의 뜻에 순종할 것을 요구하는 조항도 넣으셨다(출 19:4-6). 그래서 하나님이 이스라엘과 맺은 시내산 언약은 조건적인 약속이 되었다. 그들의 순종이 언약의 조건이었다. 시내산 언약은 무조건적인 약속을 제공하지 않았다. 실제로 언약은 미래를 보장하지 않는다. 그것은 축복이 될 수도 있고 저주가 될 수도 있다. 이 모든 것이 이스라엘의 언약에 대한 순종 여부에 달려있는 것이다. 언약과 미래는 간단한 한 단어에 의해 결정된다고 말할 수 있다. 그 단어는 '만약'이다.[422] 언약은 하나님의 편에서는 은혜의 언약이지만 택한 자들의 편에서는 믿음과 선한 양심의 언약이다.[423]

일찍이 쯔빙글리(Zwingli)는 언약은 주권적 선택이며 그것은 세례받은 성인의 순종과 믿음에 달려있다고 하였다. 하나님의 율법이 나타나도록 그가 책임 있게 언약의 조건을 지켜나가는지 아닌지에 달려있다는 것

422   John Bright, *Covenant and Promise: The Prophetic Understanding of the Future in Pre-exilic Israel*, (Philadelphia: Westminster, 1976), 44.
423   필립 슈패너, 『경건한 열망』, 모수환 옮김, (크리스챤다이제스트, 1992), 76.

이다. 그러므로 믿음에 대한 강조와 하나님의 주권적 예정, 섭리와 더불어 언약의 책임으로서의 올바른 삶이 둘 다 중요하게 나타난다. 쯔빙글리에게는 선택은 언약의 맥락에서 인간의 책임을 설명하는 것이지 가치를 떨어뜨리는 것이 아니다.[424] 칼빈의 언약사상 안에도 언약의 조건성 개념이 있다고 한다. 엘톤 에니겐버그(Elton Eenigenburg)에 의하면, 칼빈은 언약 자체는 무조건적이지만 그것에 참여하는 자들의 위치는 조건에 대한 그들의 순차적 효과적 순종에 달려있는 것으로 보았다는 것이다.[425] 후크마도 칼빈은 은혜언약은 하나님에 의해 깨질 수 없으나 인간에 의하여 깨질 수 있는 것으로 이해했다고 주장한다.[426]

따라서 다윗과 그의 아들들의 성공 사례나 비극은 모세언약의 규정이 집행되고 있는 것으로 보아야 한다. 나이가 들어 죽을 때 다윗이 그 아들 솔로몬에게 명한 것을 보면 그의 언약이 모세언약에 기초하고 있음을 분명히 알게 된다. 다윗은 솔로몬에게 열왕기상 2장에서 "모세의 율법에 기록된 대로 하나님의 명을 지키라 그리하면 하나님께서 나에 관해 말씀하신 그 약속을 이루시리라"(왕상 2:3)고 말했다.[427]

아브라함언약은 모세언약이 세워진 후 그 기능을 실제로 계속하셨다. 그러나 또한 아브라함언약이 그 이후 역사에서 모세언약을 무효화시키거나 중단시키지는 않았다. 다윗언약도 이전 아브라함언약 및 모세언약에 기초한다. 하나님의 언약의 연속성과 통일성은 다윗언약에서도 그

---

424 피터 릴백, 『칼빈의 언약사상』, 156–157.
425 Elton M. Eenigenburg, "The Place of the Covenant in Calvin's Thinking", *The Reformed Review* 10, 1957, 13.
426 Anthony A. Hoekema, "Calvin's Doctrine of the Covenant of Grace", *The Reformed Review* 15, 1962, 9.
427 팔머 로버슨, 앞의 책, 39.

대로 나타나고 있다. 다윗과 언약을 맺으신 하나님은 '애굽에서 이스라엘 자손을 불러내신' 하나님과 동일하신 하나님이시기 때문이다(삼하 7:6, 23).

그러나 언약의 중심이 그리스도라는 점을 상기할 때 다윗언약은 모세언약을 넘어선다고 할 수 있다. 창세기 3:15에서 언약하신 여자의 후손으로서 그리스도는 말씀이 육신이 되어야 했는데, 그 육신은 여자로부터 만들어져야 했다. 그것은 동정녀의 몸으로부터 그리스도의 몸이 만들어진 것으로 성취되었다. 또한, 그것은 아브라함과 다윗에게 행한 약속의 성취를 필요로 했다. 그리스도는 그들의 후손에서 날 것이기 때문이었다. 오실 그리스도는 '아브라함의 씨'이어야 했으며 또한 '육으로는 다윗의 혈통' 가운데서 나셔야 했다.[428] 이런 의미에서 다윗언약은 율법 언약인 모세언약을 초월하여 아브라함언약과 직결되는 영적 메커니즘을 가지고 있는 것이다.

2) 선교적 함의

그러면, 이스라엘 백성의 실패, 즉 바벨론 유수의 원인을 모세언약의 '율법적 규정'을 준수하지 못한 것으로만 이해할 수 있는가? 시내산 모세언약에 나타난 내용에는 하나님께서 '제사장 나라'에 대한 비전도 주셨다. 이것 역시 아브라함언약에 기초하고 있다. 성경은 이스라엘 백성이 모세 율법의 규정을 지속적으로 어긴 것도 지적하지만 이사야서 49장에는 포로가 된 유대인들에게 또 다른 메시지를 주고 있다: "이제 여호와께서 말씀하시나니 그는 태에서부터 나를 그의 종으로 지으신 이시요 야곱을 그에게로 돌아오게 하시는 이시니 이스라엘이 그에게로 모이는도다 그러므

---

428 존 오웬, 『개혁주의 성령론』, 1988, 135.

로 내가 여호와 보시기에 영화롭게 되었으며 나의 하나님은 나의 힘이 되셨도다 그가 이르시되 네가 나의 종이 되어 야곱의 지파들을 일으키며 이스라엘 중에 보전된 자를 돌아오게 할 것은 매우 쉬운 일이라 내가 또 너를 이방의 빛으로 삼아 나의 구원을 베풀어서 땅 끝까지 이르게 하리라"(사 49: 5-6).

여기서 이사야 선지자는 포로 가운데 고통하는 이스라엘에 대하여 '이방의 빛이 되어 땅끝까지 이르게 하리라'고 선언하고 있다. '이방의 빛'으로 표현되는 선교적 비전은 아브라함언약에 나타난 '모든 민족이 너로 말미암아 복을 받으리라'(창 12:3)는 말씀과 같은 것이다. 하나님은 바벨론 유수의 이스라엘 백성에게 이방 선교의 비전을 선포함으로써 이스라엘 민족주의 및 유대 중심주의를 극복하고 '제사장 나라'가 될 것을 촉구하고 있는 것으로 보아야 한다.

한편, 다윗의 언약은 영원한 왕권을 약속하고 있다. 다윗의 후손에게 보좌가 영원할 것이다(왕상 11:26-39, 15:1-8, 왕하 8:19, 19:32-34, 렘 13:12-14). 다윗의 후손들은 포로로 잡혀가는 어려움에도 다윗에게 준 언약으로 말미암아 믿음을 잃지 않았던 이유도 여기에 있다. 그들은 장차 도래할 영광스러운 왕국을 소망했던 것이다.

하나님의 통치는 언약적이고 보편적이다. 하나님께서 말씀으로 천지를 창조하셨고 하나님의 형상을 따라 인간을 만드셨기에 그때부터 하나님께서는 자신이 만드신 만물을 사랑으로 돌보시는 것은 피할 수 없는 일이다. 이것을 하나님의 우주적 왕권이라고 설명할 수 있다. 하나님은 모든 권위의 근본이시며 하나님께서 궁극적으로 승리하시고 만물, 특히 모든 민족들을 다스릴 것이라고 선포하셨다.[429] 이것은 다윗의 시편에서 선교적 비전으로 잘 나타나 있다: "그가 바다에서부터 바다까지와 강에서부터 땅 끝까지 다스리리니"(시 72:8), "땅의 모든 끝이 여호와를 기억하고 돌아오며 모든 나라의 모든 족속이 주의 앞에 예배하리니 나라는 여호와의 것이요 여호와는 모든 나라의 주재심이로다"(시 22:27-28).

이와 같이 시편에서 다윗은 하나님의 언약을 좇아 하나님의 우주적 통치를 선포하고 있다. 구약 왕조시대는 민족들 가운데 하나님의 나라를 선포하는 하나님의 선교였다. 이런 관점에서 다윗 왕조 시대는 구약시대 하나님의 선교가 황금기를 맞이한 시대라 할 수 있다. 여러 시편에서는 이 주제를 노래하고 있다: "내게 구하라 내가 이방 나라를 네 유업으로 주리니 네 소유가 땅 끝까지 이르리로다"(시 2:8), "그들이 내 소문을 들은 즉시로 내게 청종함이여 이방인들이 내게 복종하리로다"(시 18:44), "여호와여 일어나사 인생으로 승리를 얻지 못하게 하시며 이방 나라들이 주 앞에서 심판을 받게 하소서"(시 9:19), "여호와여 이러므로 내가 이방 나라들 중에서 주께 감사하며 주의 이름을 찬송하리이다"(시 18:49).

솔로몬은 성전을 봉헌하면서 하나님께 간구할 때에 다윗과의 선교적 언약을 기억하며 다음과 같이 기도를 드렸다: "주의 백성 이스라엘에 속하지 않은 이방인에게 대하여도 그들이 주의 큰 이름과 능한 손과 펴신 팔을 위하여 먼 지방에서 와서 이 성전을 향하여 기도하거든 주는 계신 곳 하늘에서 들으시고 모든 이방인이 주께 부르짖는 대로 이루사 땅의 만민이 주의 이름을 알고 주의 백성 이스라엘처럼 경외하게 하시오며 또 내가

---

429 아서 글라서, 『성경에 나타난 하나님의 선교』, 29.

건축한 이 성전을 주의 이름으로 일컫는 줄을 알게 하옵소서"(대하 6:32-33).
이러한 솔로몬의 이방인을 위한 성전 봉헌기도는 '하나님께서 거룩한 예
루살렘 성전에 보좌를 세우시고 예루살렘에서 세계와 열방을 통치하신다'
(렘 3:17)는 이스라엘 백성들의 전통적 세계관의 형성에 초석이 되었다.

다윗은 하나님을 늘 찬송했다. 그는 이방 나라들에도 하나님의 통치
가 이루어지기를 간절히 간구하며 찬양했다(시 76편). 이와 같은 다윗의
찬양은 하나님의 선교에 나타난 보편적인 면을 기술하고 있다. 조지 피터
스(George Peters)는 시편에서 세계, 국가들, 백성들, 그리고 온 땅에 관해
노래하는 내용을 175군데서 찾아냈다. 어느 곳에서는 이스라엘이 그들에
게 구원의 소망을 가져오는 것을 그리고 있다.[430] 시편 67편에는 이스라엘
의 목적이 드러난다. 이스라엘은 모든 민족을 위한 사명이 있는 것이다: "하
나님은 우리를 긍휼히 여기사 복을 주시고 그 얼굴빛을 우리에게 비취사 주
의 도를 온 땅 위에, 주의 구원을 만방 중에 알리소서"(시 67:1-2).(개역한글)

하나님께서 구약시대 족장들과 선지자들에게 하신 약속들 가운데 모
든 열방이 아브라함의 자손들을 통해서 복을 받을 것이라는 약속보다 더
확실하고 두드러진 약속은 없다. 또한, 다윗을 통한 영원한 왕위 계승의
약속보다 확실한 것도 없다. 이 주제는 구약 전체를 관통하는 중심 주제
이며, 신약에 가서 더욱더 보편적인 주제로 변형된다. 다윗언약도 아브라
함언약의 맥락과 연장선에서 이해하는 것이 중요한 이유가 여기에 있다.
아브라함언약이나 다윗언약은 그들의 개인적인 구원을 위한 것이 아니라
구속사와 관련된 것이다. 따라서 두 언약 모두 하나님의 일방적이고 무조

---

430 George W. Peters, *A Biblical Theology of Missions,* (Chicago: Moody, 1972), 166.

건적인 언약이다. 아브라함이나 다윗 둘 다 성경에 자세히 기록되었듯이 그들이 개인적으로 저지른 큰 실수나 엄청난 범죄조차도 하나님의 구속사적 목적을 방해하지 못했다.

6. 선지서 언약사상과 선교

1) 선지서 언약사상의 특성

참 선지자는 거짓 선지자들의 공세에 시달렸다. 그러면서도 하나님께 소명을 받은 참 선지자들의 메시지는 언제나 한결같았다. 이스라엘 백성들과 지도자들이 하나님의 응답을 기대하기 전에 하나님의 회개하라는 부르심에 귀를 기울여야 한다는 것이었다. 참 선지자들은 하나님의 '구속사 전개 과정에' 자신들이 참여하고 있다는 사실을 알고 있었다. 그러나 거짓 선지자들은 구속사 전개과정 자체를 무시했다. 그들은 언제나 하나님의 축복과 평화를 장담하고 선포하기에 분주했다. 발터 아이히로트(Walter Eichrodt)의 지적대로 다시 또 제도 종교는 하나님의 도래에 관한 선지자들 고유의 강조를 억압하고 있었다.[431] 그리스도 중심의 구속사가 경시되거나 배제되면 메시지는 왜곡되는 것이다. 예수님의 십자가와 부활과 승천과 다시오심을 떠나서 하나님의 참된 진리와 하나님의 뜻을 말할 수 없다. 역사와 시대 현상도 제대로 이해할 수 없다. 거짓 선지자들의 특징은 몰역사적이어서 역사적 관점이 배제되어 있고 또 종말론적 구속사가 무시되어 있다는 것이다.

---

431 발터 아이히로트, 『구약성서신학』 (I), 1994, 356.

거짓 선지자들은 다윗언약이 예루살렘의 영원한 안정을 무조건 보증한다고 잘못 해석했다. 그러나 마침내 다윗 왕국은 무너졌다. 참 선지자들이 예언한 대로 역사는 진행되었다. 기독교의 영감은 과거 역사로부터 유래한다. 그것은 주관적인 사건들이 아니다. 한 공동체 안에서 기억되는 공동체적 사건들이다. 일반적인 과거에 근거해서 일반적인 미래를 함께 생각할 수 있는 것이다.[432]

이스라엘은 실패를 반복했다. 무너진 왕국을 목도하며 선지자들은 하나님 나라에 대해 예언하기 시작했다. 사람의 나라가 아니라 하나님의 나라를 강조하기 시작했다. 메시아 사상도 하나님의 나라에 포함되어 있다. 바벨론에 의해 멸망된 이후에 하나님 나라 백성을 더 이상 정치체제 국가에 속한 사람들이 아닌 영적인 공동체로 인식하게 되는 의식 변화가 나타나기 시작했다. 온 세상 끝까지 축복을 전해주는 가능성을 가진 영적 공동체에 대해 인식하기 시작한 것이다. 그들은 하나님의 때에 새 언약이 맺어지고 영원히 사라지지 않는 하나님의 나라가 도래할 것이라고 확신했다(렘 31:31-34, 32:38-40; 겔 36:26-27). 그들의 메시지에는 믿음으로 이루어지는 새 이스라엘이 열국 가운데 구원을 선포하는 하나님의 가장 귀중한 도구가 될 것이라는 암시가 강하게 나타나 있다.[433]

구약에서 언약개념은 구약 계시에 있어서 핵심적이다.[434] 하나님의 언약은 지켜져야 한다. 그러나 예레미야 시대에 유다 백성들은 우상숭배

---

432 Niebuhr H. Richard, *The Meaning of Revealation,* (New York: Macmillan), 1941, 53.
433 아서 글라서, 앞의 책, 18.
434 앤서니 후크마, 『개혁주의 종말론』, 이용중 옮김, (부흥과개혁사, 2012), 17. 참조 Walter Eichrodt, *Theology of the Old Testament,* trans. J. A. Baker, Vol. I., (Philadelphia: Westminster, 1961).

와 범죄로 하나님과의 언약을 깨뜨렸다. 예레미야에 있어서 예언의 주된 책무는 심판이었지만 예레미야는 심판하실 것을 선언하면서 동시에 하나님께서 예레미야 31장에서 분명하게 자기 백성과 새언약을 맺으실 것이라고 선포하셨다. "여호와의 말씀이니라 보라 날이 이르리니 내가 이스라엘 집과 유다 집에 새언약을 맺으리라 이 언약은 내가 그들의 조상들의 손을 잡고 애굽 땅에서 인도하여 내던 날에 맺은 것과 같지 아니할 것은 내가 그들의 남편이 되었어도 그들이 내 언약을 깨뜨렸음이라"(렘 31:31-34). 이것은 히브리서에도 동일하게 반복되어 있다: "저희를 허물하여 일렀으되 주께서 이르시되 볼지어다 날이 이르리니 내가 이스라엘 집과 유다 집으로 새언약을 세우리라 또 주께서 이르시되 내가 저희 열조들의 손을 잡고 애굽 땅에서 인도하여 내던 날에 저희와 세운 언약과 같지 아니하도다 저희는 내 언약 안에 머물러 있지 아니하므로 내가 저희를 돌아보지 아니하였노라"(히 8:8-13).

이스라엘 자손은 비록 시내산에서 맺은 모세언약을 깨뜨렸으나 여호와 하나님께서는 새로운 언약을 약속하셨다. 그 언약을 통해서 아브라함 언약의 축복이 마침내 성취될 것이다. 하나님의 백성은 단순히 외적 할례만 아니라 내적 할례를 받을 것이다. 그들은 새 영을 받게 될 것이다.

예레미야가 예언한 새언약을 예수 그리스도께서 성취하셨다: "식후에 또한 이와 같이 잔을 가지시고 이르시되 이 잔은 내 피로 세운 새언약이니 이것을 행하여 마실 때마다 나를 기념하라 하셨으니 너희가 이 떡을 먹으며 이 잔을 마실 때마다 주의 죽으심을 오실 때까지 전하는 것이니라"(고전 11:25). 예수께서 십자가에서 피 흘리심으로 "피로 세운 새언약"을 주셨다. 그리고 새언약의 백성들은 예수께서 피 흘려 죽으심으로 모세의 율법 언약을 대체하는 새언약을 세우신 것을 주께서 다시 오실 때까지 증거해야 한다. 예레미야서에 나타난 '새언약'은 종말론적 의미를 지닌다.[435]

선지서 언약사상은 뚜렷하다. 이스라엘 백성이 불순종함으로 언약을 파기했다. 육신의 이스라엘은 이제 끝이 났다. 그러나 새 언약에 따라 장차 오실 그리스도로 인하여 새로운 이스라엘이 생겨날 것이다. 이러한 선지서 언약의 특성은 계속 동일하게 나타난다.

호세아 선지자도 동일하게 예언하였다. 이스라엘은 모세언약에 따라 판단 받으며, 하나님은 결정을 선포하셨다. 이제 언약은 깨졌으며 이스라엘 민족의 미래는 없다. 그들은 약속의 땅에서 쫓겨나서 이방 제국에 포로로 잡혀갈 것이다. 호세아서에는 이렇게 기록하고 있다: "너희는 내 백성이 아니요 나는 너희 하나님이 되지 아니할 것임이니라"(호 1:9; 7:12, 16: 9:11-12; 12:9). 그럼에도 불구하고 하나님은 훗날 이스라엘을 회복시킬 것이다. 그리고 다시 새 언약을 맺으시며 온 세계 가운데 복을 가져다주는 복의 근원이 되게 하실 것이다(호 2:14-23; 5:15-6:3; 14:4-7). 호세아 선지자는 아브라함언약이 새 언약으로 역사하여 온 세계 가운데 회복된 영적 이스라엘이 열방 가운데 복의 근원이 될 것을 예언하고 있다.

이사야도 같은 예언을 했다. 다윗 왕조는 무너질 것이나 하나님의 영원한 뜻은 무너지지 않고 이루어질 것이다. 그 날에 "이새의 뿌리에서 한 싹이 나서" 그가 '만민의 기호'로 설 것이다. 그러나 이스라엘은 앗수르를 통해서 징벌을 받게 될 것이니 훗날 온 세상은 '물이 바다를 덮음같이' 여

---

435 앤서니 후크마, 앞의 책, 17.

호와를 아는 지식으로 충만해질 것이다(사 11:9-16). 호세아나 이사야 선지자는 이스라엘은 무너질 것이나 그리스도를 통해서 새 언약을 맺으시고 물이 바다 덮음같이 하나님의 말씀이 온 세계에 충만케 될 것을 예언한 것이다.

언약의 이행을 위하여 따로 세운 '구별된 백성'이라는 의미를 이사야서 6:13에서 '거룩한 씨'로 표현되어 나타난다. 아브라함과 이삭과 야곱의 하나님을 믿는 백성들은 그리스도로 말미암아 구원받고 거룩히 구별되어 언약의 이행자가 될 것이다. 그리스도를 믿어 구원받은 사람은 '하나님의 아들'이 되며 아브라함의 자손이요 약속대로 유업을 이을 자가 된다. 아브라함의 언약에 따라 새로운 영적 이스라엘이 나타날 것이다. 약속된 유업은 모세언약에 나타난 대로 영적 제사장의 나라가 되며, 아브라함의 언약에 나타난 대로 모든 민족을 향한 선교언약의 이행이다.

예레미야 선지자는 눈물의 선지자였다. 다른 선지자들은 하나님께서 다윗에게 하신 무조건적인 약속만을 언급하였다(렘 7:1-15; 8:8-9; 23:1-40). 그러나 예레미야는 다윗의 왕조가 하나님의 목적을 떠나 영원히 사라질 것이라고 예언하였다(렘 22:28-30; 36:29-31). 이로인해, 이스라엘지도자들은 예레미야를 싫어했고 배척했다. 결국, 예레미야가 옳았다. 이스라엘 백성들은 느부갓네살 왕에 의해 포로로 잡혀갔고 예루살렘은 파괴되었다. 다윗왕조는 끝나고 말았다. 그러나 그는 먼 미래를 예언했다: "열방과 모든 곳에서 모아 사로잡혀 떠나게 하던 본 곳으로 돌아오게 하리라 여호와의 말이니라"(렘29: 14).

2) 선교적 함의

하나님은 바벨론 포로 기간 중에 선지자들을 통해서 두 가지 명령을 주셨다. 하나는 "거기서 번성하고 쇠잔하지 않게 하라"(렘 29:5-6)는 것이고 또 하나는 포로로 잡아간 사람들을 섬기라는 것이었다(렘 29:7). 두 번째 명령은 구체적으로 잡혀간 성읍의 평안과 번영을 위해서 힘쓰고 성읍을 위해 여호와께 기도하라는 것이었다. 평안, 즉 샬롬은 구약성경에 350여 회 등장한다. 샬롬은 여러 의미가 있다. 그러나 궁극적으로 이방 성읍의 샬롬을 위해 기도하라는 것은 선교적 비전을 말씀한 것으로 볼 수 있다. 하나님은 선지자를 통해서 포로 중에 있는 유대인들에게 '유배자의 선교'를 말씀하신 것이다.

이사야 선지자는 여호와께서 종말에 시온에 구속자로 오신다는 약속을 반복하면서(사 59:20), 열방에서 사람들이 몰려들 것을 예언하였다: "일어나라 빛을 발하라 네 빛이 이르렀고 여호와의 영광이 네 위에 임하였음이니라 보라 어둠이 땅을 덮을 것이며 깜깜함이 만민을 가리려니와 오직 여호와께서 네 위에 임하실 것이며 그의 영광이 네 위에 나타나리니 나라들은 네 빛으로 왕들은 비치는 네 광명으로 나아오리라 네 눈을 들어 사방을 보라 무리가 다 모여 네게로 오느니라 네 아들들은 먼 곳에서 오겠고 네 딸들은 안기어 올 것이라"(사 60:1-4).

이스라엘 백성은 하나님의 선교를 위해서 선택된 민족이다. 이스라엘 선지자들은 이스라엘이 선택받은 것이 자신을 보존하기 위한 것이 아니라 봉사를 위한 부르심이라는 것을 끊임없이 깨우쳐 주려고 하였다.[436] 선택의 목적이 봉사인데 이것이 실행되지 않을 때에 선택은 그 의미를 상실한다.[437] 하나님은 이스라엘을 택하시고 시내산 모세언약을 통해서 언약을 주셨다. 언약 자체는 무조건적이다. 그러나 그것에 참여하는 자들의 위치는 조건(stipulation)에 대한 그들의 효과적 순종에 달려있다.[438] 은혜언약은 하나님에 의하여는 깨질 수 없지만, 인간에 의하여 깨질 수 있다.[439] 하나님의 언약은 일방적이지만 동시에 인간의 책임도 있다. 일방적인 시내산 모세언약은 조건부적이다: "내 말을 잘 듣고 내 언약을 지키면"(출 19:5-6).

이사야서 40-45장에 나오는 종의 노래는 열방을 위한 선지자 관심을 표현하는 가장 탁월한 내용을 담고 있다.[440] 또한, 이사야서 49장은 이스라엘의 열방의 선교비전을 가장 강하게 선포하고 있다: "그가 이르시되 네가 나의 종이 되어 야곱의 지파를 일으키며 이스라엘 중에 보존된 자를 돌아오게 할 것은 매우 쉬운 일이라 내가 또 너를 이방의 빛으로 삼아 나의 구원을 베풀어서 땅 끝까지 이르게 하리라"(사 49:6). 하나님은 이스라엘을 종으로 삼아 하나님의 영광을 나타낼 것이다(사 49:3). 그것은 이스라엘로 '이방의 빛'이 되게 하신다는 것이다. 하나님은 이방 제국에 포로된 이스라엘에게 오히려 '이방의 빛'이 되라고 격려하며 선포하셨다.

436 Johannes Verkuyl, *Contemporary Missiology: An Introduction,* (Grand Rapids: Eerdmans, 1978), 46.
437 데이비드 J. 보쉬, 『변화하고 있는 선교』, 2000, 45.
438 Elton M. Eenigenburg, "The Place of the Covenant in Calvin's Thinking," *The Reformed Review* 10, 1957: 1-22, 13.
439 Anthony A. Hoekma, "Calvin's Doctrine of the Covenant of Grace," *The Reformed Review* 15, 1962: 1-12, 9.
440 Harold H. Rowley, *The Missionary Message of the Old Testament,* (London: Carey Press, 1944), 64.

하나님은 이스라엘의 처지와 형편에 관계없이 택하신 이스라엘을 하나님의 영광을 위하여 분명히 사용하실 것을 말씀하셨다: "이스라엘의 구속자 이스라엘의 거룩한 이이신 여호와께서 사람에게 멸시를 당하는 자, 백성에게 미움을 받는 자, 관원들에게 종이 된 자에게 이같이 이르시되 왕들이 보고 일어서며 고관들이 경배하리니 이는 이스라엘의 거룩한 이 신실하신 여호와 그가 너를 택하였음이니라"(사 49:7). 비록 이스라엘이 멸시를 당하고 이방 제국의 종으로 전락했으나 하나님은 역사를 반전시키실 것이다. 하나님은 신실하신 분이심으로 택하신 백성을 일으키시고 그들을 이방의 빛으로 삼아 열방 가운데 하나님의 영광을 나타내실 것이다. 하나님은 이스라엘을 종으로 부르셨다(사 49:3). 그러나 종이 순종하지 않았다. 순종하면 그들을 통해서 하나님의 영광을 모든 세계 가운데 드러내실 것이다.

이사야 선지자가 이방의 포로가 되어 있는 이스라엘에게 이방의 빛이 될 것이라고 선포하는 것은 매우 극적이다. 포로된 이스라엘 백성들은 약속의 땅 거룩한 곳 예루살렘으로 돌아가서 이스라엘 나라를 복원하려는 소망으로 하나님께 간구하고 있었다. 그러나 이사야 선지자는 오히려 이곳에서 이방의 빛이 되라고 촉구하고 있는 것이다. 그는 하나님께서 이전 선지자들에게 주신 언약을 알고 있었다. 하나님께서 이스라엘을 택하신 것은 아브라함언약에 나타난 대로 모든 민족을 위한 것이며 모세언약에 나타난 대로 열방 가운데 제사장의 나라로 삼기 위함이다. 이사야 선지자는 이미 주신 언약을 붙잡고 열방을 위한 선교비전을 '이방의 빛'이라는 새로운 용어로 선포한 것이다.

이사야는 열방이 주께 돌아오는 선교비전에 대한 확신이 있었다. 그래서 그는 열방을 어둡게 덮고 있는 가리개와 덮개가 제거될 것이라고 예언하였다: "또 이 산에서 모든 민족의 얼굴을 가린 가리개와 열방 위에 덮인 덮개를 제하시며"(사 25:7). 그리고 이사야는 마침내 이스라엘이 애굽과 앗수르로 더불어 셋이 세계 중에 복이 될 것이라고 선포하였다: "그날에 애굽에서 앗수르로 통하는 대로가 있어 앗수르 사람은 애굽으로 가겠고 애굽 사람은 앗수르로 갈 것이며 애굽 사람이 앗수르 사람과 함께 경배하리라 그날에 이스라엘이 애굽 및 앗수르와 더불어 셋이 세계 중에 복이 되리니 이는 만군의 여호와께서 복을 주시며 이르시되 내 백성 애굽이여, 내 손으로 지은 앗수르여, 나의 기업 이스라엘이여, 복이 있을지어다 하실 것임이라"(사 19:23-25).

요나 선지자 이야기도 매우 극적이다. 거대한 이방 도시를 향한 하나님의 긍휼과 자비를 드러낸다. 사실 니느웨는 당시 잔혹함과 오만함의 대명사였다. 그러나 하나님께서는 열방을 돌보시는 분이시다. 하나님은 요나에게 이스라엘이 가진 왜곡된 자기 인식을 질책하셨다. 이스라엘은 국수주의적이고 자기 의로 가득하였으며 이웃 이방인들을 혐오했다. 그러나 하나님의 사랑은 이방 외국인들을 포용하신다(암 9:7). 요나의 메시지 내용을 보면 그는 메시아 사상을 전파하는 선교사가 아니었으며 단지 니느웨에 심판의 신탁을 전하는 선지자였다. 그러나 하나님은 요나를 선교사로 보내셨다. 니느웨 백성들을 향한 하나님의 자비와 사랑은 요나로 하여금 하나님의 회개의 말씀을 전하게 하신 것이다.

하나님께서 아브라함 언약에서 '모든 민족'을 말씀하시고 시내산 모세언약에서도 세계 가운데 '제사장 나라'를 말씀하셨는데 왜 이스라엘은 하나님의 언약에 나타난 선교비전을 상실하게 되었는가? 세월이 흐르면서 이스라엘 가운데 이방 민족들에 대한 부정적인 태도가 팽배하게 되었다. 옛언약의 백성들은 정치적이고 사회적인 상황이 악화되면서 메시아 사상이 왜곡되기 시작하였다. 그들의 열방을 향한 선교 비전이 메시아가 오시면 이방 나라들을 정복하고 이스라엘을 회복하실 것을 기대하는 정치적 비전으로 바뀌면서 이스라엘의 세계 지배라는 환상적인 개념의 시오니즘과 연결되었다. 이 사상은 사해의 해변에 있었던 에센공동체의 묵시적인 신앙과 태도에서 절정에 달하게 되었다. 결과적으로 이스라엘 백성들 사이에 이방인들에 대한 선교적 태도는 어리석은 것으로 간주되었다.[441]

3) 남은자 사상과 선교

한편, 선지서에는 매우 특이하게도 남은자 사상이 특히 강하게 나타난다. 남은자 사상은 사실 성경 전체에 흘러가는 사상이다. 아브라함부터 예수님의 탄생까지 이어지는 긴 역사 속에 신실한 남은자들은 메시아에 대한 소망을 끝까지 붙잡고 믿음으로 살았으며 하나님의 은혜로 끝까지 믿음을 지키며 살아남았다. 대부분의 이스라엘의 지도자들과 백성들은 완고할 뿐만 아니라 하나님의 뜻을 제대로 알지 못하고 불순종으로 일관했으나 남은자들은 항상 충성스러웠다. 이사야 선지자는 남은자에 대해 이렇게 예언했다: "만군의 여호와의 열심이 이를 이루시리라"(사 9:7). 예수님이 오시기까지 이런 비극적인 양극화는 계속되었다. 사도 바울 역시 이

---

441 데이비드 보쉬, 47. 참조 Heinrich Kasting, *Die Anfänge der urchristlichen Mission*, (Munrich: Chr. Kaiser Verlag, 1969), 129.

와 같이 유대인 가운데 "은혜로 택하심을 따라 남은자가 있다"고 언급하고 있다(롬 11:5). 역사적으로 하나님의 백성 이스라엘 가운데 타락한 자와 남은자의 구별은 항상 존재하였다. 자기 연민에 빠진 엘리야는 자기만 홀로 남았다고 불평하였다. 그러나 하나님께서는 "내가 이스라엘 가운데 칠천 인을 남기리니 다 무릎을 바알에게 꿇지 아니하고 다 그 입을 바알에게 맞추지 아니한 자니라"고 말씀하셨다(왕상 19:18). 그래서 시대마다 여호와 하나님은 선지자들을 통하여 타락한 자들을 질책하고 남은자들을 칭찬하며 격려하였다.[442]

사도 바울도 어두운 시대에 하나님께서 항상 '남은자들'을 통해서 새로운 역사를 새롭게 일으키신다는 사실을 알고 있었다. 그래서 그는 이렇게 말하고 있다: "그러므로 내가 말하노니 하나님이 자기 백성을 버리셨느냐 그럴 수 없느니라"(롬 11:1). 하나님은 결코 자기 백성을 버리지 않으신다는 것이다. 하나님의 영원한 언약은 결코 파기되지 않는다는 것이다. 그러면 하나님은 어떻게 언약을 견인하시고 역사를 이루어 가시는가? 어떠한 상황에 처하든지 하나님은 결국 남은자들을 통해서 하나님의 역사를 지속해 가신다는 것이다.

선지서들 중에서 적어도 아홉 권은 참 하나님의 백성이 계속 존속하는 연속성에 대해 언급하고 있다. 그러나 선지자들은 하나님의 참 백성들이 어떻게 구성되는지에 대해서는 뚜렷이 말하지 않고 있다. 아마도 선지자들에게는 그것이 별로 중요한 문제가 아니었을 것이다. 어쩌면 당연하게 모두가 알고 있는 것이기에 구체적 언급이 없었을 것이다. 사도 바울은

---

442   아서 글라서, 앞의 책, 231-232.

"오직 주께서 자기 백성을 아신다"고 언급하였다(딤후 2:19). 그래서 선지자들은 남은자 사상으로 이 문제를 이해하였다. 나이트(Knight)는 "중요한 것은 참 하나님의 백성에 대하여 많은 선지자들 안에 있는 중심사상은 남은자였다"고 말한다.[443]

남은자 사상을 처음 언급한 선지자는 아모스였다. 당시 이스라엘 사람들은 남은 자에 대하여 생각할 때에 인종적으로 정의된 택함받은 이스라엘이 하나님의 남은 자들이라고 믿었으며 또한 남은자들은 종말에 하나님의 심판에서 보존될 것이라고 믿었다. 아모스는 이러한 통속적인 생각을 강하게 비판하면서 육신적 혈통에 의한 구원이나 하나님의 선택을 자랑하지 말라고 공격했다. 오히려 아모스는 이스라엘에게 하나님께 회개하고 나오라고 했다: "너희는 나를 찾으라 그리하면 살리라"(암 5:4). 이스라엘은 사실상 배교했으며 하나님을 상실한 것이라는 사실을 설파하고 있는 것이다. 그러나 아모스는 남은자들이 있다는 사실을 말하고 있다: "내 백성 중에서 말하기를 화가 우리에게 미치지 아니하며 이르지 아니하리라 하는 모든 죄인은 칼에 죽으리라 그 날에 내가 다윗의 무너진 장막을 일으키고 그것들의 틈을 막으며 그 허물어진 것을 일으켜서 옛적과 같이 세우고"(암 9:11-12). 아모스는 타락하여 버림받은 이스라엘 백성들과 남은자들을 분명히 구분하고 있다. 아모스의 남은자 사상에는 종말론적 의미가 내포되어있다. 아모스 9장과 사도행전 15:16-17을 보면, 종말의 날에 그들은 모든 나라들로부터 몰려오는 하나님의 백성 모두를 포함하게 될

---

443 George Angus Fulton Knight, *A Christian Theology of the Old Testament,* (London: SCM, 1959), 259.

것을 말하고 있다.[444]

'남은자 사상'은 선지자 이사야에게서 유다가 바벨론 포로가 된 것이 확실해졌을 때 크게 발전하였다. 이사야의 남은자 사상은 아모스에게서 전승된 것이다. 또한, 그는 당시 시리아와 에브라임 족의 갈등에서 남은 자들의 신앙공동체에 대해 큰 관심을 가지고 있었다. 이사야는 남은자를 "거룩한 씨"라고 명명했다(사 6:13). 이사야서에 나타난 남은자는 본래 불신 사회에서 소수 신앙공동체를 의미하기보다는 재난에서 남은 자들을 의미한다(사 10:20-22; 37:3, 32). 그러나 이사야는 이러한 남은자 개념을 아모스와 같이 종말론적 남은자 사상으로 연결하였다. 다윗의 집은 바벨론에 의해 나무처럼 베임을 당할 것이다. 이것은 심판이다, 그러나 그루터기와 어린 가지는 남을 것이다. 거기서 한 싹이 나며 한 가지가 나서 나무가 되고 열 매를 맺을 것이다(사 6:13; 11:1). 이것은 이사야서의 중요한 주제이다. 여기 서 '남은자'는 하나님의 백성 중에 순수하게 남은 자, 불같은 시련을 통해 깨끗하여지고 하나님의 뜻에 순종하게 된 자를 의미한다.[445]

이사야는 자기 아들의 이름을 '남은자들이 회개하고 돌아올 것이다' 는 뜻으로 '스알야숩'이라고 지었다. 이사야는 정치적인 이스라엘 국가 백 성과 구별하여 남은자를 영적 이스라엘로 이해했다. 이스라엘 소망의 근 거는 남은자들이었다. 하나님이 인류 역사 가운데 승리하실 것이며 남은 자들을 통하여 역사를 완성하실 것이다. 이사야는 종말론적 남은자, 종말 에 메시아가 통치하실 구속된 새 이스라엘의 전조로 간주하였다. 초대교 회 1세기 유대계 기독교인들은 남은자들이 혈통의 이스라엘 밖으로 나가

444　아서 글라서, 앞의 책, 233.
445　John Bright, *The Kingdom of God,* (Nashville: Abingdon), 1953, 89.

서 교회를 세우게 될 것을 믿었다. 또한, 그들은 이스라엘을 택하신 목적이 세계선교라는 사실을 인식하고 있었다. 교회가 세계선교에 앞장설 것이며 이스라엘의 유산인 축복을 모든 민족에게 중재할 것이라는 것을 알았던 것이다.[446] 역사적으로 예수 그리스도를 전하는 남은자 무리들의 노력이 없었다면 교회는 사실상 소멸하였을 것이며, 우리 시대에 기독교 선교는 계속되지 않았을 것이다.[447] 하나님은 아브라함언약에 따라 아브라함의 믿음과 비전을 가진 신실하고 충성된 남은자들을 통해서 하나님의 역사를 이루어 가신다.

제 3장 신약의 새언약과 선교

구약시대와 신약시대로 구분하여 언약을 이해하는 것은 다소 문제가 있다. 언약신학의 구조는 창조 이전 성부와 성자 하나님의 구속언약, 그리고 행위언약과 은혜언약으로 요약될 수 있다. 인간과의 언약은 행위언약과 은혜언약으로 구분된다는 점에서 시대는 인간 타락 이전과 이후로 구분하는 것이 옳다. 또한, 언약은 근본적으로 은혜의 언약이다. 그리고 은혜언약의 시대는 옛언약과 새언약으로 구분된다. 새언약은 예수 그리스도 안에서 주어진 언약이면서 완성의 언약이다. 예수님은 율법을 폐하러

---

446 Harold H. Rowley, *The Missionary Message of the Old Testament*, (London: Carey Press, 1944), 79.

447 아서 글라서, 앞의 책, 237.

오신 것이 아니라 완전하게 하려 오셨다(마 5:17).

하나님의 언약의 구분은 타락한 인간과 하나님과의 관계 안에서의 사역의 다양성과 연관된다. 그리고 그리스도의 성육신은 역사 안에서 가장 기본적인 구분점을 제공한다. 그리스도 이전의 하나님과 인간의 유대는 옛언약으로, 그리스도 이후의 유대는 새언약으로 부를 수 있다. '옛언약'이라는 말은 신약에는 고린도후서 3:14절에 단 한 번 나오고 '새언약'이라는 말은 마가복음 14:24를 제외하고 신약에 여섯 번 나온다. '새언약'은 구약 예레미야 31장 31절에도 나타난다. 새언약은 구약의 언약들 위에 세워졌으며 그 언약들을 성취하는 것이다. 그리고 새언약은 마지막 언약이며 그리스도의 피로 세워진 영원한 언약이다. 예수 그리스도는 새언약의 중보자이시다(히 9:15).

예수 그리스도는 '여자의 후손'이며 언약의 그리스도이며 창세 전에 삼위 하나님의 구속언약에 의해 '파송'이 작정되었다. 언약의 그리스도는 인간 구속을 위한 선교적 사명을 전제로 한 것이다. 따라서 그리스도가 오심으로 언약의 선교적 의미는 더욱 뚜렷하게 나타난다. 언약의 그리스도 중심의 역사는 종말론적 구속사이며 피로 맺은 새언약 위에 전개되는 역사운동의 중심에는 선교운동이 있다. 예수 그리스도는 부활하신 후에 제자들에게 모든 민족을 향한 지상대명령을 주셨으며 승천하신 이후 오순절에 성부 하나님께서 약속하시고 성자 하나님께서 보내신 성령께서 불과 바람으로 임하시어 난 곳 방언으로 증거하시면서 모든 민족을 향해 땅 끝까지 전개되는 선교운동을 본격적으로 시작하셨다. 이와 같은 종말론적 구속사의 완성은 예수님의 말씀에 가장 잘 나타나 있다: "천국복음이 모든 민족에게 증언되기 위하여 온 세상에 전파되리니 그제야 끝이 오리라"(마 24:14).

본 장에서는 그리스도의 피로 맺은 새언약과 삼위일체 하나님께서 주권적으로 주도하시는 구속사의 집행의 중심으로서 선교의 상관관계를 살펴보며 언약의 종말론적 구속사적 의미를 새롭게 조망할 것이다.

1. 그리스도와 새언약

하나님께서 아브라함을 택하시고, 아브라함과 후손들에게 가나안 땅을 주시겠다고 언약하셨고, 광야 호렘산에서 십계명, 율법을 주셨다. 첫 언약에 십계명, 율법이 포함된다. 이스라엘은 가나안 땅에 이르러서도 율법을 범함으로 첫 언약을 영원히 주신다는 약속을 깨뜨렸다. 첫 언약에서 십계명과 율법은 불가분의 하나이다. 하나님께서 가나안 땅을 영원히 주신다는 약속은 하나님의 백성의 도리를 다하고 순종할 때에만 효력이 있는 것이다. 하나님께서는 여러 번 영원한 언약을 말씀하셨다(시 105:10, 겔 16:60). 그러므로 옛언약이 깨졌으므로 하나님께서는 언약의 영원성을 지키기 위하여 첫 언약을 새언약으로 바꾸어 주셨다. 새언약에 대한 약속이 구약에서는 예레미야서에 처음 나타난다(렘 31:31-34, 히 8:6-13). 이에 대하여 히브리서 9:15에는 이렇게 기록하고 있다: "이를 인하여 그는 새 언약의 중보니, 이는 첫 언약 때에 범한 죄를 속하려고 죽으사 부르심을 입은 자로 하여금 영원한 기업의 약속을 얻게 하려 하심이니라".

예수 그리스도께서 새언약의 중보자시라는 것은 하나님과 사람의 중간에서 화목케하기 위하여 첫 언약을 새언약으로 바꾸어 주신 역할을 하신 분이 바로 예수 그리스도시라는 것이다. 구약의 그리스도는 언약의 사자로 오셨다(말 3:1). 십자가에서 첫 언약을 다 이루시고 율법의 형벌을 대신 받으시고 피 흘려 죽으시고 영원한 구세주로 부활하셨다. 따라서 우리는 하나님께서 구세주로 보내신 예수 그리스도를 믿음으로 구원을 받은 것이다. 예수 그리스도는 언약의 사자로 오셔서 첫 언약과 율법을 이루시고, 율법의 마침이 되신 것이다(요 19:30, 롬 10:4). 이렇게 예수 그리스도는 새언약의 중보자가 되셨으며 영원한 중보자로 계신다(히 9:15). 이렇게 첫 언약을 새언약으로 바꾸어 주셨다(히 7:12). 첫 언약은 팔레스타인 가나안이고 새언약은 영원한 하나님의 나라 천국이다. 옛언약의 율법도 새언약의 새계명으로 바꾸어 주셨다.

히브리서에서는 율법에 기초한 모세언약을 첫 언약이라 칭하면서 새언약에 대비하여 옛언약임을 시사하고 있다: "저 첫 언약이 무흠하였더라면 둘째 것을 요구할 일이 없었으려니와 그들의 잘못을 지적하여 말씀하시되 주께서 이르시되 볼지어다 날이 이르리니 내가 이스라엘 집과 유다 집과 더불어 새언약을 맺으리라 또 주께서 이르시기를 이 언약은 내가 그들의 열조의 손을 잡고 애굽 땅에서 인도하여 내던 날에 그들과 맺은 언약과 같지 아니하도다 그들은 내 언약 안에 머물러 있지 아니하므로 내가 그들을 돌보지 아니하였노라"(히 8:7-9). 강조되어야 할 것은 히브리서는 그리스도 안에서 새언약과 모세언약, 즉 옛언약을 대비시키고 있는 것이다. 만일 모세언약이 적절했다면 둘째 언약이 있을 필요가 없었을 것이다. 히브리서는 이것을 증명하기 위하여 예레미야 31:31-33을 인용하고 있다: "주께서 가라사대 볼지어다 날이 이르리니 내가 이스라엘 집과 유다의 입으로 새언약을 세우리라. 그날 후에 내가 이스라엘 집으로 세울 언약이 이것이니 내 법을 저희 생각에 두고 저희 마음에 이것을 기록하리라 나는 너희에게 하나님이 되고 저희는 내 백성이 되리라".

새언약은 그리스도께서 교회에 세우신 바로 그 언약이다. 히브리서 8장은 예레미야를 통해 하신 약속을 그리스도께서 교회와 맺으신 새언약과 연계시키고 있다. 예레미야서에서 말한 미래의 그 언약이 바로 그리스도께서 교회와 맺으신 그 언약인 것이다. 히브리서 10장에는 뚜렷이 인용하여 명시하고 있다: "주께서 가라사대 그날 후로는 저희와 세울 언약이 이것이라 하시고 내 법을 저희 마음에 두고 저희 생각에 기록하리라 하신 후에 또 저희와 저희 불법을 내가 다시 기억지 아니하리라"(히 10:16-18). 여기서 예레미야 31장에 언급된 새언약이 바로 그리스도께서 교회와 맺으신 새언약임을 분명히 하고 있다.[448]

출애굽기 34:29-35에서 살펴보면 모세의 얼굴의 넘치는 영광을 가리기 위한 것으로 보다는 오히려 사라져 가는 영광을 가리는 수건이라는 것을 알 수 있다.[449] 옛언약은 영광을 가져올 수 있다. 그러나 그 사라지는 영광은 새언약의 영원한 영광과 감히 비교되지 않는다. 모든 면에서 새언약은 그전의 것을 능가한다. 모세언약이 영광스럽지만 새언약은 더 영광스럽다. 모세는 수건을 써야 했지만 새언약의 신자는 수건을 벗는 얼굴로 선다.[450]

율법은 옛언약과 동일시되며 복음은 새언약과 동일시된다. 그리고 율법과 복음이 그러하듯이 옛언약과 새언약은 상보적이다. 사도 바울은 두 언약을 완전히 정반대의 위치에 둔다. 양자는 각각 서로 다른 두 '원리',

448 조지 래드, 『개혁주의 종말론 강의』, 2000, 31-33.
449 팔머 로버슨, 『계약신학과 그리스도』, 199.
450 팔머 로버슨, 앞의 책, 202.

곧 행위의 원리(율법)와 은혜의 원리(복음)를 나타낸다. 그러나 두 원리는 상보적으로 작용한다. 또한, 옛언약은 약속, 그림자, 예언으로 특징지어지며, 새언약은 성취, 실재, 실현 등으로 특징지어질 수 있다.[451] 새언약은 그리스도 안에 있는 은혜언약의 성취이다. 올레비아누스는 "그리스도 안에서 똑같은 칭의의 은혜가 공통적으로 동일하게 옛언약과 새언약에 들어 있다"고 하였다.[452] 복음의 내용은 언약적 성취를 말하고 있다. 그리스도 예수 안에 언약은 정점을 이루는 것이다.

우리는 여기서 두 개의 서로 다른 언약이 있음을 찾기 어렵다는 점이다. 모세언약은 그의 백성과 하나님의 언약적 관계의 종말을 의도한 것이 아니었다. 오히려 언약 수립 당시에 모세언약은 하나님의 전체 목적과 점진적으로 관계하는 것으로 나타난다. 그 이전 것보다 구원 진리에 대한 보다 뚜렷한 내용을 포함하고 있으나 그 이후에 나오는 언약의 완성보다는 덜 뚜렷하다. 그리스도의 피 흘림으로써 교회와 맺으신 언약이 있고, 또 모세언약의 갱신으로서 이스라엘과 맺게 되실 또 하나의 미래 언약이 있다. 그러나 이 둘은 결코 나뉘지 않는다. 로마서 9-11장은 문자적 이스라엘이 새언약으로 들어올 것임을 가르치고 있기 때문이다.

바울사도는 믿음이 오기 전 시대와 믿음이 온 때를 확실히 구분하면서(갈 3:23, 25), 옛언약과 새언약 시대를 구분하였다. 그럼에도 그는 아브라함에게 똑같은 복음이 '미리 전해졌다'는 사실을 분명히 하고 있다(갈 3:8). 믿음 있는 아브라함과 함께 복을 받게 되었기 때문이다(갈 3:9). 이러한 구

---

451 팔머 로버슨, 앞의 책, 65.
452 김재성, "하이델베르크 요리문답과 웨스트민스터 고백서의 언약 사상," 『한국개혁신학』, 2013, 58.

분에도 불구하고 구원에는 항상 한 가지 방법만 있었던 것이다.[453]

사도 바울이 시내산 율법언약과 새언약으로서 약속언약을 강조적으로 대조한 것은 구속언약 아래서 하나님의 통일성으로부터 벗어나는 것이 아니다. 갈라디아서 3:17에서 사도 바울은 율법언약이 약속언약을 폐기하지 못했다고 분명하게 언급하고 있다는 사실에 우리는 주목해야 한다. 그리스도의 피 흘림으로 인하여 교회와 맺으신 언약과 모세언약의 갱신으로서 이스라엘과 맺게 되실 또 하나의 미래 새언약은 나뉘지 않는다. 예레미야 31장에서 언급된 새언약은 그리스도께서 그의 교회와 맺으신 새언약임을 부인하기 어렵다.[454]

새 언약은 동물의 피가 아니라 그리스도의 피로 세운 언약이다: "또 떡을 가져 감사 기도 하시고 떼어 그들에게 주시며 이르시되 이것은 너희를 위하여 주는 내 몸이라 너희가 이를 행하여 나를 기념하라 하시고 저녁 먹은 후에 잔도 그와 같이 하여 이르시되 이 잔은 내 피로 세우는 새 언약이니 곧 너희를 위하여 붓는 것이라"(눅 22:19-20), "식후에 또한 이와 같이 잔을 가지시고 이르시되 이 잔은 내 피로 세운 새언약이니 이것을 행하여 마실 때마다 나를 기념하라 하셨으니"(고전 11:25). 예수님은 그리스도의 피로 세운 영원한 언약에 기초하여 '새로운 가족' 창조를 시작하셨다. 이 새로운 가족은 하나님의 새로운 백성이며 신약교회를 이룬다. 따라서 신약교회는 새언약의 백성이다. 이는 변혁된 하나님의 백성이요 하나님의 부르심과 약속으로 그리스도 안에서 창조된 '새언약의 공동체'이다.[455]

453 로버슨, 앞의 책, 67.
454 로버슨, 앞의 책, 68.
455 이승구, 『톰 라이트에 대한 개혁신학적 반응』, (합신대학원출판부, 2013), 221.

옛언약 아래에서는 인간의 모든 삶의 영역이 가시적 교회에 종속시키려고 했었다.[456] 옛언약의 신정정치 체제에서는 교회가 하나님의 백성의 삶 전체를 지배했었다. 국가와 교회가 지극히 밀접하게 통합되어 있었던 것이다. 예수께서는 최소한 이런 점에서만큼은 옛언약의 조건들이 영구화되는 것이 아니라는 점을 시사하셨다(마 22:21, 요 18:36, 요 19:11). 새언약 안에서는 가시적 교회는 하나님의 나라 밑에 포섭시키고 다양한 삶의 모습들을 하나님의 나라의 진정한 현현으로서 가시적 교회와 조화시키는 것이다.[457] 새언약에서는 가시적 교회는 하나님의 나라를 지향하며 하나님의 나라와 상호작용한다.

존 오웬은 '옛창조와 새창조'라는 용어를 사용하였다, 하나님께서는 본질적으로 영원토록 영화로우시다. 새창조의 목적은 하나님의 영광을 나타내려는 것이다. 새창조는 그리스도 안에서 이루어진다. 이것이 바로 하나님의 본질의 거룩한 속성들을 통하여 자신의 영광을 나타내려 하시는 신적 지혜의 첫 번째 발현이다: "또한 그가 만물보다 먼저 계시고 만물이 그 안에 함께 섰느니라 그는 몸인 교회의 머리시라 그가 근본이시요 죽은 자들 가운데서 먼저 나신 이시니 이는 친히 만물의 으뜸이 되려 하심이요 아버지께서 모든 충만으로 예수 안에 거하게 하시고"(골 1:17-19). 하나님께서는 그리스도를 교회의 머리로 정하시고 교회를 세우고 보전하기 위하여 필요한 모든 것을 그리스도 안에 쌓아 놓으셨다. 새로운 창조와 그

---

456 칼빈은 교회를 가시적 교회와 비가시적 교회로 나누고 가시적(가견적) 교회에는 구원받지 못한 교인도 있다고 했다. 청교도들 역시 위선자가 가시적 교회에 있을 수 있다고 보고 위선자 및 거짓 신자를 줄이기 위해 부단히 노력했다. 청교도들의 이러한 성도의 노력은 경건 및 교회의 거룩성을 강조한 신학적 특성에서 나온 것이다.
457 게할더스 보스, 『하나님의 나라와 교회: 은혜와 영광』, 원광연 옮김, (크리스챤다이제스트, 1998), 85.

새롭게 창조하신 것들을 보전하기 위한 모든 선하심과 은혜와 빛과 능력과 자비의 보고이신 그리스도에게 이러한 것들이 전달되었다.[458] 옛창조에서 하나님의 영광을 알게 하는 계시는 새창조에서 자신을 알리기 위하여 나타내신 계시에 비하면 매우 열등한 것이다.[459]

새창조를 통하여 새언약 공동체를 이루어 가는 사도행전의 이야기는 예수님의 승천 후에도 예수님이 계속해서 행하시고 가르치시는 것에 대한 이야기이다. 예수님의 사역은 성령님을 통해서 계속된다. 이제는 성령께서 순종하는 교회공동체를 통해서 그 사역을 계속해 가신다. 그러므로 하나님의 나라의 선포는 사랑의 초대(an invitation of love)요, 순종을 위한 소환(a summons to obedience)이다.[460] 새언약에 기반을 둔 성령님의 선교사역에는 은혜언약으로서 사랑의 초대와 동시에 행위언약으로서 순종을 위한 소환이 내포된 것이다. 행위언약은 구약시대의 이스라엘 민족의 유익을 위해 그리고 세상 끝날까지 모든 시대에 걸친 하나님의 교회의 유익을 위해, 또 사람들을 그리스도에게 인도하는 초등교사로 주어졌다.[461] 이런 점에서 새언약 역시 구약에 나타난 언약들과 단절된 것이 아니라 발전적으로 연속된 것으로 이해해야 할 것이다.

한편, 구약 예레미야 선지자가 예언한 새언약은 "피로 세운 영원한 언약"으로서 예수 그리스도께서 성취하셨다: "식후에 또한 이와 같이 잔을 가지시고 이르시되 이 잔은 내 피로 세운 새언약이니 이것을 행하여 마실 때마다 나를 기념하라 하셨으니 너희가 이 떡을 먹으며 이 잔을 마실

458 존 오웬, 『그리스도의 영광』, 서문강 옮김, (지평서원, 2011), 219–220.
459 존 오웬, 앞의 책, 224.
460 이승구, 『톰 라이트에 대한 개혁신학적 반응』, (합신대학원출판부, 2013), 227–228.
461 존 스미스 편집, 『조나단에드워드전집 제3권: 구속사』, 2007, 240.

때마다 주의 죽으심을 오실 때까지 전하는 것이니라"(고전 11:25). 예수께서 십자가에서 피 흘리심으로 "피로 세운 새언약"을 주셨다. 그리고 새언약의 백성들은 예수께서 피흘려 죽으심으로 은혜언약으로서 새언약을 세우신 것을 주께서 다시 오실 때까지 증거해야 한다. 옛언약이 장차 오실 그리스도를 소망하는 것이었다면 새언약은 장차 다시 오실 그리스도를 소망하는 것이다. 새언약은 예수님의 재림의 소망으로 충만하다.[462]

종말론적 구속사의 관점에서 볼 때 새언약은 우리 주 예수님의 재림을 지시하고 있는 것이다. 예수님은 이것이 이스라엘을 넘어서 모든 민족을 향한 선교를 통해 성취될 것을 마태복음 24장에서 분명히 말씀하셨다: "천국복음이 모든 민족에게 증언되기 위하여 온 세상에 전파되리니 그제야 끝이 오리라"(마 24:14). 그리고 이것은 마태복음 28장의 예수님의 위임대명령에서도 뚜렷이 나타난다: "예수께서 나아와 일러 가라사대 하늘과 땅의 모든 권세를 내게 주셨으니 그러므로 너희는 가서 모든 민족으로 제자를 삼아 아버지와 아들과 성령의 이름으로 세례를 주고 내가 너희에게 분부한 모든 것을 가르쳐 지키게 하라 볼찌어다 내가 세상 끝날까지 너희와 항상 함께 있으리라 하시니라"(마 28:18-20). 예수님은 마지막 위임대명령에서 모든 민족을 말씀하시고 세상 끝을 말씀하셨다.[463]

새언약은 세상의 종말 및 그리스도의 재림을 향한 새언약공동체와의 언약이다. 또한, 새언약은 이스라엘을 넘어서 모든 민족을 향한 하나님의

---

462 칼빈은 "우리는 우리 주 예수 그리스도의 재림에 우리의 시선을 고정시키는 것을 배웁시다. 우리는 그날에 우리를 위하여 면류관이 예비되어 있음을 알고 있습니다"라고 하면서 성도들의 재림신앙을 촉구했다. 이안 머리, 『청교도소망』, 2011, 75.

463 조지 래드, "하나님 나라와 복음", 『하나님의 나라 제대로 알고 믿는가?』, 신성수 옮김, (개혁주의신행협회, 2007), 328-358.

종말론적 구속사의 전개를 의미한다. 새언약에는 모든 민족을 향한 우리 주 예수 그리스도의 사랑과 다시 오실 우리 주님을 향한 종말론적 열망이 가득한 것이다. 새언약은 유대인이나 이스라엘을 배제하는 것이 아니다. 히브리서 8:8에서 "내가 이스라엘 집과 유다의 집과 더불어 새언약을 맺으리라"고 한 것은 새언약이 이스라엘을 당연히 포함한다는 것을 의미한다.

옛언약은 율법언약에 기초한다. 그러나 율법을 주신 하나님께서 동시에 피의 제사를 요구하셨다. 율법으로는 안된다는 것이다. 따라서 옛언약에는 여자의 후손, 즉 그리스도께서 오실 것을 말한다. 모세에게 율법을 주시기 전에 하나님께서 모세에게 "피를 보면 넘어가리라"고 하셨다(출 12:23). 그리고 그리스도께서 오셔서 십자가에서 피를 흘리심으로 영원한 제사를 드리셨다. 이제 피의 제사는 끝났다. 죽음을 이기고 부활하신 예수님은 새언약을 주셨다. 그것은 '피로 세운 언약'이며 영원한 언약이다.

옛언약의 주제는 그리스도께서 '오시리라'였으나 새언약의 주제는 그리스도께서 '다시 오시리라'이다. 언약신학에서 중요한 교의는 바로 타락 이후 모든 역사의 목적, 초점 그리고 진보는 구속적이라는 것이다. 모든 역사는 하나님께서 그의 백성을 저주로부터 구속하기 위해 그의 아들을 보내시던 때가 차기까지 실패 없이 움직였다(갈 4:4). 그리고 이제는, 죄와 상관없이, 구원의 완성을 위해(히 9:28), 그리스도께서 다시 오실 두 번째 충만(second fullness)의 때까지 하나님의 역사는 하나님의 분명한 의도와 함께 전진할 것이다. 그리스도의 승천 이후 세계 역사가 그리스도의 재림이라는 엄청난 사건을 향해 움직여 가는 것처럼, 성육신 전의 세계 역사는 자신을 낮추어 이 땅에 오신 엄청난 사건, 즉 그리스도의 초림을 향해 끊임없이 움직여 왔었다. 이런 면에서 언약신학은 그리스도와 구속이 성경의 합일된 주제임을 인지하며, 따라서 구약과 신약 사이의 고도의 일관성을 보존한다.[464]

새언약은 주님의 재림과 직접적으로 연계되어 있다. 모든 민족에게 천국복음이 증거되면 예수 그리스도께서는 다시 오실 것이다(마 24:14). 그래서 예수님은 승천하시기 전에 유언처럼 "너희는 모든 민족으로 가라"고 선교명령으로써 위임대명령을 주셨다(마 28:18-20). 예수께서 부활하시어 승천하기 전에 피로 세운 새언약 위에 주신 유일한 명령은 바로 이 선교대명령이다.

새언약으로서 은혜언약의 집행(administration)은 예수님이 오심으로 현저히 달라진다. 언약의 집행은 예수님 이후 이스라엘 한 민족의 기반에서 전 세계적, 즉 유대인과 모든 이방민족으로, 보편적 기반(universal basis)으로 확장되었다. 옛언약의 민족 이스라엘(Israel)은 새언약 교회(Church)로 넘어가게 되었다.[465] 이것은 예수님의 새언약에 따라 유대인을 포함하는 모든 민족을 향한 삼위일체 하나님의 선교적 비전과 이행으로 이어지게 된다.

2. 성령과 새언약

새언약의 확실성은 그리스도 안에서 시행되는 하나님의 언약에 기초

---

464 Michael Barrett, "The Outpouring of the Spirit Anticipated, Attained, Available," The Beauty and Glory of the Holy Spirit, (Grand Rapids: Reformation Heritage Books), 2012, 69.

465 J. G. Vos, *Studies in the Covenant of Grace,* (Pittsburgh: Crown & Covenant Publications), 1998, 19-20.

한다. 영원한 구주 되시는 그리스도와의 영원한 연합으로 인하여 선택받은 자들은 구원의 확신을 가진다. 옛언약과 새언약의 가장 큰 차이는 성령의 부어주심을 통한 그리스도의 연합이다. 새언약 시대에는 성령을 충만하게 부어주심으로써 구원의 은혜를 훨씬 더 풍성하게 인식하게 되었고, 믿음 안에서 그 혜택들을 더 즐기게 되었으며, 그리스도와의 연합을 이루어서 교제를 나누게 되었다.[466] 웨스트민스터 대요리문답 65-90문은 우리의 구원 전체를 그리스도와의 영광스럽고 은혜로운 연합과 결합이라고 말한다. 존 머레이는 그리스도와 연합과 교통보다 더 중요하고 근본적인 것은 없다고 했다.[467] 언약신학자 로버트 레담은 그리스도와 연합이라는 주제는 기독교 신앙의 정수라고 주장했다.[468]

예수님은 요한복음 14:17, 26에서는 보혜사 성령님이 우리 안에 영원히 내주하시고 인도하시는 분으로, 또 요한복음 16:26에서는 증거하시는 분으로 설명하고 있다. 구약 시대에 성령의 능력은 임시적이고 반복적인 성격을 가지고 있었다. 언제든지 특정한 과업이 주어졌을 때 거기엔 성령의 특별한 권능이 주어졌다. 하지만 주께서는 세례요한에게 메시아에게는 성령이 지속적으로 머물러 있을 것이라 하셨는데 그것이 바로 요한이 목격한 것이었다(요 1:32-33). 성경에서 성령이 예수님께 또다시 임했던 것을 볼 수 없는 이유는 예수에게 임한 성령이 더 이상 그를 떠나지 않았다는 단순한 사실 때문이다. 예수께서는 영원히 내주하시는 보혜사 성령님을 보

---

466 김재성, "하이델베르그 요리문답과 언약사상," 『국제신학』, 2013, 199.
467 John Murray, *Redemption Accomplished and Applied,* (London: Banner of Truth, 1961), 161.
468 로버드 레담, 『예수님과의 연합』, 윤성현 옮김, (R&R, 2014), 11.

내주신다고 약속하셨고 오순절에 그 성령님이 믿는 자들에게 임하셨다.[469]

따라서 성령으로 인해 새언약은 옛언약처럼 결코 파기되지 않을 것이다. 언약의 영속성과 구원의 확실성은 새언약 안에서 성령의 오심으로 보장된 것이다. 또한, 성령이 오심으로 새언약의 효과는 모든 민족 가운데 선택받은 자들에게 전파되어 나갈 것이다.

따라서 예수님 이전과 이후에 있어서 성령의 역사는 현저히 달라진다. 예수님은 한편으로는 옛언약의 성령론과 다른 한편으로는 새언약에서 드러난 사도적 성령론 사이의 전환점에 서 계신 것이다. 구약, 즉 옛언약에서는 시정정치 체제의 직분자들로 하여금 주어진 임무를 수행하도록 능력을 부여하는 성령사역의 카리스마적 성격에 강조점을 두었다. 그러나 예수께서는 그 메시아이신 자신에게 속한 공적인 성령이 어떻게 해서 다른 사람들에게 전달되는 근원으로서의 성령이 되시는지를 보여주기 시작하셨다.[470]

새언약의 직분의 더 큰 차별성은 바로 그것이 주님과 그의 사역과 가장 밀접하게 연관되어 있다는 사실에서 나온다. 그것은 그리스도의 경륜이다. 새언약이 소유한 것은 그저 일반적인 하나님의 영광이 아니라 예수 그리스도의 얼굴에 있는 하나님의 영광이다.[471] 고린도후서 3:6에서는 "그가 또한 우리를 새언약의 일꾼 되기에 만족하게 하셨으니 율법의 조문으로 하지 아니하고 오직 영으로 함이니"라고 말씀하였다. 사도 바울은 모세의 직분은 의문의 직분이요 이에 반해서 자신의 직분은 영의 직분, 즉

469 Michael Barrett, op. cit., 73.
470 게할더스 보스, 『하나님의 나라와 교회: 은혜와 영광』, 1998, 56–57.
471 게할더스 보스, 앞의 책, 193.

성령의 직분이라고 표현하였다. 영이란 하나님의 살아 있고 능력을 주시며 창조의 역사를 일으키시는 은혜를 지칭하며, 의문이란 스스로를 행동화하지 못하는 율법의 무능함을 지칭하는 것이다. 사도 바울은 새언약의 직분을 그리스도의 영광의 직분이라고 했으며 또한 그것을 영의 직분이라고 했다. 이는 두 가지 서로 다른 것들이 아니라 한 가지 동일한 사실을 지칭하는 것이다. 바울에게 있어서 영광과 영은 동일한 것이다.[472]

예수께서 피 흘려 죽으시고 부활하심으로 새언약의 장이 새롭게 열렸으며 오순절에 임하신 성령께서 제자들과 더불어 회개의 복음을 모든 민족 가운데 증거하셨다. 이 선교사역은 주님이 다시 오실 때까지 성령께서 성령 받은 그리스도인들과 더불어 이행하시는 사역이다. 예수님은 십자가에서 피 흘려 죽으시고 부활하신 이후에 제자들에게 말씀하셨다: "또 그의 이름으로 죄 사함을 받게 하는 회개가 예루살렘에서 시작하여 모든 족속에게 전파될 것이 기록되었으니 너희는 이 모든 일의 증인이라 볼지어다 내가 내 아버지께서 약속하신 것을 너희에게 보내리니 너희는 위로부터 능력으로 입혀질 때까지 이 성에 머물라 하시니라"(눅24: 47-49). "오직 성령이 임하시면 권능을 받고 예루살렘과 유대와 사마리아와 땅끝까지 증인이 되리라"(행1:8).

이런 의미에서 오순절에 불과 바람으로 임하신 성령은 선교의 영이시다.[473] 성령께서는 교회를 통해서 모든 민족 가운데 선교사역을 수행해 가신다. 선교는 성령께서 주권적으로 주도적으로 이끌어 가시는 사역이

---

472 게할더스 보스, 앞의 책, 196-197.
473 데이비드 보쉬, 『변화하고 있는 선교』, 2000, 186; 최한우, 『전문인선교 세계선교운동』, 펴내기, 2011, 41.

다. 그리스도인에게 선교적인 사명을 갖게 하는 것은 성령님이 하시는 일이요 또한 성령의 열매이다.[474] 성령께서는 우리 안에(in) 역사하시고 또한 우리를 통해서(by) 역사하신다. 그리스도인의 의무는 하나님의 명령에 열심히 순종하는 것이다. 그리고 우리로 하여금 성령께 순종하도록 하는 것 또한 성령님의 사역이시다.[475]

언약은 최종적으로 하나님의 아들 예수 그리스도를 통해서 성취되고 완성되었다. 예수님은 십자가에 피 흘려 죽으시며 부활하신 후에 새언약을 주시고 승천하셨다. 새언약은 모든 민족을 향한 성령 하나님의 사역이 완성되고 예수께서 다시 오심으로 만유를 통일하시고 하나님의 나라를 완성함으로 최종 그리고 영원히 완결되는 것이다.

모든 것의 근원은 성부의 의지적이고 주권적인 행동, 곧 성부의 기뻐하심과 은혜이다. 이것은 은혜의 방식과 모든 신적인 작용들의 질서와 방법이다. 그러한 것들은 본래 모두 성부로부터 나온다. 그리고 목적을 이루고 나면 다시 성부에게로 돌아오고 거기서 중심을 찾는다.[476] 성부 하나님께서 약속하시고 성자 하나님께서 보내신 성령께서는 오순절에 강림하셨다. 성령께서는 오순절 이후 새언약을 적극적으로 집행해 가신다. 이는 모든 민족 가운데 선택받은 하나님의 백성을 불러내시어 구원하시는 선교사역이다. 성령께서는 새언약의 교회를 통해서 모든 민족 가운데 선교사역을 수행하신다.

한편, 예수님은 떠나가시면서 제자들에게 성령의 시대가 도래할 것

---

474   김재성, 『개혁주의 성령론』, CLC, 2012, 429.

475   존 오웬, 『개혁주의 성령론』, 1998, 172.

476   존 오웬, 『그리스도의 영광』, 2011, 224.

에 관해 가르침을 주시면서 이 성령은 자신의 가르침을 입증하고 증거하는 활동을 하게 되리라고 말씀하셨다. 예수님이 다른 보혜사를 보내주실 것을 약속하신 분이 바로 성령님이시다. 따라서 성령님의 사역은 예수님의 사역과 분리해서 생각할 수 없다. 예수님의 생애와 사역에 있어서 성령님은 항상 동행하시며 완벽하게 역사하시고 계셨으며 성자와 성령은 서로 사역을 완벽하게 공유하고 계신다.[477] 성령은 그리스도의 영이시다. 보혜사 성령은 '예수님에게 속한' 바로 그분이시다. 예수님과 보혜사의 연합은 완벽하다. 성령께서 오순절에 오신 것은 성령 안에서 예수님이 오신 것이다. 성령은 예수님의 생애와 사역을 통해서 메시아적 성령으로 형성되어 예수님과 점점 동일시되신 것이다.[478] 예수 그리스도는 그리스도의 영, 즉 성령의 프락시스를 통해서 인간을 하나님과 화해시키시는 하나님의 선교를 이루어 가신다. 하나님의 선교가 연속성을 갖는 것은 성령 때문이 아니라 성령 강림을 통해서 역사하시는 예수 그리스도 자신 때문이다.[479]

성령은 하나님의 구원 활동의 집행자이시다.[480] 새언약의 이행의 중심에는 "모든 민족에게 천국복음이 증거되면 세상의 끝이 오리라"는 예수님의 계시의 말씀이 있으며, 오순절에 불과 바람으로 임하신 그리스도의 영, 성령 하나님의 사역이 있는 것이다. 이것은 예수님의 지상명령에 명시된 것처럼 모든 민족을 향한 선교사역을 통해 성취된다. 마태복음 28:18-20에 나타난 예수님의 지상명령과 오순절에 임하신 성령님의 사역은 결코 분리되어 생각할 수 없다.

---

477 김재성, 앞의 책, 29-30.
478 싱클레어 퍼거슨, 『성령』, 김재성 옮김, IVP, 1999, 64.
479 최한우, "하나님의 선교", 『개척정보』, 1992, 3-4.
480 싱클레어 퍼거슨, 앞의 책, 27.

하나님의 나라는 메시아적 구속사 및 종말론적 구속사의 관점에서 보아야 한다. 헤르만 리델보스(Herman Ridderbos)는 하나님의 나라의 구속적 초점을 명백히 하면서 "하나님의 나라(basileia)는 그리스도 안에서 성취되고 절정에 도달할 구원에 대한 위대한 신적 사역이며, 교회(ekklesia)는 하나님께서 선택하시고 부르셔서 그 나라의 축복 속에 참여하는 백성이다"고 하였다.[481]

신약시대 종말론적 구속사는 모든 민족을 향한 선교가 중심을 이루고 있다. 예수님이 이스라엘에 오신 목적은 엄밀히 말해서 온 세상을 향한 그분의 선교언약 때문이었다. 이것은 그분의 대속적 죽음과 같은, 이스라엘의 구원에 대한 그분의 선포가 동시에 이방인들을 위한 봉사활동이었음을 의미한다. 그분의 오심과 죽으심은 이방인들을 하나님 나라에 편입시키는 것을 가능하게 하기 위해 일어난 사건이었다.

하나님의 나라는 하나님의 구속경륜이 단순히 개인의 영혼을 구원하는 데만 있지 않음을 분명히 가르쳐 준다. 하나님의 나라는 역사 전체에 관련된 경륜인 것이다. 오히려 구속사는 하나님의 나라라는 유일의 목적과 목표를 가진 것이라고 말해야 할 것이다. 따라서 하나님의 나라는 메시아적 구속사 및 종말론적 구속사의 관점에서 보아야 한다. 하나님의 경륜 속에 주어진 하나님의 모든 약속은 재림 하나만 남기고 모두 성취되었기 때문이다. 오순절 이후 신약시대 역사 주제의 중심에는 예수님의 재림이 있다.[482] 오순절 이후 역사는 주님의 재림을 향해 전진하는 종말론적 구속사

---

481 Herman Ridderbos, *The Coming of the Kingdom,* (Philadelphia: Presbyterian & Reformed, 1962), 354.

482 조지 래드, 『개혁주의 종말론 강의』, 135.

이며, 따라서 모든 민족을 향한 선교가 역사의 중심을 이루고 있는 것이다.

3. 새언약과 선교

1) 공관복음과 선교

누가복음 2장에서는 이러한 사실을 잘 증언하고 있다. 주의 그리스도를 보기 전에는 죽지 아니하리라 하는 성령의 지시를 받은 시므온이 아기 예수를 보면서 성령의 감동으로 예수님이 이스라엘뿐만 아니라 이방 민족들을 위해 오셨다는 사실을 증거하였다: "내 눈이 주의 구원을 보았사오니 이는 만민 앞에 예비하신 것이요 이방을 비추는 빛이요 주의 백성 이스라엘의 영광이니이다 하니 그의 부모가 그에 대한 말들을 놀랍게 여기더라"(눅 2:29-33).

예수님은 이방인 백부장을 만났을 때 다음과 같이 말씀하셨다: "또 너희에게 이르노니 동서로부터 많은 사람이 이르러 아브라함과 이삭과 야곱과 함께 천국에 앉으려니와 그 나라의 본 자손들은 바깥 어두운 데 쫓겨나 거기서 울며 이를 갈게 되리라"(마 8:11-12). 여기서 예수님은 이스라엘 유대인들은 오히려 쫓겨나고 이방인들이 천국에 들어갈 것을 말씀하셨다.

누가복음 24장에는 예수께서 부활하시어 직접 설명하시며 성경을 가르치시는 장면이 나온다. 예수님은 성경의 주제가 예수님 자신임을 분명히 하시면서 고난받고 삼 일 만에 부활하시고 이후 회개의 복음이 모든 민족에게 증거될 것을 말씀하셨다(눅 24:47). 예수님은 모든 민족을 향한 선교가 본격적으로 수행될 것을 말씀하신 것이다. 그러면서 아버지께서 약속하신 성령을 기다리라고 하셨다(눅 24:49). 예수님은 선교언약의 집행과 성령의 사역이 직접 연관된 것임을 분명히 하신 것이다. 누가복음 24:49는 오순절 이후 전개될 새로운 교회 시대는 성령께서 주도적으로 선교를 이끌어 가실 것을 말하고 있는 것이다. 성령론과 선교의 밀접한 관계는 초대교회 선교 패러다임에 대한 누가의 독특한 기여이다.[483]

한편, 누가복음의 저자 누가의 선교 패러다임을 볼 때 누가는 다른 복음서 저자들과 비교하여 독특한 전략적 측면이 있다는 것을 알 수 있다. 그것은 지리적 개념이다. 누가복음에는 예수님의 사역이 갈릴리(4:14-9:50), 갈릴리에서 예루살렘까지의 여행(9:51-19:40) 그리고 예루살렘에서의 사건들(19:41-복음서 끝까지) 등 세 단계로 전개된다. 누가복음은 부활하신 예수님이 갈릴리에 나타나신 것을 언급하지 않고 모든 것이 예루살렘에 집중되어 기술되어 있다는 것은 특이하다. 누가복음의 저자 누가는 사도행전에서 교회의 선교가 "예루살렘과 온 유대와 사마리아와 땅끝까지 이르러 증인이 되리라"(행 1:8)라고 지리적 세 단계를 제시한다. 실제로 사도행전은 예루살렘에서 교회의 태동과 성장을 이루고 이어서 사마리아와 해변 광야를 거쳐 안디옥에 이르기까지 교회는 확장한다. 끝으로 여러 지역으로의 선교 확장이 일어나며 마침내 사도 바울의 로마 도착을 기록한다. 누가복음과 사도행전을 전체적으로 보면 천국복음은 갈릴리에서 예루살렘으로 예루살렘에서 안디옥을 거쳐 로마로 전진하는 지리적 구조를 이루고 있음을 알 수 있다. 이것은 의심할 것 없이 선교에 있어서 지리적 중요성을 말하고 있는 것이다. 지리는 단순히 신학적 또는 선교적인 의미가 있

483　데이비드 보쉬, 『변화하고 있는 선교』, 2000, 186.

는 것만이 아니다. 누가에게 있어서 예루살렘은 지리적인 중심지 그 이상 훨씬 중요한 의미를 갖는다.[484] 선교는 모든 종족을 향해가는 선교이지만 동시에 지리적 확장을 통해 전개된다. 예루살렘에서 시작한 천국복음 운동은 역사적으로 지속적으로 지리적 확장을 거듭해 왔다.

한편, 누가복음 9:51-19:40은 '예루살렘을 향한 예수님의 여정'이라는 제목을 붙일 수 있다. 고난, 죽음, 부활, 나타나심 그리고 승천은 예루살렘에서 발생한다. 누가복음 마지막 부분 24:7에서 예수님은 '예루살렘으로부터 시작하여 모든 족속에게' 전파될 것이 기록되었다고 선언하신다. 딜론(Dillon)은 '예루살렘으로부터 시작되는' 선교는 단지 지리적인 사실의 문제가 아니라 실질적으로 바탕이 되는 '시작'이라고 주장한다.[485]

마태복음에는 이스라엘을 넘어서는 이방선교가 매우 강력하게 나타난다. 예수님의 십자가 죽음와 부활이 구속언약의 절정을 이루고 있다면, 마태복음 24:14의 예수님 말씀은 선교언약의 절정을 이루고 있다: "이 천국복음이 모든 민족에게 증거되기 위하여 온 세상에 전파되리니 그제야 끝이 오리라". 예수님은 하나님의 나라의 완성 및 하나님의 역사의 완성이 모든 민족에게 천국복음이 증거되는 선교언약의 성취와 직결된 것임을 분명히 하신 것이다. 선교언약의 성취는 세상의 끝을 보는 것이며, 그때까지 예수님은 성령으로 제자들과 함께 사역하실 것이다: "내가 너희에게 분부한 모든 것을 가르쳐 지키게 하라 볼지어다 내가 세상 끝날까지 너

---

484 데이비드 보쉬, 앞의 책, 147; Jacques Dupont, *The Salvation of the Gentiles: Essays on the Acts of the Apostles,* (New York: Paulist Press, 1979), 12f.

485 R. I. Dillon, "Easter Revealation and Mission Program in Luke 24: 46-48," *Sin, Salvation and Spirit,* D. Durken ed., (Collegeville: The Liturgical Press, 1979), 251; 데이비드 보쉬, 앞의 책, 155.

희와 항상 함께 있으리라 하시니라"(마 28:20).

공관복음서에서 예수님은 하나님의 나라와 선교언약을 명백히 드러내고 계신다. 그럼에도 불구하고 유대인들은 이를 이해하지 못했다. 이러한 상황은 유대계 기독교인들이 다수를 이루는 마태공동체에서도 명백히 나타난다. 유대인들은 메시아 중심의 역사관을 가지고 있었으나 정작 예수께서 제시한 것과는 크게 달랐던 것이다. 제자들은 민족 비전과 연계했으나 주님은 열방을 향한 선교적 언약과 연계하셨다. 그 차이는 마 24:1-3절에 나타난 제자들과 예수님의 대화에서 잘 나타난다: "예수께서 성전에서 나와서 가실 때에 제자들이 성전 건물들을 가리켜 보이려고 나아오니 대답하여 이르시되 너희가 이 모든 것을 보지 못하느냐 내가 진실로 너희에게 이르노니 돌 하나도 돌 위에 남지 않고 다 무너뜨려지리라 예수께서 감람 산 위에 앉으셨을 때에 제자들이 조용히 와서 이르되 우리에게 이르소서 어느 때에 이런 일이 있겠사오며 또 주의 임하심과 세상 끝에는 무슨 징조가 있사오리이까?"

제자들의 질문은 3가지이나 둘로 요약된다: 첫째, 언제 이런 일(성전파괴)이 있겠습니까? 둘째, 주님이 언제 (다시) 오시고 세상이 끝이 납니까? 이 질문에서 알 수 있는 것은 유대인이 제자들은 성전파괴와 세상의 끝을 동시적 사건으로 보고 있다는 것이다. 유대인들은 전통적으로 하나님께서 예루살렘 성전에 임재하시어 예루살렘을 통해서 세계를 통치하신다고 믿었다. 하나님께서 예루살렘에 당신의 터를 세우고 세계를 통치하신다는 것이다. 이런 의미에서 유대인은 하나님의 선택된 특별한 민족이다. 따라서 예루살렘성전, 예루살렘, 유대민족 삼자의 운명은 결코 분리될 수 없다. 그리고 이것은 곧 세계의 종말을 의미한다. 이것이 유대중심주의 세계관이다.

예수님의 말씀대로 주후 70년 예루살렘 성전은 파괴되었다. 그러나 세상의 끝은 오지 않았다. 이에 대하여 유대계 그리스도인들은 매우 당황했을 것이다. 성전이 파괴되고 예루살렘이 황폐화되고 유대민족공동체는 깨져서 곳곳으로 흩어지는데 세상은 건재한 것이다. 유대계 그리스도인들은 이해할 수 없었으며 무척 혼란스러웠을 것이다. 그러자 유대계 그리스도인들 중심의 초대교회 공동체를 목회하는 마태는 혼란스러워하는 이들에게 예수님의 말씀을 상기하며 다음과 같이 분명히 하는 것이다: "천국복음이 모든 민족에 증거되어야 하리니 그제야 끝이 오리라"(마 24:14). 따라서 교회의 선교적 목적을 '끝이 없는 목적'으로 간주하여서는 안되며 정해진 시간에 완성될 계획으로 이해해야 한다. 마태복음 24:14는 예수님의 강림과 예수님의 재림(parousia), 그리고 이 세대의 종말에 대한 제자들의 질문에 대해 말씀하신 것이다.[486] 이 세대는 오순절로부터 시작되어 주님이 재림하시는 종말의 세대를 말한다.

마태복음 24장에서는 세상이 끝, 즉 하나님의 나라의 완성, 하나님의 역사의 완성이 모든 민족에게 천국복음이 증거되는 선교언약의 성취와 직결된 것임을 분명히 하고 있다. 선교언약의 성취는 세상의 끝을 보는 것이다. 선교의 목적은 종말이다.[487] 조지 래드(George Ladd)는 마태복음 24:14를 강론하면서 이 말씀과 마태복음 28:19 말씀은 복음을 세계 모든 민족에 전파하라는 동일한 사명을 말한 것으로 모든 민족에 복음이 증거되면

---

486 올리버 버스웰, 『조직신학』 1권, 권문상. 박찬호 옮김, 웨스트민스터출판부, 2005, 634.
487 이현모, 『현대선교의 이해』, (침례신학대학교출판부, 2003), 72.

세상의 끝, 곧 종말이 온다고 강조하면서 선교의 중요성을 부각했다.[488] 예수님은 세계복음화가 완성될 때까지 성령으로 제자들과 함께하실 것이다: "너희는 모든 민족으로 가서……내가 너희에게 분부한 모든 것을 가르쳐 지키게 하라 볼지어다 내가 세상 끝날까지 너희와 항상 함께 있으리라 하시니라"(마 28:20).

한편, 마태복음에 나타나는 대위임명령, 지상명령에 있는 '모든 민족'(panta ta ethne) 문구에 대한 서로 다른 견해들이 있다. 일부 신학자들은 이 문구가 유대인들을 제외한 모든 나라를 의미한다고 주장한다.[489] 그러나 데이비드 보쉬(David Bosh)는 이러한 견해에 대해 비판적이다. 그는 유대인들은 더 이상 선민이 아니지만 '모든 민족들'에 포함되는 것이라고 주장한다. '이스라엘'은 신학적인 실체로서 과거에 속하며 더 이상 '교회'가 아니다. 예수님의 사건 속에서 고대 개념의 '이스라엘'은 해체되었고 하나님의 종말 공동체가 역사의 무대에 등장했다는 것이다.[490]

마태복음에서 에쓰네(ethne, 헬라어 ethnos)는 거의 이방인들만 가리키는 것이 사실이다. 그러나 마태는 '모든(panta)'이라는 단어를 사용하고 있다. 이는 이방선교의 중요성을 강조하고 부각하고 있으나 유대인들도 포함하는 것으로 보아야 할 것이다. 마태는 예수님은 더 이상 이스라엘에게만 보내심을 받은 분이 아니라 모든 민족을 위하여 보내심을 받은 분이라는 것을 말하려고 했던 것이다.[491] 마태복음 24:14에서 "천국복음이 모든

488 게할더스 보스/조지 E. 래드, 『하나님의 나라 제대로 알고 믿는가?』, 정정숙 · 신성수 옮김, (개혁주의신행협회, 2007), 328–258.
489 K. W. Clark, *The Gentiles Bias and Other Essays*, (Leiden: Brill, 1980, 2. (The first easy in the volume was originally published in 1947).
490 데이비드 보쉬, 『변화하고 있는 선교』, 2000, 111–112.
491 데이비드 보쉬, 앞의 책, 112.

민족에게 증언되어야 하리니"에서 이는 분명 유대인을 포함하는 것으로 이해된다. 사도 바울은 로마서 11:25에서 유대인들의 강팍함을 인하여 이방 민족들의 충만한 수가 먼저 주께 돌아오고 이후에 유대인들도 돌아올 것이라고 하면서 "모든 민족으로 가라"고 하신 예수님의 지상명령을 유대인을 포함하는 것으로 해석하고 있다. 마태복음 24:14와 28:18-20 말씀을 통해서 볼 때 마태복음은 어느 복음서보다 새언약의 효과적 이행으로써 선교언약을 매우 강조하고 있다는 것을 알 수 있다.

한편, 마가복음 역시 이방선교와 관련하여 특별한 신학적 의미가 있다. 일부 학자들은 로마가 마가복음의 배경이라고 주장하며 따라서 마가복음의 저자가 베드로의 해석자로 보지만 이러한 근거는 빈약하다. 이러한 주장의 근거는 마가가 라틴 계열의 단어들을 사용하고 있다든지, 시간을 계수하는데 로마의 방법을 사용한다는 것 등을 근거로 제시한다.[492] 그러나 마가복음 복음서 자체 내의 자료들을 볼 때 마가복음의 배경은 갈릴리인 것이 분명하다.[493]

마가의 편집활동을 조사하여 복음서 기자의 공동체에 관한 가설을 최초로 공식화한 신학자 윌리 막센(Willi Marxen)에 의하면, 마가는 예루살렘 멸망 전에 예수의 재림이 나타날 갈릴리로 믿음의 공동체를 모으고자 갈릴리에서 기록했으며, 갈릴리는 마가복음서 내에서 단순히 지리적 위치가 아니라 신학적인 중요성이 있는 장소이다.[494] 복음서 기자는 갈릴리

---

492 William L. Lane, *Exposition and Notes: The New International Commentary on the New Testament*, (Grand Rapids: Eerdmans, 1974), 24-25, 67.

493 프랭크 J. 메이트라, 『마가복음 신학』, 류호영 옮김, (CLC, 1995), 22.

494 Willi Marxen, *Mark the Evangelist; Studies on the Redaction History of the Gospel*, Nashville: Abington, 1969,

에 대해 특별한 중요성을 부여하고 있다. 이러한 근거는 마가복음 14:28 "그러나 내가 살아난 후에 너희보다 먼저 갈릴리로 가리라"와 마가복음 16:7 "가서 그의 제자들과 베드로에게 말씀하신 대로 너희가 거기서 뵈오리라 하라" 에서 찾아볼 수 있다. 마가는 이러한 말씀을 근거로 주님이 갈릴리에서 재림한다고 믿었으므로 믿음의 공동체를 갈릴리에 모이게 했다는 것이다.

워너 켈버(Werner Kelber)도 막센처럼 그의 저서 『마가에서의 왕국』에서 복음서 배경은 갈릴리라고 주장한다. 그는 예루살렘교회의 패망 이후 그에 대한 반동으로 갈릴리 공동체가 생겨났다고 주장한다.[495] 그에 의하면 예루살렘 기독교 공동체는 예수님의 본래 사역과 사명을 배반함으로 패망했다는 것이다. 그들은 예루살렘에 집착했으며 예루살렘을 하나님의 나라 도래의 장소로 보면서 결과적으로 종말론적 이단으로 전락하였다는 것이다. 그러나 마가공동체는 예수님 재림의 시기는 미래이며 재림의 장소역시 예루살렘이 아니라 새로운 장소인 갈릴리라고 믿었다는 것이다. 워너 켈버는 그의 저서 『마가의 예수 이야기』에서 마가는 이런 이유로 예수님의 제자들과 예루살렘교회를 비판했다는 주제로 논증했다. 켈버는 기독론이나 교회론보다는 종말론에 초점을 둔 복음서라고 주장했다.[496] 그러나, 조셉 타이슨(Joshep Tyson)은 마가복음서의 핵심을 기독론으로 보고 있다.[497]

한편 에티네 트로크미(Etinne Troncme)는 마가복음서를 교회론적인 것

---

495 Werner H. Kelber, *The Kingdom of Mark: A New Place and a New Time,* (Philadelphia: Fortress, 1974), 130.

496 Werner H. Kelber, *Mark's story of Mark,* (Philadelphia: Fortress, 1979).

497 Joshep B. Tyson, "The Blindness of the Disciples in Mark," JBL, 80, 1961, 261-268.

으로 보고 있다. 야고보가 감독하던 예루살렘교회는 이방선교에 대해 폐
쇄적이었던 반면 마가공동체는 이방선교에 대해 적극적이었다. 이러한
차이로 인해 두 교회 사이에 갈등이 성장했다는 것이다. 트로크미에 의하
면, 마가는 모교회인 예루살렘교회와 결별하고 팔레스타인 지방의 일반
인들 가운데 커다란 규모의 선교사역을 착수했으며 이방사역의 대변자였
다. 마가가 이렇게 했던 것은 이 선교사역이 부활하신 주님의 지상명령에
순종하는 것이며 동시에 그의 지상사역의 본을 따르는 것이라 믿었기 때
문이다.[498] 사실상 예루살렘교회와 마가공동체의 갈등은 지상명령에 대한
것이었으며, 이와 연계된 역사의 완성, 즉 종말론과 관련한 것이었다. 마
가 역시 마태와 같이 "천국복음이 모든 민족에 증언되면 끝이 오리라"(마
24:14)는 사실을 알고 있었던 것이다.

마가복음서는 갈릴리 중심의 새로운 신학적 접근을 통하여 예수님
의 뜻이 예루살렘의 유대인들에게만 있는 것이 아니라 갈릴리와 시리아
와 모든 이방 그리스도인들에게 있음을 강하게 나타내고 있다. 마가공동
체는 그들의 복음전파 사역이 두로아, 시돈 그리고 데가볼리 등의 이방 지
역에 대해 예수님께서 행하셨던 순회전도 사역에 그 뿌리를 두고 있다. 이
러한 행적들은 전도자 자신들의 가족과의 결별을 의미했으며, 마가복음
3:31-35에서 나타나듯이 가정에 대한 새로운 정의를 요구하기도 했다.[499]

부활사건 이후 예수님은 제자들에게 갈릴리로 가라고 명령하셨으나
제자들은 예루살렘에 계속 머물렀다. 그래서 예루살렘교회가 흩어지게

---

498 Etinne Troncme, *The Formation of the Gospel according to Mark,* (Philadelphia:
      Westminster, 1975), 214.
499 Howard Clark Kee, *Community of the New Age: Studies in Mark's Gospel,*
      (Philadelphia: Westminster, 1977), 97.

된 것이다. 예수님의 다른 제자들과 영적 지도자들은 예루살렘교회에 뿌리를 둔 잘못된 종말론을 가지고 있었기 때문에 예루살렘을 떠나지 않았던 것이다. 그리고 참혹한 종말을 맞이했다. 마가복음 11:1-13:37에서 보면, 제자들은 예수를 다윗 왕조의 메시아로 착각했고 따라서 그들은 예루살렘 성전을 하나님의 나라와 연관된 장소로 생각했던 것이다.

그러나 마가공동체는 예루살렘교회의 이 같은 신학사상을 잘못된 것이라고 비판하며 예루살렘의 한계를 넘어서 이방지역 선교에 전념하였다. 결과적으로 마가공동체는 예루살렘교회와 적대적인 관계에 있게 되었다. 마가복음서 여러 곳에서 마가는 베드로, 요한, 야고보, 안드레 그리고 예수님의 가족들과 같이 잘 알려진 예루살렘교회 인물들을 비판하고 있다. 마가복음에 의하면 제자들은 계속 잘못된 선입관념을 가지고 예수님의 뜻에 대적하고 있었다는 것이다. 이방 선교에 대한 마가의 관심은 예루살렘교회의 폐쇄성과 대조를 이루고 있다.[500]

2) 요한복음과 선교

그동안 공관복음과 대조적인 요한복음의 독특성에 대한 연구가 많이 진행되었다. 일부 학자들은 요한복음의 기독론을 사회과학적 관점에서 해석하려고 시도하였다. 요한공동체가 유대회당 유대교 종교세력의 박해에 직면하여 이에 대응하려는 의도에서 기록되었다는 주장은 더 발전적

---

500 프랭크 메이트라, 『마가복음의 신학』, 1995, 66.

인 견해이다.[501] 회당에서 요한공동체가 완전히 축출된 이후 요한공동체에 고기독론(high Christology)[502]이 한층 고조되었다는 것이다.[503] 요한복음의 특징을 이루고 있는 종파적 기독론(sectarian Christology)과 공격적 기독론 (aggressive Christology)인데 이는 이러한 배경에서 기인한 것이라는 주장이 다.[504] 그러나 한센(A. Hansen)은 이러한 특성은 그리스도론에서 생기기 마련인 '두 본성'과 관련하여 기독론을 해결하기 위한 것이었으며, 이는 주후 451년 칼케톤 종교회의에서는 이 문제에 대하여 요한복음에서 단서를 찾았다는 사실에서도 잘 드러난다고 주장한다.[505] 스티븐 스몰리는 요한복음의 기독론의 특성에 관하여 요한공동체의 혼합적 배경, 즉 유대계 및 헬라계 기독교인들의 내부 갈등해결을 위한 것으로 보았다.[506] 요한공동체 내의 유대계 기독교인들과 헬라계 기독교인들의 근본적인 세계관 차이에서 비롯한 기독론 논쟁을 해결하기 위한 것이라는 입장이다. 그러나 정작 저자 요한은 기록 목적에 대해 오히려 분명히 하고 있다. 그것은 예수께서 그리스도이시며 하나님의 아들이심을 믿게 하려는 것이다(요 20:30). 스몰리는 기자의 집필 의도의 진술을 진지하게 받아들여야 한다는 입장도 피력하고 있다.[507] 이와 같이 공관복음과 요한복음의 상이한 특성에 대해 원

501 Wayne A. Meeks, "The Man from Heaven in Johannine Sectarianism," JBL, 91, 1972, 44-72; J. Louis Martyn, History and Theology of the Fourth Gospel, 1979, 6; Martyn, J. Louis, The Gospel of John in Christian History, 1979, 102-107.
502 고기독론(high Christology, high Divinity)은 그리스도의 인성보다 신성을, 십자가의 제의적 의미를 부각시키는 기독론을 말한다. 반대로 그리스도의 인성적 측면을 강조하면 저기독론(low Chistology, low Divinity)이라고 한다.
503 레이먼드 E. 브라운, 『요한공동체의 역사와 신학』, 최홍진 역, 1998, 31-58.
504 게르트 타이센, 『복음서의 교회정치학』, 류호선 역, 2002, 178-179.
505 Hansen A. T., Grace and Truth: A Study in the doctrine of the Incarnation, (London, 1975), 73 ff.
506 스티븐 S. 스몰리, 『요한신학』, 김경신 옮김, (생명의 샘, 1996), 303
507 스티븐 S. 스몰리, 앞의 책, 212

인을 규명하기 위한 연구와 논의가 계속되고 있다.

그러나 분명한 것은 요한복음 역시 다른 공관복음과 동일하게 새언약의 집행으로써 선교언약이 뚜렷이 나타난다는 점이다. 언약사상은 기독론의 핵심주제이며 선교언약은 기독론, 구원론 및 교회론의 중심주제이다. 따라서 요한복음은 제4복음서로서 기독론 및 선교언약적 측면에서는 다른 복음서들과 결코 구분될 수 없는 것이다.

선교언약은 구약과 신약의 전체 역사를 통해서 전개되지만 통일성과 연속성이 있으면서 점진성이 있으며 최종적으로 하나님의 아들 예수 그리스도를 통해서 절정을 이룬다. 새언약의 집행, 즉 선교언약의 이행은 십자가에 피흘려 죽으시며 부활하시고 승천하시며 다시 오심으로 만유를 통일하시고 하나님의 나라를 완성함으로 완결되는 것이다. 주님의 재림과 하나님의 나라의 완성은 선교언약의 성취와 직결된다(마 24:14).

선교언약은 인간을 구원하시는 구속의 역사와 직결되는 것으로 인간타락 이후 하나님께서 인간과 행하신 언약의 중심을 이루고 있다. 또한 선교언약은 하나님의 나라의 완성을 향한 종말론적 언약의 성격을 강하게 띠고 있다. 따라서 선교언약은 교회에 행하신 언약이지만 하나님의 나라를 전제로 한 것이다. 하나님의 나라를 전제하지 않는 교회를 생각할 수 없는 것처럼 선교언약을 전제하지 않는 교회를 생각할 수 없다. 교회와 하나님의 나라는 선교언약을 통해 연동된다. 청교도 신학자 이안 머리(Ian Murray)는 교회는 하나님의 나라를 진전시키는 도구라고 했다.[508]

---

508 이안 머리, 『청교도의 소망』, 2011, 139.

(1) 하나님의 나라와 선교언약

요한복음은 영생에 대한 강조가 뚜렷하다. 30여 회 영생이 언급된다. 그러나 영생은 거듭나지 아니하면 영생을 얻을 수 없으며 하나님의 나라를 볼 수가 없다: "예수께서 대답하시되 진실로 진실로 네게 이르노니 사람이 물과 성령으로 나지 아니하면 하나님의 나라에 들어갈 수 없느니라" (요 3:5). 요한복음에서 영생은 하나님의 나라와 직결되는 것이다. 또한 하나님의 나라는 이 세상에 속한 것이 아니다: "예수께서 대답하시되 내 나라는 이 세상에 속한 것이 아니니라 만일 내 나라가 이 세상에 속한 것이었더라면 내 종들이 싸워 나로 유대인들에게 넘겨지지 않게 하였으리라 이제 내 나라는 여기에 속한 것이 아니니라"(요 18:34-36).

요한복음에서는 영생을 강조하지만 그것을 하나님의 나라와 연관시킴으로써 이 땅의 왕국 비전이 아니라 영원한 하나님의 나라를 향한 천국 비전을 분명히 하고 있다. 하나님의 나라와 선교의 관계는 마가복음의 말씀을 보면 더 분명히 나타난다. "때가 찼고 하나님의 나라가 가까이 왔으니 회개하고 복음을 믿어라"(막 1:15).

첫째는 예수님의 메시지에서 "때가 찼고"를 언급하면서, 하나님께서 구약시대에 미리 약속하신 바 그리스도 메시아의 선교적 언약의 성취를 강조한 것이다. 예수께서도 메시아의 도래에 대한 구약의 예언서 말씀을 인용하시면서, "이에 예수께서 그들에게 말씀하시되 이 글이 오늘 너희 귀에 응하였느니라"고 하셨다. 그 메시지의 내용은 "주의 은혜의 해를 전파하게 하는 것"이다(눅 4:21). 예수님은 전파, 곧 선교를 말씀하셨다.

둘째는 '회개하고 복음을 믿어라'는 말씀을 기록하면서 하나님의 나라가 선교언약의 이행, 즉 복음전파와 직접적인 관계가 있음을 강조한 것이다. WCC 1980년도 리포트에는 "하나님의 통치의 선언은 하나님에 대한 죄로 오염된 세상에서 악마적이 된 그 권력과 구조들을 도전하는 새 질서(new order)의 선언이다"라고 했다.[509] 그러나 하나님의 나라는 궁극적으로 이 땅에 정치경제적 및 도덕적 새로운 세계질서(New World Order)를 구축하는 것이 아니다. 하나님의 나라는 지상나라가 아니고 하늘나라로서 곧 천국이다. 주님은 "내. 나라는 이 세상에 속한 것이 아니니라"(요 18:36)고 말씀하셨다.[510]

하나님의 나라는 그의 원수들을 멸하시는 그리스도 안에서의 하나님의 통치를 의미한다. 고린도전서 1:26에서는 "맨 나중에 멸망받을 원수는 사망이니라"고 했다. 궁극적으로 사망을 이기고 영생을 얻는 것이 없는 하나님의 나라를 말하는 것은 위험한 발상이다. 디모데후서 1:10에서는 "저는 사망을 폐하시고 복음으로써 생명과 썩지 아니할 것을 드러내신지라"라고 했다. 복음이 생명과 썩지 아니하는 것을 드러내는 능력이다. 예수 이름으로 죄사함을 얻게 하는 회개의 복음이 없이 하나님의 나라와 통치를 말할 수 없다.

하나님의 나라는 일반은총에 속한 것이 아니라 특별은총에 속한 것이다. 물과 성령으로 거듭나지 않으면 하나님의 나라를 볼 수가 없다(요 3:5). 예수님은 "회개하라 천국이 가까이 왔다"(마 4:17)고 선포하셨다. 하나님의 나라는 "예수 이름으로 죄사함을 받게 하는 회개가 모든 민족에게

---

509 World Council of Churches, *Your Kingdom Come: Report on the World Conference on Mission and Evangelism,* (Melbourne, Australia, Geneva: World Council of Churches, 1980), 210.
510 존 스미스 편집, 『조나단 에드워즈 전집 제3권: 구속사』, 2007, 457.

전파되는 것"(눅 24:47)과 직접적으로 관련되어 있다. 선교사역은 죄사함을 얻게하는 사역이 되어야 한다. 예수께서 제자들을 보내시면서, "누구의 죄든지 사하면 사하여질 것이요 그대로 두면 그대로 있으리라"고 말씀하셨다. 이는 선교의 목적이 사회봉사를 넘어서 궁극적으로 죄의 문제를 해결함으로 영생을 얻게 하는 사역임을 분명히 하는 것이다.

죄 사함은 우리에게 교회와 하나님 나라 안으로 들어가는 첫 관문이다. 그것 없이는 우리에게 하나님과의 언약은 없다.[511] 사도행전에서 선교적 증거가 지향했던 목표는 처음부터 세례였다. 회개와 구원의 공동체, 즉 교회로의 입회는 세례를 통해서 완수되었다. 구약시대 할례가 구약공동체 구성원의 증표가 되었던 것처럼 세례는 '죄로부터 회개'와 구원받은 그리스도인이 신약 교회공동체 구성원이 되는 증표이다. 각 개인의 죄의 회개와 구원 그리고 세례를 통한 교회공동체 설립이 없는 선교는 사도행전의 베드로와 바울 사역의 기조를 벗어난 것이다(행 2:38, 41; 8:12, 36, 38; 9:18 등). 예수님의 선교명령에도 말씀을 전파하고 가르치는 것과 더불어 "아버지와 아들과 성령의 이름으로 세례를 주고"라고 명시되어 있다(마 28:18-20).

하나님의 나라를 윤리의 영역에 속하는 것으로만 제한시키는 사고를 경계해야 한다. 하나님의 나라에 대한 주님의 가르침은 하나님의 나라에 관한 모든 것이 윤리적 및 영적인 인간 활동의 산물이 아니라 하나님의 역사(役事)로 묘사되고 있다.[512] 하나님의 나라는 하나님의 통치이며 회개의 복음전파와 결코 분리하여 생각할 수 없다. 하나님의 나라는 예수님의 인

---

511 피터 릴백, 『칼빈의 언약사상』, 205; John Calvin, Institutes, IV. .i. 20. 참조, Calvini Opera, II. 762.
512 게할더스 보스, 『하나님의 나라와 교회: 은혜와 영광』, 원광연 옮김, (크리스챤다이제스트, 1998), 45-46.

격 속에 존재하며 역사 속에 전개되는 예수님의 사역으로 완성되어 간다.[513]

또한, 예수님의 사역의 핵심주제는 죄 사함을 얻게 하는 회개의 복음, 천국복음을 전파하는 것이다. 그래서 예수님은 마지막 명령으로 "너희는 가서 모든 민족으로 제자를 삼으라"고 하셨고 "오직 성령이 임하시면 권능을 받고 땅끝까지 이르러 증인이 되리라"고 하셨다. 제자들의 사역의 핵심내용은 천국복음을 모든 민족에게 전파하는 것이다. 오순절에 불과 바람으로 임하신 성령께서 제일 먼저 하신 사역은 '난 곳 방언들', 즉 '여러 민족들의 방언과 언어로' 증거하시는 일이었다(행 2:1-4). 모든 민족에 천국복음을 전파하는 사역을 떠나서 성령의 사역을 말할 수 없다.

하나님의 나라에 대하여 통시적으로 접근할 때에 반드시 기독론적 관점을 견지해야 한다. 구약시대 율법의 행위는 피의 제사를 통해서만 온전케 되었다. 신약시대 새언약은 예수님의 피 위에 세워졌다. 인류와 역사의 문제 중심에는 죄가 있기 때문이다. 메시아 개념은 죄의 문제와 직결된다. 예수님이 누구이신가에 대해 혼란스러워하던 당시 세례요한은 예수님을 가리켜 "저는 세상 죄를 지고 가는 어린양이다"라고 예수님의 정체성과 사명을 분명히 적시하였다(요 1:29). 새언약은 메시아적 개념(Messianic conception)으로 이해해야 한다. 그렇지 않으면 하나님의 나라를 정치적, 도덕적 및 윤리적으로 잘못 이해하고 적용할 수 있다. 오직 예수님의 보혈

---

513 칼빈에게 하나님의 주권사상이 핵심을 이루었다. 그래서 칼빈주의 신학에는 하나님 나라에 대한 사상이 자연적으로 중요한 개념이 되었다. 그럼에도 불구하고, 개혁주의자들이 전형적인 하나님의 나라 신학자들이라고 말할 수는 없다. 그들의 견해는 하나님 중심이기는 하지만, 도리어 정적인 양태를 띠고 있는 것이다. 하나님 나라에 대한 성경적인 계시의 역사적, 종말론적인 양상들은 그들의 신학에서 탁월하게 나타나지는 못하였다: 헤르만 리델보스, "공관복음에 나타난 하나님의 나라,"『구속사와 하나님의 나라』, (62-80), 오광만 편역, (풍만출판사, 1986), 63.

을 믿고 회개하여야 구원을 얻을 수 있다. 그렇지 않으면, 성찰의 종교, 정치적 비전과 종교이데올로기, 사회복음 등으로 전락할 수 있다. 자유주의, 종교다원주의, 신사도운동, 극단적 세대주의, 시한부 종말론 등이 또한 그러한 사례이다. 따라서 새언약의 이행은 모든 민족이 회개하고 주께 돌아오게 하는 천국복음의 증거, 즉 선교언약의 적극적 이행에 더 분명하게 초점이 맞추어져 있는 것이다.

게할더스 보스는 "구약과 신약 성경을 볼 때 하나님의 나라는 통치주권과 통치영역 이외에 하나님의 왕적 권능을 구원의 활동 속에서 실제로 역동적으로 행하는 것까지 포함하는 것으로 이해해야 한다"고 언급하고 있다.[514] 하나님의 나라는 구속사의 완성을 위하여 선교언약의 적극적 이행과 분리해서 이해해서는 안 된다.

한편, 신약시대에 하나님의 나라는 유대인들에게만 속한 것이 아니라 모든 민족에 개방된 것이다: "너희가 아브라함과 이삭과 야곱과 모든 선지자는 하나님 나라에 있고 오직 너희는 밖에 쫓겨난 것을 볼 때에 거기서 슬피 울며 이를 갈리라 사람들이 동서남북으로부터 와서 하나님의 나라 잔치에 참여하리니"(눅 13:28-29). 여기서도 모든 민족을 향한 선교언약의 이행이 하나님의 나라와 불가분의 관계가 있다는 것을 말해준다.

(2) 반유대주의로서의 선교언약

이와 같은 요한복음의 관점은 "나로 유대인들에게 넘겨지지 않게 하

---

514   게할더스 보스, 앞의 책, 23.

였으리라"(요 18:35) 는 예수님의 말씀에서도 잘 나타난다. 이 말은 요한복음에만 기록되어 있다. 요한은 여기서 하나님의 나라에 반해서 유대주의를 추구하며 유대왕국 이데올로기에 따라 예수님을 핍박하는 유대인들에게 그들의 오류를 분명히 지적하고 있는 것이다.

유대주의의 근원은 기독교신앙의 근원보다 앞선다. 그러나 기독교신앙과 시대를 같이하는 유대주의의 커다란 변형은 미래의 유대교의 기초가 되었던 랍비식의 유대주의였다.[515] 그러나 요한복음에서는 반유대주의적 입장을 견지함으로써 기독교 신앙이 유대주의가 아니라는 사실을 분명히 하고 있다.[516] 예수님은 영적 이스라엘, 곧 하나님의 나라를 위한 메시아이시며 유대인뿐만 아니라 세상의 모든 민족을 위해서 오신 하나님의 아들이시다. 바리새인들의 유대주의는 혈통이나 육정이나 사람의 뜻에서 난 것이다. 그러나, "영접하는 자 곧 그 이름을 믿는 자들에게는 하나님의 자녀가 되는 권세를 주셨으니 이는 혈통으로나 육정으로나 사람의 뜻으로 나지 아니하고 오직 하나님께로부터 난 자들이다"(요 1:11-12).

구약시대에서부터 계속되어 온 유대주의는 그리스도 사역의 중심을 이루고 있는 이방 민족 선교를 거부했다. 유대주의는 잘못된 유대인 선민의식에서 나온 것이다. 요한복음은 예수님을 강하게 거부하는 유대인들을 그리스도의 대적으로 부각함으로써 반기독교적인 유대주의를 규탄하고 그리스도 사역이 모든 민족을 향한 선교언약의 성취임을 우회적으로 강조하고 있다.

---

515 무디 스미스, 『요한복음 신학』, 최홍진 옮김, (한들출판사, 2001), 231.
516 무디 스미스, 앞의 책, 231.

한편, "세상 죄를 지고 가는 어린양이로다"라는 세례요한의 언급은 요한복음에만 나타난다. 이는 그리스도 기독론의 핵심 주제인데 이는 유대주의에 대립되는 개념으로 '세상'을 향한 선교언약을 강조한 것으로 이해되어야 할 것이다. 세상 죄를 지고가는 하나님의 어린양이라는 표현은 종족 및 민족을 뛰어넘어 모든 민족을 구속하기 위하여 하나님께서 준비하신 어린양을 강조한 것이다.[517] 요한일서에도 이점은 분명히 하고 있다: "그는 우리 죄를 위한 화목제물이니 우리만 위할 뿐 아니요 온 세상의 죄를 위하심이라"(요일 2:2).

(3) 보내시는 자와 보냄을 받는 자로서 선교언약

요한복음에는 하나님을 '보내시는 자'로 보는 관점이 독특하고 뚜렷하다. 요한복음은 '보내시고 보내심을 받았다'는 것이 반복적으로 강조되고 있다. 이것은 선교언약과 선교언약의 이행을 강하게 나타내는 것이다. 보내심을 받았다, 즉 '파송'은 선교언약 이행의 핵심개념이기 때문이다.

a. 예수님을 보내심

예수님은 아버지를 보여주고 아버지의 일을 하기 위해서 아버지 하나님에 의해서 보내심을 받았다. 이러한 사실은 요한복음에 잘 나타나 있다: "나를 보내신 이가 나와 함께 하시도다 나는 항상 그가 기뻐하시는 일을 행하므로 나를 혼자 두지 아니하셨느니라"(요 8:29), "본래 하나님을 본

---

517 Carson D.A, *The Gospel According to John,* (Grand Rapids: Wm. B. Eerdmans Publishing Co., 1991). 150

사람이 없으되 아버지 품 속에 있는 독생하신 하나님이 나타내셨느니라"
(요 1:18), "예수께서 이르시되 나의 양식은 나를 보내신 이의 뜻을 행하며
그의 일을 온전히 이루는 이것이니라 너희는 넉 달이 지나야 추수할 때가
이르겠다 하지 아니하느냐 그러나 나는 너희에게 이르노니 너희 눈을 들
어 밭을 보라 희어져 추수하게 되었도다 거두는 자가 이미 삯도 받고 영생
에 이르는 열매를 모으나니 이는 뿌리는 자와 거두는 자가 함께 즐거워하
게 하려 함이라 그런즉 한 사람이 심고 다른 사람이 거둔다 하는 말이 옳
도다 내가 너희로 노력하지 아니한 것을 거두러 보내었노니 다른 사람들
은 노력하였고 너희는 그들이 노력한 것에 참여하였느니라"(요 4:35-38). 보
내심을 받으신 예수님의 사명은 보내시는 이의 뜻을 행하며 그의 일을 온
전히 이루는 것이다. 그리고 예수님은 제자들을 열매를 거두러 보내신다.

　　"이는 모든 사람으로 아버지를 공경하는 것 같이 아들을 공경하게 하
려 하심이라 아들을 공경하지 아니하는 자는 그를 보내신 아버지도 공경
하지 아니하느니라 내가 진실로 진실로 너희에게 이르노니 내 말을 듣고
또 나 보내신 이를 믿는 자는 영생을 얻었고 심판에 이르지 아니하나니 사
망에서 생명으로 옮겼느니라"(요 5:23-24). 여기서 예수님은 자신을 보내신
이가 있다는 사실을 분명히 강조하고 있다. 그리고 예수님 말씀을 믿고 또
예수님을 보내신 이를 믿는 자는 영생을 얻는다. 예수님은 선교언약을 성
취하심으로 택하신 백성을 구원하는 역사를 이루시는 것이다. '보내신 이'
의 신학사상은 요한복음의 중심 주제를 이루고 있다: "내가 하늘에서 내
려온 것은 내 뜻을 행하려 함이 아니요 나를 보내신 이의 뜻을 행하려 함
이니라 나를 보내신 이의 뜻은 내게 주신 자 중에 내가 하나도 잃어버리지
아니하고 마지막 날에 다시 살리는 이것이니라"(요 6:38-39).

b. 제자들을 보내심

예수님은 성부 아버지께서 성자 예수님을 보내신 것 같이 제자들을 세상에 보내셨다. 제자들은 예수님에 의해 성령의 도우심으로 예수님의 지상명령, 즉 선교언약을 성취하기 위하여 보내심을 받았다: "아버지께서 나를 세상에 보내신 것 같이 나도 그들을 세상에 보내었고"(요 17:18), "예수께서 또 이르시되 너희에게 평강이 있을지어다 아버지께서 나를 보내신 것 같이 나도 너희를 보내노라"(요 20:21). 보내심을 받은 제자들은 예수님보다 더 큰 일을 하게 될 것이다(요 14:12).

보내신 분 하나님께서 보내심을 받은 자 예수님과 항상 함께하신 것처럼 예수님도 제자들과 항상 함께하실 것이다: "나를 보내신 이가 나와 함께 하시도다 나는 항상 그가 기뻐하시는 일을 행하므로 나를 혼자 두지 아니하셨느니라"(요 8:29), "내가 너희에게 분부한 모든 것을 가르쳐 지키게 하라 볼지어다 내가 세상 끝날까지 너희와 항상 함께 있으리라 하시니라"(요 28:20).

c. 성령님을 보내심

예수님은 보혜사 성령님을 보내셨다. 성령님은 아버지와 아들에 의해 예수님의 증거 사역을 계속하기 위하여 보내심을 받았다: "내가 아버지께로부터 너희에게 보낼 보혜사 곧 아버지께로부터 나오시는 진리의 성령이 오실 때에 그가 나를 증언하실 것이요 너희도 처음부터 나와 함께 있었으므로 증언하느니라"(요 15:26), "그러나 내가 너희에게 실상을 말하노니 내가 떠나가는 것이 너희에게 유익이라 내가 떠나가지 아니하면 보혜사가 너희에게로 오시지 아니할 것이요 가면 내가 그를 너희에게로 보내리니"(요 16:7). 요한복음은 보내시는 자와 보내심을 받은 자를 통해서 영생이 선교언약과 직결된 문제임을 강조한다.

선교언약의 이행에 삼위께서 모두 참여하신다. 성부께서 정하시고 아들을 보내셨다. 아들이 구속하시고 성부와 함께 그리고 부활의 능력으로 성령을 보내셨다. 하나님의 백성을 세우시고 선교언약 성취를 위해 세계 열방으로 보내시기 위함이었다(요 20:22). 그리고 예수님은 성부께 영광을 돌리셨듯이 성령님도 예수님께 영광을 돌리신다.[518] 모든 것의 근원은 성부의 의지적이고도 주권적인 행동, 즉 성부의 기뻐하심과 은혜이다. 이것은 은혜의 방식과 모든 신적인 작용들의 질서의 방법이다. 그러한 것들은 본래 모두 성부로부터 나온다. 그리고 목적을 이루고 나면 다시 성부에게로 돌아오고 거기서 중심을 찾는다.[519] 이것이 바로 하나님의 선교(Missio Dei)라는 용어로 귀결된다. 하나님의 선교는 1952년 독일의 빌링겐에서 열렸던 제5차 국제선교협의회(IMC)에서 사용된 용어로 선교운동의 근원이 삼위일체 하나님이시라는 점을 강조한 것이다. 삼위일체 하나님은 선교의 주역이시다.

예수님의 겟세마네 기도에는 보내시고 보내심을 받음의 목적과 의미가 분명히 드러난다: "저희도 아버지께서 나를 보내신 줄을 알았삽나이

---

518 요한복음 17:4, 16:14; 조나단 에드워드에 의하면, 구속사역을 통해서 독생자이신 예수 그리스도를 영화롭게 하는 것이 하나님의 목적이었다. 그는 "아들을 영화롭게 하사 아들로 아버지를 영화롭게 하게 하옵소서"(요 17:1)를 언급하면서 또한 아버지를 영화롭게 하는 것은 그 일이 성령으로 말미암아 성취되도록 되어 있기 때문에 하나님의 영광이 동시에 성령의 영광이 되고 그리하여 삼위일체 하나님은 하나로 연합하고, 각 위격은 각자 특별한 영광을 받게 된다고 주장했다. 조나단 에드워드, 『조나단 에드워드 전집 제3권 구속사』, 2007, 168-169.
519 존 오웬, 『그리스도의 영광』, 서문강 옮김, (지평서원, 2011), 224.

다. 내가 아버지의 이름을 저들에게 알게 하였고 또 알게 하리니 이는 나를 사랑하신 사랑이 저희 안에 있고 나도 저희 안에 있게 하려함이니이다"(요 17:25-26).

한편, 요한복음은 하나님의 나라를 영생과 같다고 보았기 때문에 기본 관점은 종말론적이다. 영생을 소유한 것은 죽음을 넘어서는 것을 의미한다. 이 점에서는 개인적으로 적용된 '실현된 종말론'이다. 공관복음에서는 감람산 강화에서 인자가 구름 타고 오신다는 종말론적 절정을 이룬다. 그러나 요한복음에서는 성령의 오심에 초점을 맞추는 다락방 강화가 나온다.[520] 그렇다고 해서 요한복음이 주님의 재림에 침묵하는 것은 아니다. 예수께서 사랑하시는 제자에 대하여 베드로에게 "내가 올 때까지 그를 머물게 하고자 할지라도 네가 무슨 상관이냐?"(요 21:2)고 하셨다. 또한, 미래의 종말론적 심판에 대해 말씀하셨다(요 12:48). 예수님은 오히려 아버지께서 약속하시고 예수께서 보내시는 성령께서 오시어 종말론적 사역의 이행으로써 선교언약을 이루실 것에 초점을 맞추고 있는 것이다. 요한복음의 보혜사 성령에 대한 약속의 말씀은 선교언약의 수행을 위해 오순절에 불과 바람으로 임하시는 성령님의 사역에서 절정을 이루는 것이다. 이런 의미에서 오순절에 임하시어 여러 민족들의 방언과 언어로 증거하시는 성령은 선교언약을 이행하시는 선교의 영이신 것이다.

선교언약은 기독론과 구원론의 핵심주제이다. 요한복음 역시 선교가 뚜렷이 나타난다는 점에서 기독론 및 구원론의 측면에서는 다른 복음서들과 동일하다. 요한복음의 선교언약은 하나님을 '보내시는 자와 보냄

---

520   요한복음 13-16장

을 받는 자'로 보는 관점에서 뚜렷하게 나타난다. 선교언약의 성취를 위해 성자 예수를 보내시고 성자는 또 성령을 보내시며 성령은 제자들, 즉 교회 안에 계시며 선교언약을 집행하시고 하나님의 나라를 완성하신다. 따라서 하나님의 영광은 선교언약의 완성과 직결되는 것이다.

(4) 보혜사 성령님과 선교

요한복음에는 매우 독특하게 '보혜사' 성령님에 대해 언급하고 있다. 요한복음에 의하면 예수께서는 아버지께 다른 보혜사를 주시도록 구하겠다고 하셨다. 이것은 누가복음 24장에도 분명히 나타난다. 성자 하나님이 구하시고 성부 하나님이 보내시는 보혜사 성령은 진리의 영이시며 제자들 안에 계실 것이다: "내가 아버지께 구하겠으나 그가 또 다른 보혜사를 너희에게 주사 영원토록 너희와 함께 있게 하리니 그는 진리의 영이라 세상은 능히 그를 받지 못하나니 이는 그를 보지도 못하고 알지도 못함이라 그러나 너희는 그를 아나니 그는 너희와 함께 거하심이요 또 너희 속에 계시겠음이라"(요 14:16-17).

보혜사 성령은 또한 예수님을 증언하시는 사역을 통해 선교언약을 이행하신다. 제자들 역시 보혜사 성령의 도움으로 예수님을 증언함으로 선교사역에 참여할 것이다: "내가 아버지께로부터 너희에게 보낼 보혜사 곧 아버지께로부터 나오시는 진리의 성령이 오실 때에 그가 나를 증언하실 것이요 너희도 처음부터 나와 함께 있었으므로 증언하느니라"(요 15:26-27). 보혜사 성령의 사역은 제자들 안에 거하시며 선교언약을 성취하시는 사역을 주도적으로 이행하신다. 이런 이유로 예수님은 제자들에게 성령을 받으라고 하셨다. 오직 성령이 임하시면 권능을 받고 땅끝까지 이르러 증인이 될 것이다(행 1:8).

예수님께서 "다른 보혜사를 너희에게 주사 영원토록 너희와 함께 있게 하리라"고 약속하시고, 제자들에게 위임대명령을 주시고 파송하시면서 "세상 끝날까지 너희와 항상 함께 하리라"(마 28:20)고 약속하신 대로 오순절에 보혜사 성령을 보내셨다. 성령께서는 그리스도인들에게 권능을 주신다(행 1:8). 또한, 성령님은 말씀을 통해서 역사하신다. 말씀은 성령의 검이다(엡 6:17). 그리스도인들은 말씀을 들음으로 믿음을 얻는다(롬 10:17). 말씀은 또 그리스도인들에 의해 증거된다. 이는 성령께서 그리스도인들의 말씀의 지식을 사용하신다는 것을 의미하기도 한다. 성령께서는 사람들에게 무의식적인 황홀경을 가져오게 하시는 분이 아니시다. 인격이신 성령께서는 그리스도인들의 지적 능력(mental power)을 사용하신다.[521] 성령님은 그리스도인들과 전인격적인 관계를 통해서 사역을 이루어 가신다.

예수께서 십자가에 죽으신 사건은 제자들을 절망 속에 몰아넣었다. 절망에 빠진 제자들은 여자를 통해 예수님의 부활 소식을 듣고도 두려움에서 벗어나지 못했다. 바로 그때 예수님이 그들 가운데 홀연히 나타나시어 "너희에게 평강이 있을지어다"라고 하시면서 "아버지께서 나를 보내신 것같이 나도 너희를 보내노라"라고 말씀하셨다. 그러면서 성령을 받으라고 하셨다. 예수님은 유대인뿐만 아니라 세계 모든 이방인들을 구원하시기 위해 오셨다. 따라서 하나님 아버지께서 예수님을 모든 민족을 구원하시기 위해 보내셨다면 제자들 역시 그렇게 모든 민족을 위해 보냄을 받는

---

521 존 오웬, 『개혁주의 성령론』, 1988, 196.

것이다. 사도행전 1:8절에서는 "오직 성령이 임하시면 너희가 권능을 받고 예루살렘과 유다와 사마리아와 땅끝까지 이르러 내 증인이 되리라"고 하셨다. 성령을 주시는 이유가 모든 민족을 행한 선교언약 성취를 위한 것임을 알 수 있다.

또한 예수님은 숨을 내쉬면서 "성령을 받으라 너희가 누구의 죄든지 사하면 사하여질 것이요 그대로 두면 그대로 있으리라"(요 20:22-23)고 말씀하셨는데, '파송'을 말씀하시면서 이 말씀을 하신 것은 죄사함을 주는 회개의 복음을 전해야 한다는 것을 강조한 것으로 이해해야 한다. 예수님이 제자들을 파송하시면서 죄사함의 문제를 말씀하신 것은 선교의 목적이 단순 사회봉사를 넘어서 각 개인의 죄의 문제를 해결함으로 영생을 얻게 함인 것을 분명히 한 것이다. 예수님 자신도 "세상 죄를 지고 가는 어린 양"으로 오셨다.

마태복음 28:18-20에는 선교언약을 위임대명령으로 주시면서 "세상 끝날까지 항상 너희와 함께 있으리라"고 약속하셨다. 이것은 요한복음 8:29 "나를 보내신 이가 나와 항상 함께 하시도다" 라는 말씀과 연계된다. 하나님 아버지께서 예수님을 보내신 것같이 예수님도 제자들을 보내시면서 동일하게 세상 끝날까지 항상 함께하시리라 약속하신 것이다. 그리고 마침내 이 약속을 이루시기 위하여 예수님은 아버지께서 약속하신 보혜사 성령을 오순절에 보내셨다.

4. 오순절과 선교

스탠리 존스(E. Stanley Jones)는 "하나님의 나라는 신적인 침입

(invasion)이며 신적 내재"(divine immanence)라고 했다.[522] 마가복음에서는 오순절 성령강림을 미리 예고하면서 하나님의 나라가 권능으로 임하는 것으로 표현되어 있다(막 9:1). 오순절 날에 교회로 하여금 땅끝까지 전진할 수 있도록 하는 영적 권능의 계절이 시작된 것이다. 이와 관련하여 예수께서 마태복음 16:18에서 "내가 내 교회를 세우리니 음부의 권세가 이기지 못하리라"고 말씀하신 것은 새언약 교회가 갖는 영적 권세를 말씀하신 것이다. 또한 예수님은 "내가 천국 열쇠를 주리니"(마 16:19)라고 말씀하셨다. 예수님은 천국의 열쇠를 교회에게 맡기셨다. 이와 같이 새언약 공동체 교회에게 영적 권능과 권세를 주신 것은 실존하는 사탄의 음부의 권세를 이기고 모든 민족을 어둠에서 빛으로 돌아오게 하기 위함이다. 이와 관련하여 사도 바울은 사도행전 26:17-18에서 다음과 같이 증언하였다: "이스라엘과 이방인들에게서 내가 너를 구원하여 그들에게 보내어 그 눈을 뜨게 하여 어둠에서 빛으로 사탄의 권세에서 하나님께로 돌아오게 하고 나를 믿어 거룩하게 된 무리 가운데서 기업을 얻게 하리라 하더이다".

주님이 승천하신 후 오순절 날에 성령께서 불의 혀같이 급한 바람으로 권능으로 임하셨다. 이 사건에 대하여 베드로는 군중들 앞에서 다음과 같이 증언했다: "하나님이 오른손으로 예수를 높이시매 그가 약속하신 성령을 아버지께 받아서 너희가 보고 듣는 이것을 부어 주셨느니라"(행 2:33). 성령 강림은 성부 하나님께서 새로운 차원의 사역, 즉 새창조를 위하여 오래전부터 주셨던 약속을 성취하신 것이다. 성령님은 하나님으로부터, 하늘로 올라가신 예수님으로부터 직접 내려왔다.

---

522 E. Stanley Jones, *Is the Kingdom of God Realism?* (New York/Nashiville: Abingdon Cokesbury, 1940), 64.

1) 오순절과 선교언약

오순절 성령강림은 삼위일체 하나님의 선교언약과 깊게 연계되어 있다. 이러한 사실은 오순절 사건이 주는 다음과 같은 사실에서 잘 드러난다:

첫째, 오순절 성령 강림 사건은 바벨사건의 반전이며 회복과 재창조를 의미한다. 바벨사건에서 하나님은 언어를 혼잡케 하셨으나 오순절 성령께서는 각종 난 곳 방언을 통해 서로 다른 종족들 간 언어소통을 가능케 하셨다. 바벨에서 의사소통 시스템을 해체하신 하나님이 오순절에 의사소통 시스템을 회복하신 것이다. 성령께서 바벨의 저주를 파하시고 모든 민족을 향한 새 창조의 새로운 회복의 역사를 시작하신 것이다. 조나단 에드워드는 하나님께서 바벨을 쌓는 것을 멈추게 하시려고 민족들을 흩으신 것은 중대한 구속 계획에 따른 것이라고 했다. 그는 하나님은 거기에서 특별히 민족들 사이에 복음이 전파되는 미래를 바라보고 계셨다고 하면서 이 사건을 세계선교와 연결시켰다.[523]

바벨 반란 이후 그에 대한 대응으로 하나님께서는 아브라함에게 "모든 민족이 너로 인하여 복을 받을 것이다"라고 언약하셨고 축복의 역사를 시작하셨는데 오순절 사건은 하나님께서 아브라함에게 언약하신 선교언약의 열매인 것이다. 오순절 성령강림은 아브라함언약이 그리스도의 구속사건을 통해서 성취되는 것을 보여주는 것이다. 그 내용은 예수 그리스도를 보내셔서 이방인에게까지 구원의 은혜를 베푸신다는 선교의 약속이다.[524] 이에 대하여 갈라디아서 3:14에서는 다음과 같이 기록하고 있다:

---

523 조나단 에드워드. 『조나단 에드워드 전집 제3권 구속사』, 존 스미스 편집, 김귀탁 옮김, (부흥과개혁사, 2007), 206.

524 김재성, 『개혁주의 성령론』, (CLC, 2012), 76.

"이는 그리스도 예수 안에서 아브라함의 복이 이방인에게 미치게 하고 또 우리로 하여금 믿음으로 말미암아 성령의 약속을 받게 하려 함이니라."

둘째, 오순절은 신약시대 새로운 교회의 시작이다. 성령의 시대는 교회의 시대이다.[525] 구약시대 이스라엘 민족교회 시대에서 이제는 새로운 교회공동체 시대가 열렸다. 그리스도의 피로 세운 새언약 위에 새언약 교회공동체가 시작된 것이다. 이러한 새언약 교회는 유대인을 포함하여 모든 민족들 가운데 구원받은 그리스도인들로 구성되며,[526] 이는 모든 민족에게 천국복음을 증거함으로써 이루어져 간다. 새언약 교회는 유대인과 이방인 사이에 화목을 실제로 경험하는 곳이다(엡 2:13-19; 3:6). 성령께서는 교회에게 말씀하시고(계 2:11, 29), 교회에 권능을 주심으로 땅끝까지 증인이 되게 하신다(행 1:8). 교회는 아브라함언약에서 주어진 약속에 대하여 현재 소유권을 주장할 수 있는 유일한 기관 또는 공동체이다.[527] 따라서 교회는 아브라함언약에서 약속하신 모든 민족을 위한 축복의 통로가 되어야 한다.

셋째, 오순절 사건을 직접 체험한 후에 성령의 감동으로 행한 베드로의 설교에서 그는 오순절 사건이 요엘서의 예언의 성취임을 상기시켰다: "하나님이 말씀하시기를 말세에 내가 내 영을 모든 육체에 부어 주리니 너희의 자녀들은 예언할 것이요 너희의 젊은이들은 환상을 보고 너희의 늙은이들은 꿈을 꾸리라. 그 때에 내가 내 영을 내 남종과 여종들에게 부어 주리니 그들이 예언할 것이요"(행 2:17-18). 요엘서 2:28 본문에서 '모든 육체'(히. basar 'flesh, body')에게 부어준다는 것은 요엘서 2:32 '누구든지'

---

525 데이비드 보쉬, 『변화하고 있는 선교』, 김병길 · 장훈태 역, (CLC, 2000), 759.
526 데이비드 보쉬, 앞의 책, 112.
527 데이비드 반두르넨, 『하나님의 두 나라 국민으로 살아가기』 윤석민 옮김, (부흥과개혁사, 2012), 139.

274 | 언약과 선교

와 같은 의미이다. 유대인뿐만 아니라 헬라인이나 야만인이나 누구든지 주의 이름을 부르는 자는 구원을 얻게 된다는 것이다. 성령께서 모든 세대를 들어 사용하시며, 남자와 여자를 차별 없이 전도자 및 선교사로 사용하신다는 것이다. 요엘서는 성령이 부어짐으로 모든 그리스도인들이 모든 민족을 향해 선교하는 때를 미리 예언한 것이다.

마이클 바렛(Michael Barrett)은 오순절 성령강림을 경험했던 베드로가 오순절 사건을 요엘서 예언과 연계하여 해석한 것에 대하여 논하면서, 선지자 요엘이 했던 예언의 특수성은 성령의 권능이 부어질 것이라는 사실 자체가 아니라 그 권능을 받게 되는 대상이 누가 될 것인가에 있다고 설명했다. 그에 의하면 요엘은 성령의 능력이 더 이상 지도자에게만 제한되지 않는 때, 곧 '배타적'(exclusive)이었던 그 일이 '포용적'(inclusive) 일이 되는 때를 바라보았다. 남자와 여자, 젊은이와 늙은이가 차별없이 모든 계층 세대가 성령의 능력의 실재를 경험하게 될 것이다. 바렛은 특히 여기서 '모든 육체'라는 말은 이스라엘 백성에만 한정되지 않고 이방인들까지 지칭하고 있다고 해석하였다. '모든 육체'가 물론 일반 인류를 지칭하는 것이라고 할 수 있지만, 사실은 여기서는 보다 구체적으로 유대인이 아닌 '이방인'을 의미한다는 것이다(신 5:26, 렘 25:31, 등). 이스라엘 백성으로 하여금 이교도를 종으로 삼을 수 있게 허락했지만, 동족 이스라엘끼리는 종으로 삼지 못하게 했던 레위기 25장 44-46절의 가르침을 만약 요엘이 염두에 두었다면, 요엘서 2장 29절과 사도행전 2장 18절에서 남종과 여종에게 성령이 부어질 것이란 선포를 통해서, 28절과 마찬가지로, 한 번 더 의도적

으로 '이방인'을 의미한 것이 분명하다고 마이클 바렛은 강조한다.[528]

넷째, 예수님은 사도행전 1:8에서 오직 성령이 임하시면 땅끝까지 증인이 되리라고 하셨다. 천국복음을 증거하는 사역의 주체는 성령이시다. 하나님은 성령을 통해서 선교를 주관하신다.[529] 그러나 성령께서는 제자들을 통해서 이 거룩하고 중대한 사역을 감당하도록 하신다: "내가 아버지께로부터 너희에게 보낼 보혜사 곧 아버지께로부터 나오시는 진리의 성령이 오실 때에 그가 나를 증언하실 것이요. 너희도 처음부터 나와 함께 있었으므로 증언하느니라"(요 15:26-27). 성령께서는 이 사역을 감당하도록 제자들에게 성령의 권능을 주시고 성령의 은사를 주셨다. 예수님께서는 종말론적 구속사를 수행하고 완성하기 위하여 오순절에 아버지께서 약속하신 성령을 보내셨고 유대인이나 이방인이나, 남종이나 여종이나 차별 없이 성령의 권능과 은사들을 부어주신 것이다. 예수님은 성령의 능력으로 갈릴리로 가셨는데, 그 동일한 성령께서 또한 제자들을 선교로 이끄신다. 성령은 선교를 인도하시고 추진하시는 능력, 즉 기폭제이시다.[530]

다섯째, 오순절 사건은 메시아적 구속사 사건으로 이해해야 한다. 요한복음에서 보혜사 성령께서 오실 약속이 언급되었는데, 보혜사 성령은 예수님 자신이 성령으로 다시 오시는 것으로 이해할 수 있다: "조금 있으면 너희가 나를 보지 못하겠고 또 조금 있으면 나를 보리라 하시니"(요

---

528 Michael Barrett,"The Outpouring of the Spirit Anticipated, Attained, Available," The Beauty and Glory of the Holy Spirit, (Grand Rapids: Reformation Heritage Books, 2012), 76.

529 Beverly Roberts Gaventa, "You will be my Witness: Aspects of Mission in the Acts of the Apostles," Missiology, Vol. 10, (413-425), 1982, 415.

530 데이비드 보쉬, 앞의 책, 185; Stephen G. Wilson, The Gentiles and the Gentile Mission in Luke-Acts, (Cambridge: University Press, 1973), 241.

16:16). 이것은 성령의 강림을 기독론적으로 이해해야 한다는 점을 암시하는 것이다. 성령은 그리스도의 영이시다: "만일 너희 속에 하나님의 영이 거하시면 너희가 육신에 있지 아니하고 영에 있나니 누구든지 그리스도의 영이 없으면 그리스도의 사람이 아니라"(롬 8:9).

싱클레어 퍼거슨(Sinclair B. Ferguson)은 오순절 사건을 누가복음과 사도행전의 맥락에서 분석하면서 오순절 성령강림을 구속사적 사건으로 보았다. 따라서 그는 오순절 성령강림 사건은 일차적으로 실존적으로나 성령론적이 아니라 기독론적 및 종말론적으로 해석되어야 한다고 주장한다. 종말론적 관점은 구속사적 관점이요 선교언약적 관점이다. 이런 맥락에서 사도행전은 성령행전이 아니라 성령을 통한 예수 그리스도의 지속적인 행전으로 이해해야 한다. 사도행전 1:8절에서 요약된 그리스도의 나라가 확장되는 세 가지 발전과정, 즉 복음이 예루살렘, 사마리아, 가이사랴와 에베소 이방세계로 지리적 및 종족적으로 확장되는 사건이다.[531] 이는 사도행전 1:8의 전체 세계선교 계획에 따른 특수하고도 전략적인 발전이다.[532] 싱클레어 퍼거슨은 또한 오순절 사건의 기독론적 관점을 강조하면서, 오순절을 동떨어진 성령의 사건이라거나 첨가된 것으로 보지 않고 그리스도의 사역의 한 측면으로 볼 때 모든 것이 더욱 분명해진다고 하면서 오순절은 즉위식의 가시적 표현이라고 주장한다. 오순절 사건은 그리스도가 영광의 주님으로 높여지셨으며 우리를 위하여 중보자가 되시고 성령에 대한 그분의 메시아적 요청이 허락되었다고 하는 감추어진 실재

---

531 데이비드 보쉬, 앞의 책, 147; Jacques Dupont, *The Salvation of the Gentiles: Essays on the Acts of the Apostles,* (New York: Paulist Press, 1979), 12f.

532 싱클레어 퍼거슨, 『성령』, 김재성 역, (IVP, 1999), 95~96.

의 공개적 표현이라는 것이다. 그러면서 그는 오순절 사건을 시편 2:6-8 "내가 나의 왕을 내 거룩한 산 시온에 세웠다 내게 구하라 내가 열방을 유업으로 주리니 네 소유가 땅끝까지 이르리로다"라는 메시지의 메시아적 약속성취로 보았다.[533] 그는 기독론적 관점과 선교학적 관점이 결코 분리될 수 없음을 말하고 있는 것이다. 오순절 사건은 하나님께서 아브라함에게 약속하신 언약의 종말론적 발현이요 열방을 향한 선교언약의 메시아적 성취인 것이다.

오순절의 보혜사 성령의 강림 사건은 십자가 죽으심과 부활 및 승천에 이어지는 메시아적 구속사 사건이며 동시에 열방 모든 민족을 향한 성령의 사역이 불과 바람으로 권능으로 전개되는 선교언약의 종말론적 이행의 사건이다. 선교언약은 구약과 신약 시대에 통일성과 연속성을 가지고 지속적으로 나타나며 종말론적 구속사의 중심 주제로 점진적으로 뚜렷해지며 명백해진다.

따라서 오순절에 성령께서 불과 바람으로 임하시어 모든 민족의 방언과 언어로 증거하셨다는 사실은 "모든 민족으로 가서 제자 삼아라!"(마 28:18-20)라는 예수님의 선교대명령과 직접적으로 연계된 것이며 종말론적 구속사를 집행하시는 성령 하나님의 선교사역을 나타내는 것으로 이해해야 한다. 이는 예수께서 "오직 성령이 임하시면 권능을 받고 땅끝까지 이르러 내 증인이 되리라"(행 1:8)고 하신 말씀과 같은 맥락이다.

한편 성령께서 "난 곳 방언"으로 증거하신 것은 선교대상 단위가 종족 단위이어야 한다는 관점을 암시하고 있다. 이는 마태복음 28장 18-20에

---

533 싱클레어 퍼거슨, 앞의 책, .

서도 강조된 것이다. 마태복음 28장의 "민족"은 영어로 nation인데 헬라어 원어에는 ethnos로 되어 있다. 영어 nation은 학술적으로 '동일 공통 언어를 사용하고 공통의 역사적 경험을 가진 동일 문화를 소유한 종족집단'으로 정의될 수 있다. Webster's New Encyclopedic Dictionary는 nation을 다음과 같이 정의한다: "a community of people composed of one or more nationalities with its own territory and government" 또는 "a tribe or federation of tribes". 전자는 '국가 영토 내의 특정 민족 혹은 민족들'을 의미하며, 후자는 '종족 또는 종족집단'을 의미한다. 그러나 전통적으로 영어 nation은 대개 '영토국가 내 특정 민족', '국민' 또는 '나라'로 인식되어 왔다. 그 결과 영어 nation은 '국가' 또는 '국가를 이루는 민족'과 동일시되었다.

영어 단어 nation은 고대 프랑스어 nacion에서 유래한 것이다. 프랑스어 nacion은 라틴어 natio(nātĭō)에서 왔는데, 그 의미는 문자적으로 '태어난 곳'(that which has been born)이다. 이 라틴어 단어는 고전 라틴어에 나오는데, 좋은 예는 주후 44년에 키케로(Cicero Philippics)가 마크 안토니(Mark Antony)와 대화에서 로마인들에 대해서는 community를 의미하는 civitas를 사용하고, 로마 밖에 거주하는 후진된 민족들을 지칭하면서는 natio(nātĭō)를 사용하였다. 중세에 이르러서는 유럽에서 이 단어는 유럽 공식어인 라틴어에 대해서 지방어를 의미하는 말로 사용되었다. 중세 유럽은 가톨릭이 지배하는 '기독교 세계'였다. 따라서 라틴어가 사실상 공식 문서 작성에 사용하는 문어였으며 프랑스어, 독일어, 스페인어, 영어 등 각 민족의 언어는 일상 회화에서 사용하는 구어로서 지방어처럼 인식되었다. 라틴어 natio는 사실상 '지방 종족어' 또는 '이방 사람들의 언어'를 의미하는 것으로 사용되었다. 그러나 프랑스 혁명 이후 민족주의가 발현하면서 민족국가(nation state)들이 등장하고 각 민족언어가 국가 공식어가 되었다. 그러면서 프랑스어 nacion 또는 영어 nation의 의미는 '민족국가 국민' 또는 '국가를 이루는 민족' 또는 '나라'의 의미로 사용되기 시작하였고 근대에 와서 이 의미는 정착되었다.

그런데 근대 개신교 선교가 시작되던 19세기에는 마태복음 28:18-20 "너희는 모든 민족으로 가라"에서 민족은 성경 원어 본래의 의미 ethnos 나 nacio가 아니라 근대 민족국가 시대의 개념으로 이해되었다. 따라서 선교대상 단위도 국가 또는 국가를 이루는 민족으로 인식되었던 것이다. 19세기에 미국에서 학생자원자운동(Student Volunteer Movement)이 활발하게 일어났을 때 '우리 시대에 세계복음화 완성'을 기대하며 해외 선교에 헌신했다는 것은 이런 맥락에서 이해가 되는 것이다. 당시 세계 국가가 얼마 되지 않는 상황에서 대부분 나라에 복음이 증거되었으니 이제 거의 다 완성되었다는 기대에 부풀었다. 이것은 민족 개념에 대한 성경적 의미를 오해한데서 비롯된 것이다.

성경에서 민족 또는 족속이라고 표현되는 이 단어는 고대 헬라어 ethnos로서 국가 개념이 전혀 고려되지 않는 의미로 '언어문화가 다른 한 종족 집단'(ethnic group)이라는 뜻으로 이해된다. 그러나 이 단어와 이 단어의 유럽어 변이형들은 중세 유럽에서 '지방어를 쓰는 지방 사람들 또는 이방 사람들'이라는 뜻으로 사용되었다. 중세 기독교 지배 체제에서 라틴어 지배체제의 공식어 시대에 나머지 지방 언어를 사용하는 집단들을 말하는 것이었다. 그리고 프랑스혁명 이후 이 단어는 서서히 국가를 이룬 민족을 지칭하기 시작하였고, 현대 영어에서는 '민족, 국가'라는 뜻으로 사용되나 대개는 국가를 이루는 민족을 표현하는 단어가 되었다. 그러나 이 단어는 '언어 문화가 다른 종족집단'을 지칭하는 의미로 이해되어야 한다.[534]

이 점을 정확하게 지적한 사람은 1920년대 '위클리프 성경번역선교회(WBT)'를 시작한 카메론 타운젠드(Cameron Townsend)였다. 그는 성경 말씀이 모든 종족 가운데 '난 곳 방언'으로 번역되어야 한다는 것을 강조하였다. 이리하여 적어도 선교신학적으로 선교 단위가 국가에서 종족으로 발전하게 되었다. 규모가 크든 작든, 국가를 이루고 있든 아니든 모든 종족의 토착어로 성경이 번역되어야 하며 또 그렇게 토착언어로 복음이 증거되어야 한다는 것이었다. 이후 인도에서 선교했던 미국 풀러신학교 교수 맥가브란(McGovran)은 선교는 아직 복음화 되지 않은 모든 종족을 대상으로 해야 한다고 주장하였다.[535] 인도의 일부에 복음이 전해졌다고 인도가 복음화되었다고 생각해서는 안 된다는 것이다. 그는 인도에는 세분화하면 2천여 개 이상의 종족이 있으며 복음을 받지 않은 종족이 대부분이라고 주장하였다. 이러한 종족 단위 접근 선교는 마닐라에서 개최된 제2차 로잔대회 이후에 랄프 윈터(Ralp Winter)에 의해 '미전도종족 선교운동'으로 확산되었다.

2) 오순절과 삼위일체 하나님의 선교

선교언약의 이행에 삼위 하나님께서 모두 참여하신다. 성부께서 정

---

534 최한우, 『전문인선교 세계선교운동』, (펴내기, 2011), 24-25.
535 그러나 맥가브란의 〈교회성장론〉은 사회학 및 문화인류학을 도구로 해서 기술적 작업을 하고 있다는 점에서 문제로 지적되고 있다. 성경적 교회성장론은 "주께서 더하시니라"(행 2:47)에서 보듯이 교회성장에 있어서 하나님의 주권이 강조되어야 한다.

하시고 아들을 보내셨다. 아들이 구속하시고 성부와 함께 그리고 부활의 능력으로 성령을 보내셨다. 하나님의 백성을 세우시고 선교언약 성취를 위해 세계 열방으로 보내시기 위함이었다. 그리고 예수님은 성부께 영광을 돌리셨듯이 성령님도 예수님께 영광을 돌리신다.

한편 예수님은 마태복음 28장 지상명령에서 선교가 삼위일체 하나님의 사역임을 암시하셨다: "그러므로 너희는 가서 모든 민족을 제자로 삼아 아버지와 아들과 성령의 이름으로 세례를 베풀고" 여기서 아버지와 아들과 성령, 삼위일체 하나님께서 주도적으로 이루어가시는 지상사역임을 분명히 하고 있다.

누가복음 24:48-49에서는 "너희는 이 모든 일에 증인이라 볼지어다 내가 아버지께서 약속하신 것을 너희에게 보내리니 너희는 위로부터 능력으로 입혀질 때까지 이 성에 머물라 하시니라"고 기록되어 있다. 성령이 오시면 성령을 받고 땅끝까지 증인이 되리라는 말씀에서 아버지, 나(예수), 성령 삼위일체 하나님이 동시에 언급되고 있다. 성령께서 오시어 제자들 가운데서 능력으로 선교를 수행하게 하시는 사역이 삼위일체 하나님의 사역임을 나타내는 것이다.

사도행전 2:33에서 사도 베드로는 오순절 사건을 언급하면서 이것이 성부, 성자, 성령 삼위일체 하나님께서 행하시는 중대한 사건임을 암시하였다: "하나님이 오른손으로 예수를 높이시매 그가 약속하신 성령을 아버지께 받아서 너희가 보고 듣는 이것을 부어주셨느니라."

오순절 사건은 베드로가 언급한 대로 성자 예수가 성부 하나님께서 약속하신 성령을 받아서 보내신 것이다. 즉, 오순절은 성부, 성자, 성령 삼위일체 하나님이 동시에 참여하신 매우 특별한 사건이다(눅 24:49, 16:7, 행 2:33). 성령은 '아버지와 아들로부터' 오신 것이다. 경륜적 삼위일체의 관점에서 성령의 오심은 이중적 보내심(double sending)의 결과라 할 수 있다.[536] 삼위일체 하나님의 경륜을 따라 성령 하나님께서 역사 속에 매우 특별한 방법과 매우 특별한 사명을 가지고 임하시는 것이다. 그 특별한 사명은 메시아적 구속사와 직결되는 것이다.

오순절 성령강림은 선교언약을 수행하시는 삼위일체 하나님의 열망과 비전을 밝히 드러낸 사건임을 알 수 있다. 성부 하나님의 영원한 작정이 성자 예수님의 십자가의 죽음과 부활 및 승천에 따라 그 구속의 효과가 바야흐로 성령 하나님의 모든 민족을 향한 구원의 선교사역으로 실현되고 완성되는 것이다. 성령은 모든 외적인 하나님의 사역의 직접적이고 유효한 동인(動因)이시다. 왜냐하면 하나님께서 성령에 의하여 일하시고 신적인 탁월한 능력을 성령으로 말미암아 역사하도록 적용하시기 때문이다. 이런 이유로 예수님은 "그러나 내가 너희에게 실상을 말하노니 내가 떠나가는 것이 너희에게 유익하니라 내가 떠나가지 아니하면 성령이 너희에게 오시지 않을 것이요 내가 가면 너희에게로 보내리니"(요 16:7)라고 말씀하신 것이다.

하나님의 모든 사역은 성령의 능력 안에서 이루어졌다. 이 진리는 구원사역에 있어서 삼위일체 하나님의 동역을 강조해 준다. 아버지는 중보자를 선택하셨고, 아들은 그 중보자의 역할을 수행하셨으며, 성령은 그 중보자에게 능력을 주셨다.[537] 〈웨스트민스터 신앙고백〉은 이러한 성경의 증

---

536 싱클레어 퍼거슨, 앞의 책, 1999, 83.
537 Michael Barrett, *op. cit.*, 73.

거를 잘 요약했다: "하나님은 기꺼이 자기의 영원한 목적 안에서 독생자이신 주 예수를 하나님과 인간 사이의 중보자, 선지자, 제사장, 왕으로 선택하셨고… 주 예수는 그렇게 신성과 연합된 자기의 인성 가운데 거룩해지셨고 성령으로 한량없이 기름부음을 받으셨으며… 그분이 중보자와 보증인의 직책을 수행하도록 철저히 공급하셨다. 이 직책은 그분이 스스로 취한 것이 아니라 아버지에 의해 그것에 부르심을 입으신 것인데 성부는 그분의 손에 모든 권세와 심판을 맡기시고 그 일을 실행하라는 계명을 그분에게 주셨다"(8.1-3).

성령은 성부 하나님의 영이시며 그리스도의 영, 즉 아들의 영이시다. 그러므로 아들의 모든 사역은 성령의 사역이며 아버지의 사역이다. 성령의 직접적인 역사라도 전적으로 자신에게만 돌릴 수 없고 다른 위(位)에게로 돌려야 한다. 왜냐하면, 삼위는 서로 일치하시기 때문이다. 하나님의 본질에서 모든 하나님의 역사와 원리가 시작되는 것이다. 삼위 하나님의 본질(nature)을 하나로(one) 또는 똑같이(the same) 나눌(divide) 수는 없다. 성령은 아버지의 영이시고 아들의 영이시기 때문에 모든 신적인 역사에 있어서 아버지는 권위를 가지고 계시고 아들은 사랑과 지혜를 가지고 계시고 성령께서는 직접적으로 유효한 일을 하시는 것이다.[538] 삼위일체 하나님의 신적 교통들의 영광스러운 질서를 보면서 우리는 성부, 성자, 성령의 구별되는 세 격위(인격) 안에 있는 하나님의 본질적인 존재가 가진 말로 형용할 수 없는 영광을 본다.[539]

한편 오순절 성령강림 이후 삼위일체 하나님이 주도하시는 종말론적

---

538 존 오웬, 『개혁주의 성령론』, 이근수 옮김, (여수룬, 1988), 134.
539 존 오웬, 앞의 책, 222.

구속사의 주제는 모든 민족을 향한 선교언약의 이행으로 극적으로 수렴되었다. 오순절 이후에 성령께서는 성부 하나님께서 일찍이 아브라함에게 언약하신 '모든 민족'을 향한 선교언약을 주도적으로 하셨다. 사도행전 1:8에서 "오직 성령이 너희에게 임하시면 권능을 받고 예루살렘과 유다와 사마리아와 땅끝까지 증인이 되리라"라는 우리 주님의 말씀대로, 사도행전의 성령님의 구원 사역은 예루살렘, 유다, 사마리아, 에베소 등으로 지리적 및 종족적으로 확장되면서 모든 민족을 향해 삼위일체 하나님의 선교언약을 성취해 가는 역동적인 역사운동이라 할 수 있다.

개혁주의 신약성경 신학자 조지 래드(George Ladd)는 이와 관련하여 그의 저술 『하나님 나라의 복음』(The Gospel of the Kingdom) 마지막 부분에서 다음과 같이 요약하였다: "이것이 악한 세대 가운데 선교를 수행하는 우리의 선교 정신이 되어야 한다. 우리는 복음이 세상을 정복하고 하나님의 나라가 세워질 것을 기대하고 앉아 있는 낙관주의자가 되면 안 된다. 우리는 악의 무시무시한 권능을 잘 알고 있으면서도 그리스도께서 영광 중에 재림하셔서 최후 최대의 위대한 승리를 이루실 때까지 하나님의 나라를 위한 승리를 쟁취하기 위하여 세계 복음화 선교로 나아가는 현실주의자들, 곧 성경적인 현실주의자들이다. 우리의 선교적 동기는 마태복음 24:14 '그제야 끝이 오리라'는 임무가 달성되며 최종적 승리를 이루는 것이다. 하나님의 말씀 가운데 '그제야 끝이 오리라'고 말하는 구절은 마태복음 24:14 구절밖에 없다. 그리스도께서 언제 다시 오실 것인가? 교회가 이 임무를 완성했을 때 다시 오실 것이다. 이 세상은 언제 끝이 날 것인가? 세상이 복음화되었을 때 끝이 날 것이다. 제자들은 마태복음 24:3에서 '주의 임하심과 세상 끝에는 무슨 징조가 있사오리이까?'라고 물었다. 이 질문에 대하여 주님은 마태복음 24:14에서 '이 천국복음이 모든 민족에게 증언되기 위하여 온 세상에 전파되리니 그제야 - 그런 다음에야 - 끝이 오리라'고 말씀하셨다. 언제인가? 교회가 하나님이 정해주신 선교를 완성했을 때이다."[540]

조지 래드는 결론으로 다음과 같이 호소하였다: "우리 주님은 우리에게 대사명을 주시면서 우리의 임무를 명확하게 정의해 주셨다(마 28:18-20). 당신이 주님의 재림을 사모하고 있는가?[541] 그렇다면 당신은 세계에 복음을 전파하기 위하여 모든 노력을 경주해야 할 것이다. 주님이 다시 오실 때에야 비로소 사탄은 패배되어 결박당할 것이다. 사망이 정복될 것이다. 죄가 파멸될 것이다. '그러므로 너희는 가라'(마 28:19). 우리가 우리의 선교를 완성했을 때 주님은 재림하시어 영광중에 그의 나라를 세우실 것이다. 하나님께서는 우리에게 하나님의 날이 임하기를 기다릴 뿐만 아니라 촉진시킬 것을 말씀하셨다(벧후 3:12). 이것이 하나님의 나라의 선교이며 따라서 우리의 선교이다."[542]

옛 언약은 오실 그리스도를 말하고 있으며 새 언약은 다시 오실 그리스도를 말하고 있다. 오순절 이후 하나님의 역사는 주님의 재림을 예비하는 것으로 첨예하게 절정을 이루고 있다. 성경도 "주 예수여 속히 오시옵소서!"로 끝이 난다(계 22:20). 따라서 삼위 하나님께서 주도하시는 선교언

---

540 조지 래드, "하나님 나라의 복음,"『하나님의 나라 제대로 알고 믿는가』, 이승구 역, (이레서원, 2007), 356-357.
541 이안 머리(Ian Murray)는 종교개혁 이후에 성경이 회복되자 성취되지 않은 예언의 문제가 다시 대두 되었으나 이후 다시 성경이 제거되자 재림의 의미와 종말에 관한 진리가 사람들의 시선 밖으로 밀려났으며 적그리스도는 규명되지 않은 채 남아 있었다고 기술하고 있다: 이안 머리,『청교도의 소망』, 장호익 역, (부흥과개혁사, 2011), 73.
542 조지 래드, 앞의 책, 357-358.

약의 이행과 완성 그리고 주님의 재림을 떠나서 하나님의 나라 및 오순절 사건을 논하는 것은 어불성설이다. 하나님 나라 운동의 중심에는 선교언약의 이행과 성취가 있다.

Chapter III

마치는 말

지난 수 세기 동안 인간 중심의 인본주의, 이성주의, 자유주의 및 포스트모던 다원주의 사상이 팽배해지면서 신학계에서도 갈수록 성경의 역사성이 부정되고 기독론이 심각히 훼손되어 왔으며, 최근에는 그리스도께서 피로 세운 새언약 교회를 해체하려는 움직임까지 노골화되고 있다. 종교 간 평화라는 명분으로 종교통합까지 기획되고 시도되고 있다. 또한, 지난 반세기 동안 세계 선교신학계에서는 선교 범주에서 복음전파와 교회개척을 배제하려는 조직적인 작업이 계속되어 왔다. 이처럼 개혁주의에 기반한 전통적인 기독론 및 교회론을 해체하려는 사악한 반동적 지적 운동은 사실상 언약의 그리스도를 부정하는 데서 기인한 것이다.

따라서 기독론과 교회론에 있어서 언약신학이 더욱 강조되어야 하며 성경적 언약사상에 대한 이해를 통해서 콘텍스트(context)의 과잉의 선교신학에서 벗어나 철저히 텍스트(text)에 기반한 기독론 중심의 종말론적 구속사가 강조되는 선교신학으로 복귀해야 한다.

이를 위하여 무엇보다도 성경의 통일성, 계시의 점진성과 역사성에 대한 이해가 정립되어야 하는데, 이는 성경에 나타난 언약 개념에 대한 올바른 이해를 통해서 비로소 공고해 질 수 있다. 지난 수백 년 동안 개혁주의 신학자들이 그토록 성경적 언약사상 정립에 매진한 이유가 여기에 있는 것이다. 또한, 스코틀랜드에서 발발한 신학의 정수논쟁(Marrow Controversy)에서 보듯이 교회에 대한 정치 사회적 도전이나 개혁주의 신학에 대한 사상적 및 신학적 도전이 있을 때마다 교회는 성경적 언약사상을 새롭게 정립하면서 신학적 및 신앙적 정통성과 순수성을 지켜왔던 것을 볼 수 있다. 역사적 교회는 언약신앙을 통해서 언약교회로 회귀할 수 있었던 것이다.

성경에 언약이라는 단어는 무려 300번 이상 나오고 있는데, 이는 하나님께서 인간과 맺은 특별한 관계에 대해서 언급하는 용어다. 언약은 하나님과 인간과의 독특한 관계를 설명해 주는 하나의 창문과 같은 역할을 하고 있다. 즉, 하나님이 사람을 어떻게 대하고 있고, 사람이 어떻게 행해야 하는가에 대한 것들이 언약관계를 통해 잘 나타나고 있기 때문에, 언약은 역사적 개혁주의가 다루어 온 핵심 주제 가운데 하나가 되어 왔다. 그러나 모든 개혁주의자가 다 언약신학자인 것은 아니었다.

개혁신학의 전체구조는 하나님의 신실하신 약속을 중심으로 인간과의 관계를 설정한다. 하나님을 배제한 채 인간 중심의 신앙 세계를 구축하려는 어떤 신학구조도 배격한다. 특히, 칼빈주의 신학자들은 성경의 교훈 속에서 하나님으로부터 인간에게 주어진 종합적이요 포괄적인 핵심구조를 강조하는데, 그것이 바로 언약신학이다.[543] 16세기와 17세기에 유럽에서 발전한 언약신학은 개혁주의가 최고조에 달했을 때에 이러한 신학 내용을 체계화하였다. 따라서 이후 개혁주의 신학을 이해하려면 반드시 언약신학을 거론하지 않을 수 없게 되었다.

언약신학은 성경을 해석하는 한 체계로서, 하나님과 사람 사이의 '언약'에 중점을 둔다. 언약신학은 처음에 독일 루터파 신학자들이 언약신학을 주장하기도 하였으나, 이후 차츰 인간중심의 신학을 형성하면서 빗나갔고, 하나님을 중심하여 신학을 구성한 개혁주의 신학자들만이 이를 고수하고 발전시켰다. 그리고 이는 청교도신학 속에 용해되어서 개혁주의의 핵심적인 신학으로 자리 잡았던 것이다.[544] 그리고 개혁신학에는 언약

---

543 김재성, 『개혁신학의 전통과 유산』, 2012, 391.
544 김재성, 앞의 책, 391-392.

중심의 신학사상 전통이 깊게 뿌리 내리게 되었다.

개혁주의 언약신학에 의하면, 하나님의 언약은 본질적으로 구속언약, 행위언약(창조언약), 은혜언약으로 구분된다. '구속언약'은 창세 전에 성부와 성자 사이의 언약이며, 하나님의 다양한 언약들을 선행하는 언약(The Covenant before covenants)으로서 '영원한 구속의 언약'이다. 하나님은 아담과 '행위언약'만 하신 것이 아니다. 인간의 타락 후에도 동물을 피 흘려 잡고 옷을 만들어 주시고 보살펴 주셨다. 이것은 피의 언약이며 '은혜언약' 이라는 것을 나타낸다. 또한, 인간타락 이후 즉시 하나님은 창세기 3:15에서 구속언약을 선포하심으로 구원을 약속하셨다. 구속언약은 그 속성상 은혜언약이다. 언약을 설명함에 있어서 이외에도 창조언약, 자연언약, 평화언약, 생명언약 등으로 설명할 수 있다.

언약은 또한 창조언약 또는 자연언약과 구속언약 또는 은혜언약으로 나누어 구분할 수 있다. 자연언약은 일반은총에 관한 것으로 재창조가 이루어진 노아언약에서 재설정 확정되며 그리스도의 재림까지 간다. 그리고 은혜언약은 특별은총에 관한 것으로 아브라함언약에서 구체화되고 영원한 언약으로 확증되며 그리스도의 초림에서 완성되지만, 피로 세운 새 언약에 기반하여 그리스도의 재림까지 간다. 따라서 특별은총과 관련된 구속언약 또는 은혜언약은 하나님의 구속사적 관점에서 보아야 한다. 따라서 언약은 종말론 지향적이다.

구속사적 관점에서 볼 때 성경에 나타난 언약은 하나님의 주권하에서 주시는 하나님의 선물이다. 은혜언약은 창세기 3:15 '여자의 후손'에 대한 구속언약에서 선포되었고, 이후 노아, 아브라함, 모세, 다윗 등을 거

쳐 그리스도의 십자가를 통한 언약의 완성 및 새언약에 따른 성령님의 선
교사역으로 이어진다.

칼빈을 비롯한 개혁주의 언약사상에는 언약의 조건성 개념이 내포
되어 있다. 언약 자체는 무조건적이다. 그러나 그것에 참여하는 자들의 위
치는 조건에 대한 그들의 순차적 효과적 순종에 달려있다.[545] 후크마는 은
혜언약은 하나님에 의해 깨질 수 없으나 인간에 의하여 깨질 수 있다고 주
장한다.[546] 후크마는 이것이 하나님 은혜의 우선성을 강조하는 칼빈의 신
학 방법이라고 믿는다. 언약은 그 기원이 편무적(monopleuric)이고 일방적
이다. 그것은 동시에 인간의 책임을 강조한다. 즉, 언약은 그 성취에 있어
서 쌍무적(dipleuric)이고 쌍방적인 것이다. 육체적 이스라엘이 선택받았음
에도 불구하고 버림을 받은 것은 '모든 민족'을 향한 아브라함언약 및 '세
계 가운데 제사장 나라'가 되리라고 하신 시내산 모세언약을 순종하지 않
았기 때문이다. 이스라엘 백성은 하나님의 선교를 위해서 선택된 민족이
다.[547] 선택의 목적이 봉사인데 이것이 실행되지 않을 때에 선택은 그 의미
를 상실했다.[548]

올레비아누스는 처음으로 선택받은 자에 대한 언약의 근본
(substance)과 교회에 대한 언약의 집행(administration)을 구분하고 새 언약
과 옛 언약을 대조하면서 은혜의 언약을 강조하였다. 언약은 은혜의 언약

---

545 Elton M. Eenigenburg, "The Place of the Covenant in Calvin's Thinking", *The Reformed* Review 10, 1957, 13.

546 Anthony A. Hoekema, "Calvin's Doctrine of the Covenant of Grace", *The Reformed Review* 15, 1962, 9.

547 Johannes Verkuyl, *Contemporary Missiology: An Introduction,* (Grand Rapids: Eerdmans, 1978), 46.

548 데이비드 보쉬, 『변화하고 있는 선교』, 2000, 45.

으로서 기본은 통일성이 있으나 방법과 집행의 내용에는 시대에 따라서 다르다는 것이다.[549]

언약의 집행과 이행에는 '보낸 이'와 '보내심을 받은 이' 개념이 강조된다. 성부 하나님은 '보내신 이'시고 성자 예수님은 '보내심을 받은 이'시다. '보내심을 받은 이'는 언약을 효과있게 집행한다. 구속언약에는 처음부터 선교적 함의가 내포되어있는 것이다. 따라서 언약은 '선교언약'이라는 용어로도 설명이 가능하다. 선교언약은 '보내심'과 '보내심을 받음', 즉 파송을 강조한 용어이다. 성부 하나님은 성자 하나님을 보내셨고, 성자 하나님은 성부 하나님께서 약속하신 성령 하나님을 보내셨다. 오순절에 강림하신 성령님은 또 주님으로부터 보내심을 받은 제자들과 함께하시어 선교사역을 수행해 가신다.

구속언약의 집행으로서 선교언약의 이행은 창세기 3:15에서 선포되었고, 구약시대 걸쳐 십자가의 그리스도의 사역은 물론이고 오순절 이후 주님의 재림까지 종말론적 구속의 역사와 관련된 새언약의 효과있는 성취로 이어진다. 따라서 언약은 하나님의 나라의 완성을 향한 종말론적 성격이 강하게 나타나며, 언약의 집행에는 종말론적 긴장이 계속된다. 오순절에 본격 시작된 성령님의 사역은 그리스도의 피로 새운 새언약을 주님이 재림하실 때까지 모든 민족(etnos, ethne)에게 적용하는 것이다. 이는 '땅끝'을 향해 전진하는 종말론적 선교사역으로 이행된다.[550]

---

549 Peter Golding, *op. cit.*, 28-29.
550 조나단 에드워드는 '선교의 진전'(advancement of Gospel among hidden peoples)이라는 용어를 사용하며 삼위 하나님의 선교주권을 강조하였다. 에드워드는 또한 '하나님의 나라의 진전(advancement of His Kingdom)'도 강조하였다.

따라서 성경 이해와 적용에 있어서 교리가 중심이 아니라 구속역사 그 자체의 사실이 중심이 되어야 한다. 그것은 구원의 서정(Ordo salutis)이 아니라 구속의 역사(Historia salutis)이다. 그러므로 종말론적 구속사와 하나님의 나라의 관점을 강화해야 하며 이는 필연적으로 우리로 역사운동의 중심으로써 삼위일체 하나님의 선교운동을 지향하게 한다.

선교는 새언약 교회에 주신 약속이고 위임 명령이지만 하나님의 나라를 전제로 한 것이다. 오순절 사건은 하나님의 나라가 권능으로 임한 사건이다. 하나님의 나라를 전제하지 않는 교회를 생각할 수 없는 것처럼 선교사역을 전제하지 않는 교회를 생각할 수 없다. 교회와 하나님의 나라는 선교사역을 통해서 역동적으로 연동된다. 교회는 하나님의 나라를 진전시키는 거룩한 도구이기 때문이다.

마태복음 24:14 및 마 28:18-20에서 교회의 절대적 사명으로서 이방 선교가 강하게 나타난다. 그것은 유대인을 포함하는 '모든 종족(ethne, ethos)'을 선교단위로 한 것이다. 누가복음에서는 예루살렘에서 시작한 회개의 복음이 지리적 확장을 통해서 땅끝 '모든 민족'에게 전파될 것을 말하고 있다. 선교는 부활하신 그리스도께서 아직도 미래를, 즉 모든 민족을 위하여 보편적인 미래를 가지고 있을 때만 이해될 수 있다. 이것은 특히 바울 선교신학에서 강조하는 것이다.[551]

요한복음에는 "보내시는 자"와 "보내심을 받은 자"의 '거룩한 동역'이 강조되어 나타난다. 성부 하나님은 보내시고 성자 예수님은 보냄을 받아 언약을 성취하셨다. 성자 하나님은 성령님을 보내시고 성령 하나님

---

551   Jurgen Moltmann, *Theology of Hope,* (New York: Harper & Row, 1967), 83.

은 모든 민족을 향해 땅끝까지 새언약을 효과있게 집행하신다. 누가복음 24:48에서 예수께서 "아버지께서 약속하신 성령을 내가 보내리니"라고 말씀하셨는데, 여기에는 성부 하나님, 성자 하나님, 성령 하나님의 삼위일체 동역을 잘 나타내고 있다. 마태복음 28:18-20에서는 "성부와 성자와 성령의 이름으로 세례를 주라"고 예수께서 명하셨다. 이것은 창세 이전부터 작정하신 "삼위일체 하나님의 선교"를 말하는 것이다. 그리고 오순절에 성부 하나님께서 약속하신 성령을 예수께서 보내셨고, 성령께서는 불과 바람으로 임하시어 여러 난곳 방언으로 증거하심으로 모든 민족을 향한 선교사역을 본격 추진하셨다. 이 모든 것은 궁극적으로 모든 민족에게 천국복음을 증거함으로써 하나님의 나라를 완성하기 위한 것이다. 그리고 하나님의 역사는 완성되고 예수님은 재림하시고 세상에는 종말이 온다. 이 모든 것은 하나님의 영광을 위한다. 따라서 궁극적으로 예수님은 성부께 영광을 돌리셨듯이 성령님도 예수님께 영광을 돌리신다.

한편, 성경은 역사적 관점에서 세 부분으로 나누어진다. 첫째는 창조부터 바벨탑 심판사건으로 이 시기는 '보편적 역사'(universal history)이다. 두 번째는 창세기 12장 아브라함이 부름 받은 때부터 사도행전 1장까지로 이것은 '특수한 역사'(particular history)이다. 세 번째는 오순절 성령 강림으로부터 시작하여 '보편적 역사'로 다시 되돌아간다. 복음 선포의 범위가 본질적으로 보편적이고 우주적이기 때문이다. 이 시기는 예수님의 재림으로 종말론적 완성이 이루어지는 새 하늘과 새 땅까지 계속된다.[552] 그리고 아브라함언약에서 본격 시작된 종말론적 구속사는 그리스도의 죽으심

---

552 아서 글라서, 『성경에 나타난 하나님의 선교』, 2006, 40-41.

과 부활, 승천 그리고 이어지는 오순절 성령강림 사건에서 절정을 이룬다.

싱클레이는 오순절 사건을 시편 2:6-8 "내게 구하라 내가 열방을 유업으로 주리니 네 소유가 땅끝까지 이르리로다" 라는 메시지의 메시아적 약속의 성취로 보았다.[553] 여기서 기독론적 관점이 강조되지만, 또한 동시에 열방을 향한 아브라함언약의 메시아적 성취가 강조된다. 오순절 성령 강림 사건은 십자가 죽으심과 부활 및 승천에 이어지는 메시아적 구속사적 사건이며 동시에 열방 모든 민족을 향한 성령의 사역이 권능으로 전개되는 새언약의 종말론적 이행의 보편적 역사의 시작이다. 영원한 언약의 집행으로서의 기독론적 구속사건과 종말론적 구속사의 완성으로서 오순절 이후 전개되는 모든 민족을 향한 성령의 구원사역은 결코 서로 분리되어 간주되어서는 안 된다. 선교에 있어서 우리는 성육신하시고 죽으시고 부활하시고 승천하신 그리스도께서 성령으로 우리와 함께 계시면서 우리를 '그의 승리의 행진의 포로들'로서(고후 2:14 NEB) 그의 미래 속으로 인도하시는 것을 선언한다.[554]

하나님의 나라에 대한 성경적 이해는 하나님의 구속경륜이 단순히 개인의 영혼을 구원하는 데만 있지 않음을 분명히 가르쳐 준다. 하나님의 나라는 역사 전체에 관련된 경륜인 것이다. 오히려 구속사는 하나님의 나라라는 유일의 목적과 목표를 가진 것이라고 말해야 한다. 따라서, 하나님의 나라는 메시아적 구속사 및 종말론적 구속사의 관점에서 보아야 한다. 하나님의 경륜 속에 주어진 하나님의 모든 약속은 재림 하나만 남기고 모두 성취되었기 때문이다. 오순절 이후 신약시대 역사 주제는 단 하나 예수

---

553   싱클레이, 『성령』, 1999, 99.
554   데이비드 보쉬, 앞의 책, 761.

님의 재림이다.[555] 토렌스(T. F. Torrance)는 칼빈의 신학에는 하나님의 나라는 그리스도 안에서 완전히 실현된 것이어서 그것의 영광중에서의 그리스도의 최종적인 나타남, 즉 미래의 파루시아(parousia, 재림)를 제외하고는 남은 것이라고는 없다고 했다.[556] 따라서 역사는 주님의 재림을 향해 전진하는 종말론적 구속사인 것이다. 오순절 이후 종말론적 구속사는 모든 민족을 향한 선교가 중심을 이루고 있다. 마태복음 24:14 말씀대로 모든 민족에 천국복음이 증거되면 예수님이 재림하시고 새언약의 집행은 완결된다.

오순절 성령이 임하심으로 새로운 교회가 시작되면서 모든 민족을 향한 하나님 나라 운동, 역사운동이 본격 가동되기 시작하였다. 이것은 모든 민족을 향해 성령께서 주도하시는 선교운동이다. 성령의 시대는 교회의 시대이다. 성령께서는 교회를 통해서 선교를 이루시며 주님의 재림을 예비하신다. 따라서 보이는 지상교회는 본질적으로 선교적이어야 한다.[557]교회는 천국복음을 모든 민족에 전파해야 하는 사명을 가지고 있다. 천국복음이 하나님 나라 운동, 선교운동의 핵심 동력이기 때문이다. 기독교는 본질상 선교적인 신앙이다. 그렇게 못할 때 기독교는 자신의 존재의 이유(raison d'etre)를 부인하는 것이다.[558] 교회는 복음의 보편적 선포를 통해서가 아니라 교회가 선포하는 천국복음의 보편성을 통해서 선교적 존재가 되기 시작한다.[559] 선교의 정당성과 기초는 구원의 보편성과 그리스도

555 조지 래드, 『개혁주의 종말론 강의』, 2000, 135.
556 조지 래드, 앞의 책, 173; T. F. Torrance, "The Eschatology of the Reformation," *Scottish Journal of Theology, Occasional Papers,* No. 2, (Edinburgh: Oliver and Boyd, 1951), 57.
557 데이비드 보쉬, 앞의 책, 35. 참조, J. C. Hoekendijk, *Kirche und Volk in der deutschen Missionswissenschaft,* (Munich, Chr. Kaiser Verlag, 1969), 309.
558 데이비드 보쉬, 앞의 책, 34.
559 William M. Frazier, "Where Mission Begins: A Foundational Probe," *Maryknoll Formation Journal(summer),* (13-52), 1987, 13.

통치의 보편성에 있는 것이다.[560]

　올레비아누스(Olevianus)는 "교회는 언약을 적용시키는 자들의 모임"이라고 했다.[561] 게할더스 보스(G. Vos)는 말씀을 증거하는 것은 선택받은 자에 대한 언약된 구원을 이루기 위한 언약강령(covenant ordinance)이며 말씀 증거에 의해 언약기관(covenant institution)인 교회가 세워진다고 하였다. 그는 말씀 증거를 교회개척과 교회성숙을 위하여 하나님이 제정하신 거룩한 수단으로 보았다.[562] 언약교회는 복음을 전파하는 선교적 공동체(missional church)가 되어야 한다.[563] 모든 그리스도인은 하나님께로부터 보냄을 받은 사람들이다. 모든 그리스도인은 왕 같은 제사장이며 선교사이다. 이것이 신약성경이 말하는 '교회답게 되는 것'이다.[564] 청교도들은 교회를 교회의 머리께서 법과 정부와 관리들을 규정하신 거룩한 기관이며, 그리스도께서 '바다에서부터 바다까지와 강에서부터 땅끝까지 다스리리니'(시 72:8)라는 약속을 역사 속에 온전히 실현시키기 위하여 주신 축복으로 보았다.

　데이비드 반두르넨(David VanDrunen)은 이 세상에서 하나님의 나라와

560　데이비드 보쉬, 앞의 책, 36. 참조 Manfred Linz, *Anwalt der Welt: Zur Theologie der Missionn,* (Stuttgart: Kreuz-verlag, 1964), 206.

561　김재성, "하이델베르그 요리문답과 언약사상,"『국제신학』, 2014, 189.

562　J. G. Vos, *Studies in the Covenant of Grace,* 1998, 56-57.

563　최근에 '선교적 교회(missional church)'가 많이 회자된다. 그러나 '선교적 교회'를 말하면서 모든 민족에게 복음을 증거하는 종말론적 사역을 사실상 배제시키고 지역사회 봉사만을 강조하는 것은 WCC 호켄다이크의 삼위일체 하나님의 선교(Missio Dei)에 전략적 대응으로서 존 스토트의 '온전한 복음', 그리고 종속으로서 '검증된 복음' 이후 더 나가서 비겁한 굴복으로서 '선교적 교회'로 평가되며 이는 복음주의 진영의 심각한 패배라 할 수 있다. 이처럼 일부 복음주의 진영의 WCC 호켄다이크 진영에 대한 굴복으로서의 '선교적 교회'는 마태복음 24:14, 28:18-20 및 사도행전 1:8에 나타난 종말론적 선교로서 예수님의 지상대명령을 사실상 배척한 것이며 삼위일체 하나님의 종말론적 구속사를 이탈한 것이다.

564　이승구, 『교회란 무엇인가?』, 2010, 352.

동일시 될 수 있는 유일한 단체 또는 공동체는 교회라고 주장한다.[565] 교회는 하나님께서 하나님의 나라를 전진시키기 위해서 정하신 수단이다.[566] 하나님의 나라는 교회보다 상위개념이다. 그러나 교회는 그 존재의 근거를 하나님의 나라에 두며 하나님 나라를 위해 존재한다. 그래서 교회는 하나님 나라와 연동한다. 하나님의 나라와 교회는 분리되어 생각할 수 없는 것이다. 따라서 하나님의 나라를 말하면서 교회를 언급하지 않는 것은 심각한 오류이다. 또한, 하나님의 나라는 완성을 향해 전진한다. 교회는 목적이면서 또한 하나님의 나라를 위한 거룩한 도구이다. 따라서 교회는 하나님의 나라에 헌신해야 한다. 교회없이 하나님의 나라는 전진하지 않기 때문이다. 따라서 선교사역의 중심에는 예수이름으로 구원을 얻게 하는 회개의 복음증거를 통한 교회개척이 있어야 하는 것이다.

WCC 1980년도 리포트에는 "하나님의 통치의 선언은 하나님에 대한 죄로 오염된 세상에서 악마적이 된 그 권력과 구조들을 도전하는 새로운 질서(new order)의 선언이다"라고 했다.[567] 콘스탄틴 이후 그리고 교회가 부자가 되고 더 많은 특권을 누리게 되면서 가난한 자들은 점점 소홀해지고 천한 대우를 받았다. 그러나 수도원 운동의 진영에서는 이 점에서의 그리스도인의 피할 수 없는 책임을 계속 강조하였다.[568] 주님도 가난한 자들을 우선적으로 배려하였다. 그러나 하나님의 나라는 사회정의나 경제정

---

565 데이비드 반두르넨, 앞의 책, 133.

566 이안 머리, 앞의 책, 139

567 World Council of Churches, *Your Kingdom Come: Report on the World Conference on Mission and Evangelism,* (Melbourne, Australia, Geneva: World Council of Churches, 1980), 210.

568 Julio De Santa Ana, *Good News to the Poor: The Challenge of the Poor in the History of the Church,* (Geneva: World Council of Churches, 1977), 67-71.

의를 통해서 궁극적으로 이 땅에 정치적, 경제적 및 도덕적 새로운 세계 질서(New World Order)를 구축하는 것이 아니다. 하나님의 나라는 그의 원수들을 멸하시는 그리스도 안에서의 하나님의 통치를 의미한다. 고린도전서 1:26에서는 "맨 나중에 멸망받을 원수는 사망이니라"고 했다. 궁극적으로 사망을 이기고 영생을 얻는 것이 없는, 그런 하나님의 나라를 말하는 것은 위험한 발상이다. 사도 바울은 사도행전 26: 17-18에서 "이스라엘과 이방인들에게서 내가 너를 구원하여 그들에게 보내어 그 눈을 뜨게 하여 어둠에서 빛으로 사탄의 권세에서 하나님께 돌아오게 하고 나를 믿어 거룩하게 된 무리 가운데서 기업을 얻게 하리라 하더이다"라고 증언했다. 선교는 어둠에서 빛으로 사탄의 권세에서 하나님께 돌아오게 하는 사역이다. 디모데후서 1:10에서는 "저는 사망을 폐하시고 복음으로써 생명과 썩지 아니할 것을 드러내신지라" 고 했다. 예수 그리스도와 복음이 생명과 썩지 아니할 영원한 것을 드러내는 능력이며 저주와 죽음을 이기는 능력이다. 예수의 이름과 죄사함을 얻게 하는 회개의 복음이 없이 하나님의 나라와 통치를 말할 수 없다.

하나님의 나라는 일반은총에 속한 것이 아니라 특별은총에 속한 것이다. 물과 성령으로 거듭나지 않으면 하나님의 나라를 볼 수가 없다(요 3:5). 예수님은 "회개하라 천국이 가까이 왔다"(마 4:17)고 선포하셨다. 하나님의 나라는 "예수 이름으로 죄사함을 받게 하는 회개가 모든 민족에게 전파되는 것"(눅 24:47)과 직접적으로 관련되어 있다. 선교사역은 죄사함을 얻게 하는 사역이 되어야 한다. 예수께서 제자들을 보내시면서, "누구의 죄든지 사하면 사하여질 것이요 그대로 두면 그대로 있으리라" 고 말씀하셨다. 이는 선교의 목적이 단순히 사회봉사를 넘어서 죄의 문제를 해결함으로 영생을 얻게 하는 사역임을 분명히 하고 있는 것이다.

칼빈은 죄 사함은 우리에게 교회와 하나님 나라 안으로 들어가는 첫 관문이다. 그것 없이는 우리에게 하나님과의 언약이나 결속은 없다고 했다.[569] 사도행전에서 선교적 증거가 지향했던 목표는 처음부터 세례였다. 회개와 구원의 공동체, 즉 교회로의 입회는 세례를 통해서 완수되었다. 구약시대 할례가 구약공동체 구성원의 증표가 되었던 것처럼 세례는 '죄로부터 회개'와 구원받은 그리스도인이 신약 교회공동체 구성원이 되는 증표이다. 각 개인의 죄의 회개와 구원 그리고 세례를 통한 교회공동체 설립이 없는 선교는 사도행전의 베드로와 바울 사역의 기조를 벗어난 것이다(행 2:38, 41; 8:12f, 36, 38; 9:18 등). 예수님의 선교명령에도 말씀을 전파하고 가르치는 것과 더불어 "아버지와 아들과 성령의 이름으로 세례를 주라"고 명시되어 있다(마 28:18-20).

하나님의 나라와 통치에 대하여 통시적으로 접근할 때에는 항상 기독론적 관점을 견지해야 한다. 구약시대 율법의 행위는 피의 제사를 통해서만 온전케 되었다. 신약시대 새언약은 예수님의 피 위에 세워졌다. 인류와 역사의 문제 중심에는 죄가 있기 때문이다. 메시아 개념은 죄의 문제와 직결된다. 예수님이 누구이신가에 대해 혼란스러워하던 당시 세례요한은 "세상 죄를 지고 가는 어린양이다"(요 1:29)라고 예수님의 정체성과 사명을 분명히 적시했다. 새언약은 메시아적 개념(Messianic conception)으로 이해해야 한다. 그렇지 않으면 하나님의 나라를 도덕적, 정치적, 윤리적으로 잘못 이해하고 적용할 수 있다.

---

569 피터 릴백, 『칼빈의 언약사상』, 2009, 205; John Calvin, Institutes, IV. .i. 20. 참조, *Calvini Opera*, II. 762.

하나님의 나라는 마태복음 24:14 말씀처럼 천국복음이 모든 민족에게 증거되고 주님이 재림하심으로 완성된다. 이것이 하나님의 나라의 사역이다.[570] 옛언약은 오실 그리스도를 말하고 있으며 새언약은 다시 오실 그리스도를 말하고 있다. 따라서 천국복음의 증거와 주님의 재림으로 이어지는 종말론적 구속사의 집행과 완성을 떠나서 하나님의 나라를 논하는 것은 어불성설이다.

한편, 최근에 선교신학자들이 이구동성으로 삼위일체 하나님의 선교를 자주 강조한다. 이는 조직신학적으로나 선교학적으로 매우 중요한 것이다. 그러나 복음주의 신학자들이 삼위일체 하나님의 선교를 말하면서 '교회'를 별로 언급하지 않는 것은 잘못이다. 삼위일체 하나님의 선교를 논하면서 갈수록 교회는 배제되고 사회봉사가 주요 과제가 되고 있는 것은 심각한 문제가 아닐 수 없다. 삼위일체 하나님의 선교에서는 사실상 교회가 주요 행위자가 아니며 교회개척이 주요 과제에서 배제된다. 교회는 하나님의 나라가 아니다. 교회는 하나님의 통치를 독점하지 않는다. 하나님의 나라는 결코 교회 안에서 충만하게 현존하지는 않을 것이다. 그러나 인류공동체의 갱신이 시작되는 곳은 교회 안에서 이다.[571] 존 오웬(John Owen)은 그리스도와 교회는 육친적 관계, 신령한 도덕적 또는 신비적 관계 그리고 상호 언약으로 맺어진 연대관계 등 삼중적 관계에 있다고 했다.[572] 그리스도와 교회는 결코 분리될 수 없다. 그리스도와 그리스도의 사역을 말하면서 교회를 말하지 않는 것은 사실상 그리스도를 부정하는 것이

---

570 조지 래드, 앞의 책, 358.
571 Jan Milic Lochman, "Church and World in the Light of the Kingdom," *Church-Kingdom-World: The Church as Mystery and Prophetic Sign*, 1986, 70.
572 존 오웬, 『그리스도의 영광』, 2011, 204

다. 예수님은 교회를 사랑하시고 교회를 위해 죽으셨다(엡 5:25-27).

또한 삼위일체 하나님의 선교를 말하면서 '예수 이름'과 '죄'의 회개를 강조하지 않는 것 역시 문제이다. 선교는 언약신학 및 기독론이 중심이 되어야 한다. 따라서 선교 메시지 중심은 구속언약 및 은혜언약에 따른 예수 그리스도의 구속이 되어야 하며 그 내용에는 죄의 문제와 회개가 반드시 있어야 한다. 삼위일체 선교를 말하면서 "예수 이름으로" 죄 사함을 받게 하는 회개를 말하지 않는 것은 삼위일체 하나님을 강조하는 방법으로 예수 이름을 거세하려는 의도라는 의심을 받을 수 있다. 유대교에는 하나님의 이름은 거론하지만 예수 이름은 없다. 이슬람교에서는 하나님과 성령을 말하지만 죄사함을 받게 하는 예수는 없다. 삼위일체 선교를 말하면서 예수의 구속사건과 예수 이름을 말하지 않는 것은 삼위일체 하나님을 내세워 유대교, 이슬람교, 기독교 등 세계 3대 종교를 통합하려 한다는 의심도 받을 수 있다. 아브라함언약이 성취된 교회 공동체는 눈에 보이는 성례적 표징인 세례를 통해서 구별된다(갈 3:27). 유대교와 이슬람교에는 아브라함언약의 구속적 성취의 표징인 세례가 없다.

종말론적 선교를 집행해 가시는 성령님도 자신을 드러내지 않으시고 철저하게 성자 하나님 예수의 이름을 높이신다. 선교의 메시지의 중심에는 예수 그리스도가 있어야 한다. 사도행전의 메시지는 분명했다. 사도 바울은 하나님의 나라와 예수 그리스도를 "담대하게 거침없이" 증거하고 가르쳤다(행 28:30-31). 하나님의 나라를 말하면서 예수 그리스도를 말하지 않는 것이나 삼위일체 하나님의 선교를 말하면서 예수 그리스도를 배제하려고 하는 것은 사도들의 선교사역 기조에서 완전히 이탈한 것이다.

한편, 언약사상이 하나님의 주권을 강조함으로 복음전파 및 선교를 약화시킨다는 오해가 있다. 그러나 그렇지 않다. 하나님의 주권에 대한 믿음이 오히려 선교를 지속적으로 잘 하도록 견인한다. 성경에서 하나님의 주권과 인간의 책임은 모두 다 신성한 권리를 지닌다. 따라서 둘을 대립적으로 볼 것이 아니라 하나로 결합해야 한다. 인간은 하나님의 통제를 받지만 스스로 책임있는 도덕적 존재이다. 하나님의 주권도 현실이고 인간의 책임도 현실이다. 따라서 둘을 조화시키는 일은 그야말로 신비 그 자체이다. 실상은 이율배반적으로 보이는 이 둘은 우리가 이해할 수 없는 방법으로 서로를 보완한다. 성경은 우리에게 둘의 평화로운 공존을 인정하는 방법으로 대할 것을 가르친다.[573] 구원을 선포하는 것이 우리의 책임이다. 그러나 구원을 베푸시는 분이 하나님이심을 망각해서는 안 된다.

교회의 지상과제는 이미 완성된 그리스도의 구속언약에 기반하여 새 언약의 이행으로서 선교사역을 수행하는 것이다. 선교의 목적은 종말에 있다.[574] 천국복음이 모든 민족에 증언될 때 종말론적 구속사는 마감되며 하나님의 나라는 완성되고 주님은 다시 오실 것이다. 그리고 하늘에 있는 것이나 땅에 있는 것이나 모든 것이 하나님을 경배하며 그분 앞에 무릎 꿇게 될 것이다.

성경 계시 전체는 하나의 학문이 아니라 언약이다.[575] 또한 계시를 인간에 대한 하나의 '교육'으로 논하는 것은 이성주의적인 것으로 아주 비성경적인 논법이다.[576] 그리고 언약은 집행되는 것이며 집행되어야 한다. 언

573 제임스 패커, 『복음전도란 무엇인가』, 2012, 31-35.
574 이현모, 『현대선교의 이해』, 2003, 72; 조지 래드, 앞의 책, 356-357.
575 마이클 호튼, 『언약과 종말론: 하나님의 드라마』, 2002, 18.
576 게할더스 보스, 『성경신학』 2005, 19.

약적 인신론은 하나님의 존재나 설명이 아니라 하나님이 무엇을 하시는 가에 초점을 두는 것이다. 하나님은 말씀하시고 행동하시는 분이시기 때문이다. 교회는 오로지 신뢰와 하나님께의 복종을 요구하는 언약적 인식론을 회복해야 한다. 그것은 단지 동의나 불신의 문제가 아니라 복종이나 자율성의 문제이다.[577]

　　신약시대는 하나님의 나라와 예수 그리스도의 복음을 선포하는 시대이지 중세시대처럼 제도적 교회를 종교 권력화하는 시대가 아니다. 주께서 하나님의 나라가 임하기를 기도하라고 가르쳐 주셨고, 성경은 주 예수의 속히 오심을 간구하는 기도로 끝난다. 그리스도인들의 최우선적 기도와 간구는 "하나님의 나라가 임하옵시며!"이고,[578] "주 예수여 속히 오시옵소서!"가 되어야 한다. 교회가 교인을 예배당에 가두어 두고 '교육'하는 것에만 온 힘을 다하며, 종종 설교자들은 언약을 지키는 자(covenant keeper)만 강조하는 설교를 한다. 그러나 성경은 우리에게 언약을 깨는 자(covenant breaker)에게 나가서 모든 민족으로 복음을 전파해야 한다고 촉구하고 있다. 언약을 강조하면서 선교는 하지 않는 것은 성숙한 개혁주의자의 태도는 아닐 것이다.

　　모든 민족을 향한 선교는 성부 하나님께서 아브라함과 약속하신 '영원한 언약'에 따른 성령의 사역이요 종말론적 사역이다. 언약은 수천 세대에 이르기까지 모든 세대를 하나님의 백성으로 연합한다. 이 통시적인 연합은 그들의 대표적인 머리되시는 그리스도에게 백성들을 연합하는 성령

577　마이클 호튼, 앞의 책, 2003, 221.
578　조나단 에드워드는 이것을 구속사적으로 해석하면서 '선교기도'라고 했다. 그는 주기도문을 선교적 관점에서 해석한 것이다.

의 종말론적 사역에 의해 확립된 것이다.[579]

아담은 하나님의 말씀을 버리고 다른 지식을 택함으로 행위언약을 어겼다. 하나님을 아는 지식이 온 땅에 충만해지는 것이 하나님의 영광이다(사 11:9). 그것은 성경 말씀을 전파하고 가르치며 지키게 하는 선교를 통해서 가능하다. 주님은 피로 세운 새언약 위에 지상명령을 주셨다. 모든 민족을 향한 선교명령이 유언처럼 주어진 것이다. 새언약과 주님의 지상명령은 결코 분리될 수 없다. 선교언약이 모든 민족 가운데 이행될 때 아브라함언약으로 시작된 종말론적 구속사는 완성되며 우리 주님은 재림하실 것이다. 그리고 마침내 영원한 하나님의 나라는 완성되며 하나님께서는 영광을 받으실 것이다. 아멘! 주 예수여, 속히 오시옵소서!

---

579 마이클 호튼, 앞의 책, 22.

참고문헌

『**국내서적**』

김재성. 『칼빈과 개혁신학의 기초』 합동신학대학원출판부, 1997.

―――――・ 『개혁주의 성령론』 CLC, 2012.

―――――・ 『개혁신학의 전통과 유산』 킹덤북스, 2012.

―――――・ 『Happy Birthday 칼빈』 킹덤북스, 2012.

―――――・ 『나의 심장을 드리나이다』 킹덤북스, 2012.

―――――・ 『교회를 허무는 두 대적』 킹덤북스, 2013.

―――――・ "하이델베르그 요리문답과 언약사상," 『국제신학』
국제신학대학원대학교, 2013.

―――――・ "하이델베르크 요리문답과 웨스트민스터 신앙고백의
언약 사상," 한국개혁신학』 40권, 한국개혁신학회,
2013.

──────. 『기독교 구원론의 구조와 핵심진리: 구원의 길』

  킹덤북스, 2014.

김홍만. "교회개혁과 부흥으로서의 초기독일경건주의," 『국제신학』,

  2010.

──────. "하이델베르크 교리문답과 웨스트민스터 소요리문답의

  비교: 회심과 성화 용어를 중심으로," 『한국개혁신학』

  40권, 2013.

──────. "웨스트민스터신앙고백서 7장의 행위언약과 은혜언약의

  구분," 『언약과 교회』, 킹덤북스, 2014, 812-830.

박용규. 『초대교회사』 총신대학출판부, 1994.

서요한. 『언약사상사』 기독교문서선교회, 1994.

원종천. 『청교도언약사상: 개혁운동의 힘』 대한기독교서회, 1998.

이승구. 『개혁신학 탐구』 하나, 1999.

──────. 『교회란 무엇인가?』 나눔과 섬김, 2010.

──────. 『톰라이트에 대한 개혁신학적 반응』 합신대학원출판부,

  2013.

이현모. 『현대선교의 이해』 침례신학대학교출판부, 2003.

주재용. 『역사와 신학적 증언』 기독교출판사, 1991

최한우. "하나님의 선교," 『개척정보』 1992, 1-2.

─────·『전문인선교 세계선교운동』 펴내기, 2011.

한철하. 『고대기독교사상』 기독교서회, 1978.

『번역서적』

개핀, 리차드. 『구원이란 무엇인가: 바울과 구원의 서정』 유태화
　　　　옮김, 크리스찬출판사, 2007.

곤잘레스, 후스토. 『기독교사상사』 (I), 대한예수교장로회출판국,
　　　　1990.

글라서, 아서. 『성경에 나타난 하나님의 선교』 임윤택 역, 생명의
　　　　말씀사, 2006.

니이브, J. L. 『기독교교리사』, 서남동 역, 대한기독교서회, 1974.

덤브렐, J. 윌리엄. 『언약신학과 종말론』 장세훈 역, CLC, 2000.

래드, 조지. 『개혁주의 종말론 강의: 마지막에 될 일들』 이승구 역,
　　　　이레서원, 2000.

─────·"하나님 나라의 복음," 『하나님의 나라 제대로 알고
　　　　믿는가?』 신성수 옮김, 개혁주의신행협회, 2007.
　　　　133-358.

레담, 로버트. 『예수님과의 연합』 윤성현 옮김, R&R, 2014.

로버슨, 팔머. 『계약신학과 그리스도』 김의원 역, 개혁주의신학사, 2000.

리델보스, 헤르만. "공관복음에 나타난 하나님의 나라," 『구속사와 하나님의 나라』 오광만 편역, 풍만출판사, 1986. 62-80.

릴백, A. 피터. 『칼빈의 언약사상』 원종천 역, CLC, 2012.

머리, 이안. 『청교도의 소망』 장호익 역, 부흥과 개혁사, 2011.

메이트라, J. 프랭크. 『마가복음 신학』 류호영 역, CLC, 1995.

바빙크, 헤르만. 『개혁교의학개요』 원광연 옮김, 크리스챤다이제스트, 2004.

반드루넨, 데이비드. 『하나님의 두 나라 국민으로 살아가기』 윤석민 옮김, 부흥과개혁사, 2012.

방델, 프랑수아. 『칼빈: 그의 신학사상의 근원과 발전』 김재성 옮김, 크리스챤 다이제스트, 1999.

버스웰, 올리버. 『조직신학』 1권 권문상. 박찬호 옮김, 웨스트민스터 출판부, 2005.

보쉬, J. 데이비드. 『변화하고 있는 선교』 김병길, 장훈태 역, CLC, 2000.

보스, 게할더스. 『성경신학』 원광연 역, 크리스챤다이제스트, 2005.

브라운, E. 레이먼드. 『요한공동체의 역사와 신학』 최홍진 역,
　　　　성광문화사, 1994.

슈투플러, 에르네스트. 『경건주의 초기역사』 송인설 · 이훈영 옮김,
　　　　솔로몬, 1993.

슈패너, 필립. 『경건한 열망』 모수환 역, 크리스챤다이제스트, 1992.

스몰리, S. 스티븐. 『요한신학』 김경신 역, 생명의 샘, 2002.

스미스, 무디, 『요한복음 신학』 최홍진 역, 한들출판사, 2001.

아이히로트, 발터. 『구약성서신학』 (I) 박문재 옮김,
　　　　크리스챤다이제스트, 1994.

에드워드, 조나단. 『조나단 에드워드 전집 제3권 구속사』 존 스미스
　　　　편집, 김귀탁 옮김, 부흥과개혁사, 2007.

오웬, 존. 『개혁주의 성령론』 이근수 옮김, 여수룬, 1988.

──────·『하나님의 나라와 교회: 은혜와 영광』 원광연 역,
　　　　크리스챤다이제스트, 1998.

──────·『그리스도의 영광』 서문강 역, 지평서원, 2011.

와그너, 피터. 『기독교 선교전략』 전호진 역, 생명의 말씀사, 1981.

우르시누스, 자카리아스. 『하이델베르크 요리문답 해설』 ,
　　　　크리스챤다이제스트, 2006.

타이센, 게르트. 『복음서의 교회정치학』 류호선 역, 대한기독교서회,
　　　　2002.

패커, 제임스. 『복음전도란 무엇인가』 조계광 역, 생명의 말씀사, 2012.

퍼거슨, 싱클레어. 『성령』 김재성 역, IVP, 1999.

호튼, S. 마이클. 『언약과 종말론: 하나님의 드라마』 김길성 역, 크리스챤출판사, 2003.

후크마, 앤서니. 『개혁주의 종말론』 이용중 역, 부흥과 개혁사, 2012.

『외국서적』

Ball, John. *A Treatise of the Covenant of Grace,* London: Miller, 1645.

Barrett, Michael. "The Outpouring of the Spirit Anticipated, Attained, Available," The Beauty and Glory of the Holy Spirit, Grand Rapids: Reformation Heritage Books, 2012.

Barth, Karl. *Church Dogmatics.* Trans. G. W. Bromiley. Edinburgh: T. & T. Clark.1974.

Bavinck, H. John. *An Introduction to the Science of Missions,* Phillipsburg : Presbyterian and Reformed Pubilshing Co., 1979.

Berkhof, Louis. *Systematic Theology,* Grand Rapids: Eerdmans,

1941.

Beyerhaus, Peter. "Forword", *The Battle for World Evangelization,*
Wheaton: Tyndale,1978.

Bierma, Dean Lyle. The Covenant Theology of Caspar Olevian.
(P.h.D. Dissetation), Duke University, 1980.

────── · "Federal Theology in the Sixteenth Century: Two
Traditions?" *Westminster Theological Journal* 45, 1983.

────── · German Calvinism in the Confessional Age: The
Covenant Theology of Caspar Olevianus, Grand
Rapids: Baker, 1996.

Blauw, Johannes. *The Missionary Nature of the Church,* New York:
McGraw-Hill,1962.

Boice, Montgomery James. *Genesis,* 3 vols, Grand Rapids:
Zondervan, 2006.

Bosch, J. David. *Transforming Mission,* Maryknoll: Orbis, 1991.

Bright, John. *Covenant and Promise: The Prophetic*
Understanding of the Future in Pre-exilic Israel,
Philadelphia: Westminster, 1976.

────── · *The Kingdom of God,* Nasville: Abingdon, 1953.

Bultmann, Rudolf. *Kerygma and Myth: A Theological Debate,*
ed., Hans Werner Bartsch, trans. Reginald H. Fuller,
London: SPCK, 1953.

────── · *Theology of the New Testament,* 2 Vols. Translated by

Kendrick Grobel, London: SCM, 1970.

Calvin, John. *Institutes of the Christian Religion,* trans. Battles, Westminster Press, 1967.

Carson, D.A. *The Gospel According to John,* Grand Rapids: Wm. B. Eerdmans Publishing Co., 1991.

Clark, K. W. *The Gentile Bias and Other Essays,* Leiden: Brill (The first easy in the volume was originally published in 1947), 1980.

Clements, E. Ronald. *Abraham and David: Genesis 15 and its Meaning for Israelite Tradition,* Naperville, III, 1967.

Dillon, R. I. "Easter Revealation and Mission Program in Luke 24: 46-48," *Sin, Salvation and Spirit,* D. Durken ed., Collegeville: The Liturgical Press, 1979.

Dunn, D. G. James. *Chistology in the Making: A New Testament Inquiry Into the Origins of the Doctrine of the Incarnation,* Grand Rapids: Eerdmans, 1980.

Edward, Fisher. *The Marrow of Modern Divinity, with notes by Thomas Boston,* Philadelphia: Presbyterian Board of Pub., n.d

Eenigenburg, M. Elton. "The Place of the Covenant in Calvin's Thinking," *The Reformed Review* 10, 1957.

Eichrodt, Walter. *Theology of the Old Testament,* Tans., J. A. Baker, Vol. I., OTL. Philadelphia: Westminster, 1961.

Ernest, G. Wright. ed., *The Old Testament and Theology*,
New York: Harper & Row, 1969.

Eusebius. "The Evangelists that were still Eminent at that Time",
The Church History of Eusebius, vol. 1, A Select
Library of Nicene and Post-Nicene Fathers of the
Christian Church, Arthur Cushman Mcgiffert,
trans, & ed. , Grand Rapids: Eedmans, 1952.

Fesko, J. V. Justification: *Understanding the Classic Reformed
Doctrine,* Phillipsburg, NJ: P&R, 2008.

Frazier, M. William. "Where Mission Begins: A Foundational
Probe," *Maryknoll Formation Journal* (summer),
13-52, 1987.

Fredman, Noel David. "Divine commitment and Human
Obligation," *Interpretation: A Journal Bible and
Theology,* 18, 1964.

Gaventa, Roberts Beverly. "You will be my Witness: Aspects of
Mission in the Acts of the Apostles," *Missiology,*
Vol. 10, (413-425), 1982.

Gleaves L. Richard. "John Knox and the Covenant Tradition,"
Journal of Ecclesiatical History, vol. 24, no. 1,
January, 1973.

Golding, Peter. Covenant Theology: *The Key of Teology
in Reformed Thought and Tradition,* Scotland:

Christian Focus Publications, 2004.

Goodall, Norman. ed., *Official Report of the Fourth Assembly of the World Council of Churches,* Uppsala, July 4-20, 1968, Geneva: WCC, 1968.

Hagan, Kenneth, "From Testament to Covenant in the Early Sixteenth Century," *Sixteenth Century Journal* 3, 1972.

Hansen, A.T. *Grace and Truth: A Study in the doctrine of the Incarnation,* London, 1975.

Helm, Paul. "Calvin and the Covenant: Unity and Continuity," *Evangelical Quarterly* 55/2, 1983.

_____. *Calvin and the Calvinists,* Edinburgh: Banner of Truth, 1982.

Hoddge, A. A. *The Confession of Faith, Carlie,* PA: Banner of Truth, 1958.

Hoekendijk, J. C. "The Church in Missionary Thinking", *International Review of Mission,* Vol. 41. No. 163, 1952, 324-336.

_____. *Kirche und Volk in der deutschen Missionswissenschaft,* Munich, Chr. Kaiser Verlag, 1969.

Hoekma, A. Anthony. "Calvin's Doctrine of the Covenant of Grace", *The Reformed Review* 15, 1962.

Hogg, Richey William. *Ecumenical Foundations,* New York:

Harper &Brothers, 1952

Hooper, John. *A Declaration of the Ten Commandments,* Early
Writings, Vol. I. ed. By Samuel Carr, 1842-1843.

Horton, S. Michael. *Covenant and Eschatology: The Divine
Drama,* Louisville: Westminster John Konx, 2002.

─────· Lord and Servant: *A Covenant Christology,*
Louisville: Westminster John Konx, 2005.

─────· *Covenant and Salvation: Union with Christ,*
Louisville: Westminster John Konx, 2007.

IMC, "Vol. 8. Addresses on General Subjects", *The Jerusalem
Meeting of the International Missionary Council,
March 24-April 8, 1928,* London: IMC, 1928, 16.

Jones, E. Stanley. *Is the Kingdom of God Realism?* New York/
Nashiville: Abingdon Cokesbury, 1940.

Karlberg, W. Mark. *The Mosaic Covenant and the Concept of
Works in Reformed Hermeneutics:
A Historical-Critical Analysis with Particulars
Attention to Early Covenant Eschatology,*
(Th.D. dissertation), Westminster Theological
Seminary, Philadelphia, 1980.

─────· "Moses and Christ: The Place of Law in Seventeenth-
Century Puritanism," *Covenant Theology in
Reformed Perspective,* Wipf and Stock Publishers:

West Broadway, 2000.

_____ · *Covenant Theology in Reformed Perspective,* Wipf and Stock Publishers: West Broadway, 2000.

Kasting, Heinrich. *Die Anfänge der urchristlichen Mission,* Munrich: Chr. Kaiser Verlag, 1969.

Kee Clark Howard. *Community of the New Age: Studies in Mark's Gospel,* Philadelphia: Westminster, 1977.

Kelber, H. Werner. *Mark's story of Mark,* Philadelphia: Fortress, 1979.

_____ · *The Kingdom of Mark: A New Place and a New Time,* Philadelphia: Fortress, 1974.

Kendall, R. T. *Calvin and English Calvinism to 1649,* Oxford University Press, 1981.

Kidner, Derek. Psalm 1-72: *An Introduction and Commentary on Books I and II of the Psalms,* London: InterVarsity Press, 1973.

Kline, G. Meredith. *Treaty of the Great King: The Covenant Structure of Deuteronomy, Studies and Commentary,* Grand Rapids: Eerdmans, 1961

_____ · *By Oath Consigned; A Reinterpretation of the Covenant Signs of Circumcision and Baptism,* Grand Rapids: Eerdmans, 1968.

_____ · *The Structure of Biblical Authority,* Grand Rapids:

Eerdmans, 1975

──────· *Images of the Spirit,* Grand Rapids: Baker, 1980.

──────· "Of Works and Grace," *Presbyterian* 9, 1983.

Knight, Angus Fulton Goerge. *A Christian heology of the Old Testament,* London: SCM, 1959.

Knitter, Paul. *Without Buddha I Could not be a Christian,* One World Book, 2009.

Lane, L. William. *Exposition and Notes: The New International Commentary on the New Testament,* Grand Rapids: Eerdmans, 1974.

LCWE. "The Manila Manifesto", *New Directions in Mission & Evangelization* 1, James A. Scherer & Stephen B. Bevans, eds., Maryknoll: Orbis, 1992

Lightfoot, J. B. trans. & ed., *The Apostolic Fathers,* Grand Rapids: Baker, 1965

Lillback, A. Peter. "Ursinus' Development of the Covenant of Creation: A Debt to Melnchton or Clavin," *Westminster Theological Journal,* Vol. XLIII, No. 2, 1981.

──────· *The Binding of God: Calvin's Role in the Development of Covenant Theology,* (Ph.D. Dissertation), Westminster Theological Seminary, 1985.

Lincoln, C. Fred. "The Development of Covenant Theology,"

    Bibloitheca Sacra 100, 1943.

Linz, Manfred. *Anwalt der Welt: Zur Theologie der Missionn,*

    Stuttgart: Kreuz-verlag, 1964.

Lochman, Milic Jan. "Church and World in the Light of the

    Kingdom," *Church - Kingdom —World: The Church*

    as Mystery and Prophetic Sign, ed., Gennadios

    Limouris, Faither and Order Paper 130, Geneva:

    World Council of Churches, (58-72), 1986.

Martyn, Louis. *History and Theology of the Fourth Gospel,* 1979.

Martyn, J. Louis. *The Gospel of John in Christian History:*

    Essay for Interpretaters, New York: Paulist Press,

    1979.

Marxen, Willi. *Mark the Evangelist; Studies on the Redaction*

    History of the Gospel, Nashville: Abington, 1969.

McCarthy, S. J. Dennis. *Treaty and Covenant: A Study in the*

    Ancient Oriental Documents and in the Old Testament,

    Rome: Biblical Institute Press, 1963.

McCoy. "Johannes Cocceius: Federal Gheologian," *Scotish*

    Journal of Theology 1 6, 1963.

McGavran, A. Donald. *Understanding Church Growth,* Grand

    Rapids: Eerdmans, 1986

McKenzie, L. Steven. *Covenant,* St. Louis: Chalice, 2000.

Meeks, A. Wayne. "The Man from Heaven in Johannine

    Sectarianism," *Journal of Biblical Literature,* 91, 1972.

Mendenhall, E. Goerge. "Covenant Forms in Israelite Tradition",

    The Biblical Archaeologist 17, 1954.

————· *Law and Covenant in Israel and the Ancient Near*

    East, Biblical Colloquium, Pittsburgh, 1995.

Moller, G. Jean. "The Beginnings of Puritan Covenant Theology,"

    Journal of Ecclesiastical History, 1963, (46-54), 51-52.

Moltmann, Jurgen. *Theology of Hope, New York:* Harper & Row,

    1967.

Murray, John. *The Covenant of Grace: A Biblical-Theological Study,*

    London 1954

————· *The Imputation of Adam's Sin, Grand Rapids:*

    Eerdmans, 1959.

————·· *Redemption Accomplished and Applied,* London:

    Banner of Truth, 1961.

————· "Covenant Theology," *The Encyclopedia of Christianity,*

    ed., P. E. Huges, Vol III, Marshallton, Delaware,

    U.S.A., 1972, 199-216.

————· *Collective Writings,* vol. 2, Carlisle: The Banner, 1982.

Newbigin, Lesslie. *The Open Secret,* Grand Rapids: Eerdmans,

    1995.

Niebuhr, H. Richard. *The Meaning of Revealation,* New Yok:

Macmillan, 1941.

Niesel, Wilhelm. *Reformed Symbolics: A Comparison of Catholicism,*
Orthodoxy and Protestantism, trans. David Lewis,
Edinburgh and London: Oliver and Boyd, 1962.

Pane J. Barton. *The Theology of the Old Testamet,* Grand Rapids:
Zondervan, 1962

Peters, W. George. *A Biblical Theology of Missions,* Chicago:
Moody Bible Institute, 1972.

Phillips, D. Richard. *The Covenant of God, Pittsburgh Reginal*
Conference on Reformed Theology, Reformed
Presbyterian Theological Seminary, Pittsburgh, PA,
2008.

Ridderbos, Hermann. *The Coming of the Kingdom,*
Philadelphia: Presbyterian & Reformed, 1962.

_____. *Paul: An Outline of His Theology,* Trans. J. R.
de Witt, Grand Rapids: Eerdmans, 1975.

Rowley, H. Harold. *The Missionary Message of the*
Old Testament, London: Carey Press, 1944.

Russel, T. ed., *The Works of the English Reformers: William*
Tyndale and John Frith, London, 1831.

Ryrie, C. Charles. *Dispensationalism Today,* Chicago:
Moody Press, 1965.

Schaff, Philip. ed., *The Westminster Confession of Faith,* 1647.

Seumois, Andre. *Theologie Missionaire* I, Rome:
Bureau de Presse OMI, 1973.

Snaith, H. Norman, *The Distintive Ideas of the Old Testament,*
London: Epworth, 1944.

Stott, R. W. John. *Christian Mission in the Modern World,*
Downers Grove: Inter Varsity Press, 1975.

_____. "The Biblical Basis of Evangelism", *Let the Earth
Hear His Voice,* J.D. Douglas, ed., Minneapolis:
World Wide Pub., 1975.

Strehle, Stephen. "Calvinism, Augustinianism, and the Will of
God," *Theologische Zeitschrift* 48/2, 1992.

Sundkler, Bengt. *The World of Mission,* London: Lutterworth,
1965.

Torrance, B. James. "The Concept of Federal Theology - Was
Calvin a Federal Theologian?" *Calvinus Sacrae
Scripturae Professor: Calvin as Confessor of Holy
Scripture,* ed. Wilhelm H. Neuser, Grand Rapids:
Eerdmans, 1994.

_____. "Strengths and Weaknesses of the Westminster
Theology," *The Westminster Confession in the Church
Today,* Alasdair I. C. Heron, ed., Edinburgh:
Saint Andrew Press, 1982.

_____. "Covenant or Contract: A Study of the Theological

background of Worship in Seventh-Century
Scotland," *The Scottish Journal of Theology* 23,
1970.

Troncme, Etinne. *The Formation of the Gospel according to
Mark,* Philadelphia: Westminster, 1975.

Tucker, G.M. "Covenant Forms and Contract Forms,"
Vetus Testamentum, 15, Brill, 1965

Tyson, B. Joseph. "The Blindness of the Disciples in Mark,"
Journal of Biblical Literature, 80, 1961.

Ursinus, Zacharius. *The Commentary of Dr Zacharias Ursinus
on the Heidelberg Catechism,* tr. G. W. Williard,
Grand Rapids: Eerdmans, 1954

Vandoodewaard, William. *The True Knowledge of Jesus Christ
and Him Cricified: Christology of Marrow Theology,*
ed. By Joel R. Beeke, Grand Rapids,
Michigan:Reformation Heritage Books, 2002.

Verkuyl, Johannes. *Contemporary Missiology: An Introduction,*
Grand Rapids: Eerdmans, 1978.

Vos, Geerhardus. *The Doctrine of the Covenant in Reformed
Confession,* 1903.

———. "The Doctrine of the Covenant in Reformed
Theology," *Redemptive History and Biblical
Interpretation: The Shorter Writings of Geerhardus*

Vos, ed. Richard B. Gaffin Jr. Phillipsburg: Presbyterian and Reformed, trans. S, Voorwinde and Willem VanGemeren, 1980.

_____. *The Pauline Eschatology,* Grand Rapids: Baker, 1979.

_____. *Studies in the Covenant of Grace,* Crown & Covenant Publications: Pittsburgh, 1998.

Weir, A. David. *The Origin of the Federal Theology in Sixteenth Century Reformation Thought,* Oxford: Clarendon Press, 1990.

Wilson, G. Stephen. *The Gentiles and the Gentile Mission in Luke-Acts,* Cambridge: University Press, 1973.

Witsius, Herman. *The Economy of the Covenants Between God & Man,* Phillipsburg, NJ: Presbyterian & Reformed, 1990.

Wolff, H. W. "The Kerygma of the Yahwist," *Interpretation: A Journal Bible and Theology* 20, 1966.

World Council of Churches. *The Church for Others and The Church for the World,* Geneva:WCC, 1968.

_____. *Bangkok Assembly 1973,* Geneva: WCC, 1973.

_____. *Your Kingdom Come: Report on the World Conference on Mission and Evangelism,* Melbourne, Australia, Geneva: World Council of Churches, 1980.

언약과 선교

초판 1쇄 발행 | 2014년 6월 25일

지은이 | 최한우

펴낸곳 | 한반도국제대학원대학교 출판부

편집인 | 정무실

디자인 | 이수연

등록 | 2006년 6월 28일 제 302-2006-000039호

주소 | 서울특별시 용산구 효창동 5-357 한반도국제대학원대학교

전화 | 02-2077-8700

총판처 | 두란노서원(전화 02-2078-3202)

ISBN 978-89-94170-10-7